Christian Sauer

Souverän schreiben

Christian Sauer

# Souverän schreiben

Klassetexte ohne Stress:
Wie Medienprofis kreativ und effizient arbeiten

Frankfurter Allgemeine Buch

Bibliografische Informationen Der Deutschen Nationalbibliothek
Die Deutsche Nationalbibliothek verzeichnet diese Publikation in der
Deutschen Nationalbibliografie; detaillierte bibliografische Daten sind
im Internet über http://dnb.ddb.de abrufbar.

Christian Sauer

Souverän schreiben

Klassetexte ohne Stress:
Wie Medienprofis kreativ und effizient arbeiten

F.A.Z.-Institut für Management-,
Markt- und Medieninformationen GmbH
Frankfurt am Main 2007

ISBN 978-3-89981-139-1

Frankfurter Allgemeine Buch

Mainzer Landstraße 199
60326 Frankfurt am Main

Gestaltung
Umschlag: F.A.Z.-Marketing/Grafik
Coverbild: Mauritius Images/imagebroker.net
Satz Innen: Nicole Jäger
Grafiken: Josef Wegener
Druck: Messedruck Leipzig GmbH, Leipzig

# Inhalt

# Vorwort: Traumberuf mit kleinen Mängeln
## Wie wir beim Schreiben Energie und Lebenszeit verschwenden

Es war Montagmittag und die Titelgeschichte von Kollegin Karin lag noch immer nicht auf meinem Schreibtisch. Als Blattmacher wurde ich langsam nervös. Zweimal hatte sie schon um Aufschub gebeten, vor einer Stunde war der definitive Abgabetermin verstrichen. Ich wollte mich gerade auf die Suche nach ihr machen, da trottete Karin um die Ecke. Mit Begräbnismiene streckte sie mir ein Manuskript hin. So zerknirscht hatte ich diese erfahrene Journalistin noch nie gesehen.

Es war so: Karin hatte in die Breite recherchiert und sich, als es ans Schreiben ging, zwischen Bergen von Material verlaufen. Nur keine Panik, hatte sie sich gesagt und die Sache aufs Wochenende geschoben. Aber auch da fiel ihr das Schreiben merkwürdig schwer, Zweifel quälten sie bei jedem Satz. Am Sonntagnachmittag hatte sie, völlig erschöpft, endlich eine erste Fassung ihrer Geschichte fertig. Spontan gab sie den Text ihrem Freund, einem Bauingenieur: „Lies du doch mal." Und dann war eine Art Kreativ-GAU passiert: Denn seine Kritik war vernichtend.

Nachts hatte Karin überlegt, wovon sie künftig leben könnte, wenn nicht vom Schreiben. Trotzdem musste ich grinsen über ihre Geschichte. Es ist schon irre, was Medienprofis sich beim Schreiben so alles zumuten. Manchmal machen auch versierte Autoren echte Anfängerfehler. Sie verlieren sich in Ausweichbewegungen und vermeidbaren Krisen. Und so wird Schreiben – eine der wunderbarsten beruflichen Tätigkeiten überhaupt – für sie zur Belastung.

Karin hätte einen versierten Gegenleser und Gesprächspartner gebraucht, und das schon Tage zuvor. Sie hätte mit allerlei Tricks Ordnung in ihr Material bringen und sogar ihre Zweifel beruhigen können. Stattdessen hatte sie sich immer tiefer in ihr Autoren-Elend hineingewühlt. Ihre Geschichte erinnerte mich an jenen altgedienten Lokalreporter, der, wenn er eine komplizierte Geschichte am Wickel hatte, sich abends mit einer Whisky-Flasche in der Redaktion einschloss. Oder an die PR-Beraterin, die vor wichtigen

Abgabeterminen unbedingt das gesamte Büro putzen wollte – und damit alle Kollegen nervte. An den Chefredakteur einer renommierten Fachzeitschrift, der, immer wenn sein Leitartikel fällig war, tagelang aschfahl durch die Redaktion lief, um Selbstkontrolle ringend. Schließlich an die Kommunikationschefin einer Versicherung, der mit der Zeit die Ideen und zuletzt die Worte ausgingen. Alles hoch begabte Profis, alle vor dem Bildschirm verzagt und hilflos.

Zu der Zeit, als Karin ihr Horrorwochenende erlebte, gab ich gerade die ersten Seminare mit dem Titel „Schreibcoaching". Ich hatte schon einige Zeit Themen wie Nachricht, Kommentar und Reportage in der Aus- und Fortbildung von Journalisten unterrichtet. Aber irgendwas fehlte. Ich war überzeugt, dass Medienprofis mehr brauchten als Gattungswissen und ein kraftvolles Deutsch. Es kam mir merkwürdig vor, wie desorganisiert viele Kollegen ihre Schreibarbeit angingen, wie unbedarft sie sich den Fährnissen des Schreibprozesses überließen, wie sie ihre Textentwürfe dann entweder abschirmten oder – siehe Karin – dem Falschen zu lesen gaben. So wie Klempner, die bestens ausgebildet, aber ohne Werkzeug auf der Baustelle erscheinen.

Sicher, schreiben können sie alle, die Textarbeiter in Redaktionen, Journalistenbüros, PR-Agenturen und Unternehmen. Das heißt: Sie wissen, wie man eine Reportage, eine Pressemitteilung, eine Imagebroschüre verfasst. Sie haben Sprachratgeber im Schrank. Sie verhandeln routiniert darüber, *was* und *wie viel* sie *bis wann* schreiben. Was sie jedoch nicht wissen ist, *wie* sie schreiben. Was passiert in ihrem Hirn, während ihre Finger die Tastatur bearbeiten? Wie sorgt man für Ideen-Nachschub? Was tun, wenn es hakt? Wie werden die Texte origineller?

Inzwischen hat der wachsende Zeit- und Qualitätsdruck in der Branche es noch wichtiger gemacht, dass Medienprofis sich beim Schreiben gut managen. Das eigene kreative Kapital zu erhalten und zu mehren ist eine Voraussetzung für Erfolg. „Souverän schreiben" hilft Schreibprofis, starke Texte in angemessener Zeit zu produzieren, ohne Burn-out und Blockaden zu riskieren. Ach ja, und Spaß machen kann Schreiben auch noch. Es ist sogar so: Wenige Tätigkeiten bieten so gute Chancen, Leistung und Erfolg mit Lebensfreude und persönlicher Entwicklung zu verbinden, wie Schreiben.

Viele Forscher – Literatur- und Kommunikationswissenschaftler, Linguisten und Psychologen – erweitern seit Jahren unser Wissen über das Schreiben. Besonders profitiert habe ich von den Vorarbeiten Daniel Perrins, Otto Kruses und Friederike Herrmanns. Mein Anliegen war es, diese Ergebnisse zu verbinden mit den Coaching-Konzepten von renommierten Beratern wie Claus Nowak und Friedemann Schulz von Thun. Wichtige Quellen nenne ich im Text. Auf Anmerkungen habe ich um der Lesbarkeit willen verzichtet. Weiterführende Nachweise und Bezüge finden Sie jedoch, kapitelweise zusammengefasst, im Abschnitt „Quellen" am Ende des Buches.

Ohne jene, mit denen ich in verschiedenen Funktionen – als Reporter, Redakteur, Textchef, Redaktionsleiter, Dozent und Coach – zusammenarbeiten durfte, wäre es mit „Souverän schreiben" nichts geworden. Ihre Selbstauskünfte und ihr Vertrauen zu mir und meinen Anregungen haben dieses Buch ermöglicht. Ihnen gilt mein besonderer Dank.

Mein Agent Oliver Gorus und meine Lektorin Danja Hetjens haben mit ihren Fragen und Ideen dafür gesorgt, dass Autor und Leser zusammenkommen, und so entscheidend zum Gelingen beigetragen. Josef Wegener hat die Grafiken erstellt und das Buch um wichtige Einsichten bereichert. Bettina Salis war eine Gegenleserin, wie man sie sich nur wünschen kann: kritisch im Detail und einfühlsam im Ganzen. Schließlich gilt mein Dank meiner Frau Angelika Warlier, die mich hundertfach ermuntert und dabei unterstützt hat, diese Buchidee zu verwirklichen. Sie trug die Folgen mit Fassung.


Christian Sauer                                     Hamburg, 2007

# 1 Wenn Texte zur Belastung werden
## Warum die Intuition nicht immer ein guter Ratgeber ist

*„Ich werde ins Grab sinken, ohne zu wissen,*
*was die Birkenblätter tun.*
*Ich weiß es, aber ich kann es nicht sagen.“*
Kurt Tucholsky, Journalist und Schriftsteller

Das ist er. So soll er bleiben. Ihr Text ist fertig. Weiße Fläche, schwarze Zeichen. Buchstaben und Leerzeichen zu Tausenden, die meisten davon am richtigen Platz. Wörter über Wörter, aufgefädelt zu Sätzen, zu Zeilen, Absätzen und Textspalten. Jetzt brauchen Sie nur noch auf „Senden" oder „Drucken" zu klicken, dann zieht Ihr Werk hinaus in die Welt.

Sie sind Profi, Sie schreiben ständig. Sie haben diesen Moment zigmal erlebt und im nächsten schon vergessen. Schade eigentlich. Sie haben gerade mal wieder eine Höchstleistung vollbracht. Sähe man dem Text auch nur an, was Sie alles korrigiert, gestrichen und wieder reingeschrieben haben, das schöne Manuskript wäre etwas unübersichtlich, aber Ihr Respekt vor der eigenen Arbeitsleistung müsste steigen. Hätten sich all die Pausen des Nachdenkens, Erwägens und Verwerfens als rote Linien im Textverlauf niedergeschlagen, Ihr Text wäre um Einiges länger und kaum noch lesbar. Aber Sie könnten mit einem Blick erfassen, wie viel Geisteskraft Sie aufgewendet haben. Hätten Sie den Gedankenfluss beim Schreiben laut ausgesprochen und jemand fertigte eine Abschrift an – na gut, lassen wir dieses Gedankenspiel, wer möchte sich das schon vorstellen.

Belauschen wir eine sprachlich durchaus versierte Dame, ich nenne sie Bettina, wie sie einen Beschwerdebrief an ein Handelsunternehmen schreibt, bei dem sie kürzlich einen Gartenschlauch gekauft hat. Der ist jetzt defekt. Für eine wissenschaftliche Untersuchung wurde Bettina gebeten, ihre Überlegungen beim Schreiben laut auszusprechen. Das hört sich dann so an:

„ … (stöhnt) So, jetzt muss ich noch ein bisschen saurer werden im Hinblick auf Kundendienstfragen. Ich frage mich nur, welche Auffassung von Kundendienstfragen Ihr Vorgehen zugrunde gelegt. Hm, ts. Da stellt sich die Frage, wieso muss ich einen neuwertigen Schlauch. Wieso muss ich einen bereits bezahlten Schlauch. Wieso muss ich einen bereits bezahlten neuwertigen Schlauch. Für mich ist es selbstverständlich, dass Material, welches nur noch nicht einmal einen Monat in Gebrauch ist. Dass Material welches kaputt, zerstört is, nicht mehr funktionsfähig ist. Dass Material, welches nach nicht mal einem Monat nicht funktionsfähig ist. Selbstverständlich Kosten für Material. Oh, nomma. Für mich ist es, steht es außer Frage, ist es keine Frage (…) Was will ich denn sagen? Ich will sagen, dass man das Ganze einen Kundendienst unter/aber schreiben. Für mich war es bisher selbstverständlich, dass solche Schäden und entstandenen Kosten im Sinne eines Kundendienstes oder Dienst am Kunden von der Firma übernommen werden. Das ist gut."

Es dauert dann noch ein bisschen, bis Bettina folgenden Satz in dem Brief stehen lässt: „Für mich war es bisher selbstverständlich, dass solche Schäden bzw. Kosten von der verantwortlichen Firme in Sinne eines Kundendienstes übernommen werden." Man sieht förmlich die Schweißtropfen auf Bettinas Stirn. Dabei vermittelt ihr lautes Denken bloß einen oberflächlichen Eindruck von der Geistesarbeit, die sie leistet. Ihr Hirn hat das Kunststück fertig gebracht, aus allerlei Bruchstücken etwas Neues und Ganzes zu machen, das vier Funktionen erfüllt: Es genügt den Anforderungen der deutschen Grammatik und den Gepflogenheiten eines Beschwerbriefs, es erfüllt Bettinas Absicht und es ist für den Leser verständlich. Bettina hat sich einen neuen Gartenschlauch redlich verdient.


## Alles Routine? Medienprofis und ihre Schreiberfahrungen

Die Vorstellung, Medienprofis bei der Arbeit zu belauschen, wie Wissenschaftler es mit Bettina gemacht haben, ist nicht wirklich attraktiv. Würden alle, die im Großraumbüro einer Redaktion arbeiten, laut denken, die Wirrnis wäre unerträglich. Schauen wir uns nur einmal einen einzigen Nachrichtenredakteur an, der gerade eine Überschrift formuliert. Ein Sprachforscher hat seinen Computer so präpariert, dass dieser alles dokumentiert, was der Redakteur namens Mathias so eintippt. Es geht um ein abgestürztes Flugzeug vom Typ MD-11. Die Nachricht lautet im Kern, es habe im Flugzeug Isoliermaterial gegeben, das feuergefährlich war. Vielleicht war das die Absturzursache. Mathias schreibt:

„MD-11
MD-11-Absturz: Isolation wird untersucht
Isolation untersucht

Isolation der MD-11 untersucht
Isolation der MD-11 im Fokus
Isoliermatten der MD-11 im Fokus
Isoliermatten der MD-11 gefährlich?
Isolation der MD-11 gefährlich?
Isolation der MD-11 untersucht
Isolierung der MD-11 untersucht
Isolation der MD-11 untersucht"

Auch für Mathias gibt es beim Schreiben keine Direktverbindung vom ersten Gedanken zu einer zufriedenstellenden Überschrift. Wie Bettina hangelt er sich von Teilproblem zu Teilproblem und von Teillösung zu Teillösung. Beide schreiten dabei keineswegs ständig voran, sondern immer wieder auch zurück, nehmen schon verworfene Varianten wieder auf und kombinieren sie neu. Die Schreibenden scheinen vieles gleichzeitig zu erwägen und stets hin und her zu springen zwischen verschiedenen Aspekten ihrer Aufgabe. Eines ist offensichtlich: Dieses Schreiben ist harte Arbeit und hat rein gar nichts zu tun mit dem berühmten Musenkuss, der plötzlichen Einsicht, von der aus ein Text sich quasi von selbst entfaltet. Im Gegenteil, die Autoren wirken beim Schreiben merkwürdig – begrenzt.

Das genau ist das Kernproblem. Der Mensch ist von Natur aus schlecht ausgestattet fürs Schreiben. Die gerade einmal 5.000 Jahre, in denen er mit Schrift umgeht, haben gattungsgeschichtlich nicht ausgereicht, sein Hirn optimal dafür auszustatten. Hirntechnisch sind wir, pardon, Analphabeten.

Das Hirn hat alle Mühe, mit den Datenmengen und den vielfältigen Anforderungen klar zu kommen, die schon kleine Schreibarbeiten mit sich bringen. Das bedeutet: Wer schreibt, versetzt sich in einen Zustand der potenziellen Überforderung. Bei einem Computer mit solchen Schwierigkeiten würde man zu allererst den Arbeitsspeicher erweitern. Beim Menschen fehlt dafür der Steckplatz. Umso wichtiger ist es für Medienprofis, ihre Sprachkapazität effizient einzusetzen. Der erste Schritt dazu ist es, sich das Geschehen im Hirn zu vergegenwärtigen.

## Kontrolliertes Chaos: Was passiert im Kopf beim Schreiben?

Sprach- und Literaturwissenschaftler, Psychologen und Hirnforscher haben seit den siebziger Jahren viel darüber herausgefunden, was beim Schreiben eigentlich passiert. Die einen haben mit Sprachprotokollen (wie bei Bettina) und computergestützten Progressionsanalysen (wie bei Mathias) gearbeitet, die anderen haben die Hirnaktivität gemessen oder die Blickbewegungen und Pausen beim Schreiben nachverfolgt. Inzwischen sind diverse Modelle des Schreibprozesses entstanden. Auf eines einigen konnte sich die Forschung bislang nicht. Damit Sie sich trotzdem einen Überblick über das Geschehen im Hirn verschaffen können, biete ich Ihnen ein stark vereinfachtes Modell an, das ganz auf Schreibprofis zugeschnitten ist. Es entzerrt neuronale Verschaltungen, die in Millisekunden ablaufen und sich dabei vielfältig überlagern, zu einem schrittweisen Produktionsablauf.

## Die Textbaustelle

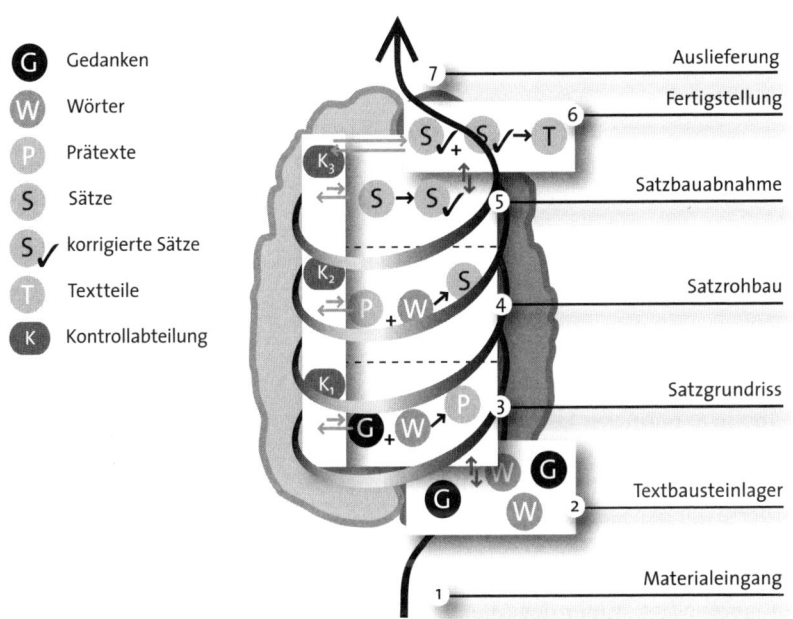

*Abbildung 1 : Die Textbaustelle*

*Auf der Textbaustelle werden aus Gedanken und Wörtern fertige Textteile. Aber erst nach zig Versuchen und Revisionsschleifen. Durch den Materialeingang (1) gelangen Elemente von außen ins Textbausteinlager (2). Dort werden sie als zwei Sorten von Textbausteinen für die Verarbeitung bereitgestellt: zum einen als Gedanken (G); zum anderen als Wörter (W). In der ersten Bauphase (3) wird am Satzgrundriss gearbeitet. Dazu werden Gedanken und Wörter zu so genannten Prätexten (P) kombiniert. In der nächsten Bauphase (4), dem Satzrohbau, entstehen aus den Prätexten und weiteren Wörtern Sätze (S). In der dritten Phase (5), der Bauabnahme, wird überprüft, ob ein Satz grammatikalisch und lexikalisch korrekt ist (S ✓). Schließlich werden in der Fertigstellung (6) die korrekten Sätze zu Textteilen (T) zusammengebaut und ausgeliefert (7). Über die gesamte Baustelle wacht eine Kontrollabteilung – mit drei Instanzen (K 1-3), von denen sich jede für alle Phasen der Produktion zuständig fühlt.*

Lassen Sie sich übers Gelände der Textbaustelle führen. Die Besichtigung beginnt beim Textbausteinlager. Es wird ständig von außen mit neuen Elementen beliefert, und zwar mit Wissen, Wahrnehmungen und Wörtern. Innen ist das Lager zweigeteilt. In dem einen Teil sind Konzepte, Ideen und Gefühle, hier zusammengefasst als Gedanken, abgelegt. In dem anderen lexikalische Elemente und Stilfragmente, hier zusammengefasst als Wörter – also alles, was man braucht, um einen ordentlichen Satz zu bauen. Das Besondere ist nun: Die Gedanken und Wörter warten nicht etwa im Regal auf ihre Verwendung, sondern versuchen, sobald sie ins Lager kommen, sich mit vorhandenen Elementen zu verbinden, am besten mit möglichst vielen gleichzeitig. Manche bauen Millionen von Verbindungen auf und sind dadurch bestens auffindbar.

Nun führt man Sie ins Zentrum der Baustelle, auf einen großen Bauplatz mit drei Abschnitten. Im ersten Abschnitt tragen die Monteure rote Overalls. Einer von ihnen – lange Haare, Baseballkappe, eher ein Künstlertyp – erklärt: „Wir sind hier die Seele des Betriebs, wir entwickeln Vorstellungen, Ideen, Gefühle zu einem Thema. Wir rufen Material aus dem Lager ab, das passen könnte, und bauen Prätexte zusammen. Uns nervt es, wenn die anderen es nicht hinkriegen, daraus anständige Sätze zu bauen." Prätexte, so erfahren Sie, sind Versuchsstücke, teilweise in Form von Wörtern und Wendungen, teilweise in Form von Lauten oder Bildern, die für Außenstehende noch nicht verständlich wären: Das heißt, der Gedanke hat zwar schon eine Sprachform angenommen, aber noch keine mitteilbare. (Die Briefschreiberin Bettina produzierte auf der Suche nach dem richtigen Satz jede Menge Prätexte.)

Im zweiten Teil der Baustelle fertigen weiß gekleidete Monteure aus Prätexten ganze Sätze. Einer der Männer – Lineal in der Hand, Pilotenbrille, ein Technikertyp – sagt: „Wir machen aus Prätexten Satzteile und Sätze. Ohne uns würde hier also gar nichts laufen. Mit dem Zeug, was wir von da drüben kriegen, ist leider oft nichts anzufangen." Er greift sich ein soeben angeliefertes Werkstück, betrachtet es kurz und trägt es stirnrunzelnd zurück zu den Roten.

Im dritten Teil checken Männer in Schwarz die Sätze durch. Sie sehen mit Schlips und Designerbrillen eher aus wie Wirtschaftsprüfer. Die sind auch nicht gerade gut gelaunt: „Sie glauben nicht, was für ein Sprachschrott hier angeliefert wird", beschwert sich einer. „Wenn wir nicht ständig prüfen und nochmals prüfen, ob die Grammatik und Semantik wirklich stimmen, sind die Kollegen in der Fertigstellung völlig aufgeschmissen. Und die ständigen Rechtschreibfehler – schrecklich."

Als Sie den Bauplatz gerade verlassen wollen, wird ein fertiges Bauteil aus der Fertigstellung zurückgebracht. Daran hängt ein Schild mit der Aufschrift „Kontextkontrolle negativ", was offenbar so viel heißt wie: „Der Satz ist in sich in Ordnung, aber er passt nicht zu den anderen Sätzen, die wir hier schon haben. Da müsst ihr noch mal ran, Kollegen."

## Kreisverkehr mit Tendenz zur Anarchie

Längst ist Ihnen aufgefallen, dass die Wissenselemente, Wörter, Satzteile und Sätze sich keineswegs kontinuierlich vom Materialeingang in Richtung Auslieferung bewegten. Im Gegenteil: Alles wird ständig hin und her und im Kreis getragen. Es ist offenbar so: Sowohl auf der Baustelle wie in der Fertigstellung können sehr viele Mitwirkende immer neu entscheiden, ob sie die Arbeit aller anderen akzeptieren. Ein ziemlich anarchischer Betrieb. Erstaunlich, dass überhaupt hin und wieder ein Textteil das Gelände verlässt.

Als ob das nicht schon kompliziert genug wäre, führt man Sie jetzt noch zu einem länglichen Containerbau, der etwas erhöht über der Baustelle steht. „Kontrolle" steht daran. Drinnen sitzen drei grau gekleidete Angestellte vor Überwachungsbildschirmen. Sie beobachten das Geschehen auf der Baustelle und in der Fertigstellung und sprechen alle paar Sekunden in ein Mikrofon, um irgendein Werkstück zurückzuordern.

Die drei tragen Schildchen am Revers. „K 1: Kontrolle Situation" steht darauf bei dem ersten. Sie erfahren, dass er dafür zuständig ist zu prüfen, ob das, was da an Text entsteht, zu den Gepflogenheiten der Textart, zum Zeitpunkt der Veröffentlichung und zu den Adressaten passt. Der Kollege daneben ist zuständig für die „K 2: Kontrolle Person". Er achtet darauf, dass der Text nicht gegen die Interessen des Autors verstößt und in Stil und Inhalt zu ihm passt. Dann ist da noch der mit dem Schildchen „K 3: Kontrolle Soziales Umfeld". Er sondiert ständig, ob sich jemand von dem Text auf den Schlips getreten fühlen könnte und was wohl der Chef und die Kollegen des Autors dazu sagen.

Die Hauptaufgabe dieser Kontrolleure scheint es zu sein, den Fortgang der Produktion aufzuhalten oder zu verlangsamen. Man ahnt, dass sie bei den Monteuren nicht allzu beliebt sind. Die Stimmen der Kontrolleure schnarren auf der Baustelle ständig aus Lautsprechern. Die Leute aus der Produktion beschweren sich häufig, dass da irgendwas mit der Kontrolle nicht stimmen könne, und manchmal schicken sie ihre Werkstücke trotzdem weiter auf die Reise. Aber oft genug gehorchen sie missmutig und fangen noch mal von vorn an.

## Wenn die Kontrollen übermächtig werden

Als Sie die Baustelle verlassen, sind Sie reif für eine Erholungspause. Der ganze Betrieb wirkt angestrengt und tendenziell überlastet. Sie haben gerade miterlebt, was Tucholsky einmal so beschrieb:

> „Ich werde ins Grab sinken, ohne zu wissen, was die Birkenblätter tun. Ich weiß es, aber ich kann es nicht sagen. Der Wind weht durch die jungen Birken; ihre Blättern zittern so schnell, hin und her, dass sie … was? Flirren? Nein, auf ihnen flirrt das Licht; man kann vielleicht allenfalls sagen: die Blättern flimmern, aber es ist nicht das. Es ist eine nervöse Bewegung, aber was ist es? Wie sagt man das? Was man nicht sagen kann, bleibt unerlöst."

Offensichtlich haben die Roten in Tucholskys Textbaustelle nur Prätexte bauen können, die den Weißen und den Kontrolleuren einfach nicht gefielen.

So komplex ist das Hin und Her zwischen all den Instanzen in der Textbaustelle, dass man sich einen reibungslosen Ablauf kaum vorstellen kann. Es sind die vielen Rückkopplungs- und Kontrollschleifen, die das Ganze so verkomplizieren. Ein Organisationsberater hätte da eine Menge zu tun. Andererseits: Würde das Ergebnis wirklich besser, wenn zum Beispiel die grauen Herren aus der Kontrolle mehr Macht bekämen? Ist es nicht auch beeindruckend, wie auf der Textbaustelle jeder engagierte Mitarbeiter seine Qualitätsmaßstäbe vertreten und sich schlicht weigern kann, das zu tun, was andere von ihm wollen?

Das Problem der Textbaustelle ist wohl weniger, wie die Produktion abläuft, als vielmehr der extrem hohe Kommunikationsbedarf zwischen den Abteilungen. Das kostet Arbeitszeit und schafft ein Übermaß an Reibung. Die Textproduktion wird äußerst störanfällig. Im Extremfall sorgen die vielfältigen Kontrollen dafür, dass die Produktion erlahmt und stillsteht.

## Das Durcheinander an der Nahtstelle

Das Modell Textbaustelle zeigt: Anspruchsvolle Texte zu schreiben funktioniert nicht etwa als ein geordnetes Nach- oder Nebeneinander von Arbeitsschritten. Es ist aber auch kein heilloses Durcheinander. Was da im Hirn abläuft, ist ein komplexes, schwer überschaubares In- und Miteinander diverser Prozesse, ein nicht bewusst steuerbares Multitasking auf höchstem Niveau. Der Linguist Gisbert Keseling spricht von einem „Vorformulieren und Überprüfen in ständigem Wechsel der Produzenten- und der Rezipientenrolle" – und das scheint mir mit Blick auf Profis, die erstklassige und originelle Texte schreiben wollen, noch eher zurückhaltend formuliert. Der Radiojournalist Ulrich Hägele sagt es aus eigener Erfahrung so: „An der Nahtstelle zwischen bildlicher Vorstellung und textlicher Umsetzung ist der Prozess des Schreibens besonders anfällig für Störungen und Dysfunktionen."

Gilt das für die gesamte Sprachproduktion, die auf der Baustelle zu bewältigen ist? Glücklicherweise nicht. Ein geübter Schreiber kann etwa einen Anfahrtsweg, den er genau kennt, in einer E-Mail sehr schnell und flüssig erklären – nahezu ohne Rückkopplungsschleifen. Ebenso bringt er einen Privatbrief an gute Freunde in Nullkommanichts zustande; ein Zeichen, dass die Kontrollmechanismen zurückgefahren sind. Doch schon bei einer einfachen Zeitungsmeldung muss auch der erfahrene Redakteur zunächst vorsprachliche Konzeptbrocken formen und sich dann per Versuch und Irrtum vorarbeiten. Er hat Gattungsregeln und mögliche Fragen seines Publikums zu beachten. Je standardisierter die Gattung ist, etwa bei einem Veranstaltungshinweis, desto mehr kann er dabei auf Stanzformen zurückgreifen, desto schneller kommt er voran. Da steht ein PR-Berater, der eine Pressemitteilung formuliert, schon vor sehr viel höheren Anforderungen: Er muss die Interessen von Kunden und Journalisten unter einen Hut bringen, das erfordert komplexe Abwägungen. Auf der Textbaustelle in seinem Kopf wird unter Hochdruck gearbeitet.

Wie kommt es dann, dass man komplizierte Sätze in einem vergleichsweise hohen Tempo sprechen kann? Antwort: Weil die Kontrollen beim Sprechen noch stärker reduziert sind. Sprechtexte können nicht so gründlich be- und durchdacht sein wie geschriebene. Selbst Politiker, die es gewohnt sind, in jedes Mikrofon zu sprechen, reden bis auf sehr wenige Ausnahmen nicht druckreif. Das weiß jeder, der schon einmal Interviews abgetippt hat. Was flüssig und prägnant klang, wird dünn und holprig, wenn man es als Text liest. Außer, der Sprecher konnte auf vorgefertigte Bausteine, ja ganze Textteile aus seinem Materiallager zugreifen. Sobald ein ungewohntes Thema kommt, geraten auch die meisten dieser Sprecher ins Suchen und Plappern. Einmal abgesehen von den wenigen Genies, die rasend schnell denken *und* perfekt formulieren können.

## Grenzen der Schreibroutine

Schreiben ist also Leistungssport fürs Hirn. Aber gibt es nicht etliche Schreibarbeiten, die man quasi ohne jedes Nachdenken erledigt? Man schaltet einfach den Computer ein, ruft ein Dokument auf und fängt an. Tausendmal gemacht. Tausendmal kam was Brauchbares dabei heraus.

Stimmt, aber leider nur, so lange der Autor sich auf vertrautem Terrain bewegt. Bei bekannten Themen, Textsorten und -längen funktioniert die Routine. Allerdings: Medienprofis stehen heute unter hohem Effizienzdruck. Sie müssen immer mehr Informationen aus immer mehr Quellen in immer kürzerer Zeit weiterverarbeiten. Sie sollen kreativ und beweglich bleiben, sich auch im fortgeschrittenen Alter noch auf neue Themen und Stilformen einlassen. Der Qualitätsdruck erreicht auch die letzte Nische der Branche. Die Chancen, im Kokon einer Schreibroutine alt zu werden, sinken also rapide. Gute Gründe, dafür zu sorgen, dass die Textbaustelle im Hirn lange und möglichst reibungsarm produziert.

Doch auch ohne diesen äußeren Druck gäbe es Anlass genug, sich mal mit den eigenen Schreibgewohnheiten zu beschäftigen – oder, wie der Schweizer Medienlinguist Daniel Perrin sich ausdrückt, das eigene Repertoire an Schreibstrategien zu erweitern. Man merkt es, wenn man mal einen schlechten Tag hat. Dann gähnt einen der Bildschirm an, die Stimmen der Kollegen lenken ab, die Gedanken wollen sich einfach nicht ordnen und zu Zeilen werden. Bis dann der Zeitdruck so groß wird, dass es irgendwie weitergehen muss – und dann geht es auch, meistens.

Trotzdem bin ich oft erstaunt, was mir Kollegen – auch solche, die von vielen um ihre Texte und ihre Bedeutung beneidet werden – an Schreibfrust anvertrauen. Offenbar kann man noch viele Jahre weiterproduzieren, auch wenn das Betriebsklima auf der Textbaustelle empfindlich gestört ist. Diese Kollegen haben sich dann schon länger mit der Zeitdruck-Methode am Laufen gehalten. Sie haben nicht gemerkt, dass die jahre-, vielleicht jahrzehntelange Höchstleistung ihre Textmonteure ermüdet hat. Sie haben sogar ignoriert, dass die Wartezeiten vor dem Bildschirm länger und quälender wurden, dass sie sich bestimmte schwierige Aufgaben nicht mehr zugetraut haben. Dass Schreiben ihnen einmal Spaß gemacht, sie belebt hat, daran können sie sich kaum noch erinnern.

Medienprofis haben funktionierende Schreibstrategien entwickelt, sonst könnten sie ihren Job nicht machen. Doch „funktionieren" heißt noch nicht „gut funktionieren" oder „dauerhaft funktionieren" oder „in veränderter Systemumgebung genauso gut funktionieren". Was das heißt, davon bekommt zum Beispiel die Pressesprecherin, die erstmals um eine glatte Lüge ihres Vorstandschefs herumtexten muss, eine Ahnung. Die Lokalreporterin, wenn sie endlich mal eine Woche Zeit zum Recherchieren hatte und dann kraftlos vor den Materialstapeln sitzt. Der Nachrichtenprofi, wenn er – ohne Zeitdruck und ohne eindeutige Stilregeln! – an einem Fachaufsatz schreibt. Und der PR-Fachmann, wenn er eine Abschiedsrede für einen geschätzten Kollegen formuliert. Allen läuft plötzlich die Zeit weg. Gedanken sind da, jede Menge, viel zu viele sogar. Wörter auch, sogar einzelne Sätze und Absätze. Aber kein Zusammenhang, keine Linie, kein Konzept. Auf der Textbaustelle herrscht hektisches Treiben bei null Output.

## Wie Sie Ihre Textbaustelle auf Ungewohntes vorbereiten

Was also tun? *Erstens:* Nehmen Sie überhaupt einmal wahr, dass Schreiben Hirnleistung erfordert. *Zweitens:* Finden Sie heraus, was auf Ihrer Textbaustelle los ist und welche Bedingungen Sie brauchen, damit der Laden läuft. Nur so können Sie überprüfen, wo die Abläufe sinnvoll sind und wo sie verändert werden sollten. Dazu möchte ich Ihren Blick auf fünf neuralgische Punkte im Arbeitsablauf der Textbaustelle richten.

### 1. Wie sorgen Sie für Nachschub in Ihrem Materiallager?

Bei der Recherche führen Sie dem Lager das Material zu, das für den Text noch fehlt. Als Medienprofi habe Sie Verfahren entwickelt, wie Sie größere Mengen an Wissen und Wahrnehmungen bereithalten und rasch abrufen können. Erstaunlicherweise gibt es aber viele in der Branche, die den zweiten Teil ihres Lagers kaum bestücken. Sie beobachten gerade noch die Konkurrenzmedien und halten sich über das große Ganze auf dem Laufenden. Sonst lesen sie wenig. Wer viel schreibt, braucht aber einen ständigen Nachschub an Worten, Wendungen, Textideen. Ein Klempner, der im Markt bleiben will, liest Fachzeitschriften und besucht Messen. Medienleute brauchen frische Sprache als Input. Von Kafka bis Sarah Kuttner.

## 2. Wie geht es den Monteuren in den roten Overalls?

Die Kreativen in Ihrer Textbaustelle, ja, die in den roten Overalls, haben nicht ganz unrecht, wenn sie sich als Seele des Betriebs bezeichnen. Ohne sie geht nichts. Sie brauchen aber gutes Material aus dem Lager, Anerkennung und Gelegenheit zum Experimentieren. Anders gesagt: Wenn Sie bei der Schreibarbeit ungewöhnliche Ideen haben wollen, sollte Ihr Hirn geübt im Ideenfinden sein. Geben Sie den Kreativen ab und an freie Hand und Zeit, damit sie nicht die Lust verlieren angesichts all der Kontrollen und der vielen Werkstücke, die zurückgeschickt werden. Freie Hand, das heißt: rumjuxen, Schräges schreiben, alle Regeln in den Wind schlagen. In diesem Buch finden Sie dazu Anregungen. Eine folgt gleich im Anschluss an diesen Abschnitt.

## 3. Wie kommen die Roten und die Weißen miteinander klar?

Die Monteure in den roten und den weißen Overalls haben es nicht leicht miteinander. Die Roten bieten den Weißen ständig Ideen und Fragmente an, sogenannte Prätexte, aber die Weißen finden nicht für jede eine verbale Entsprechung, also passende Wörter und Satzstrukturen. Sorgen Sie dafür, dass das Betriebsklima nicht auf Minusgrade sinkt. Die beiden Arbeitsgruppen müssen gut zusammenarbeiten. Sollten Sie bei Ihrer Schreibarbeit Selbstgespräche führen im Stil von „Verdammt, wie sage ich das bloß?" oder „Nun komm schon, so geht's nicht voran!" (was nicht ungewöhnlich wäre, siehe Bettina und ihr Beschwerdebrief), dann wäre das ein Hinweis auf eine frostige Kommunikation in der Produktionshalle. Druck dieser Art bringt nichts und macht schneller müde.

## 4. Mit welchem Selbstverständnis arbeiten die Kontrolleure?

Die Kontrolleure in der Zentralen Überwachung haben einen wichtigen und nicht gerade angenehmen Job. Per Lautsprecher funken sie ständig auf der Baustelle dazwischen. Dann müssen sie sich auch noch mit den Rückfragen der Monteure beschäftigen. Ein echter Stressjob, auf den sie entweder mit Erschöpfung oder mit Selbstüberschätzung reagieren. Beides wäre fatal. Die Kontrolleure werden gebraucht, damit die Texte zu den Konventionen des Genres, zur Person des Autors und zu dem konkreten Aufgabenumfeld passen. Sie dürfen aber nicht dominant werden. Sie sollten Hinweise statt Befehle aussprechen. Befällt Sie häufig das Gefühl, dass Ihnen beim Schreiben absolut nichts mehr einfällt, dass Sie Watte im Kopf haben, dann könnte Ihre Zentrale Überwachung sich allzu wichtig machen.

5. Unter welchen Voraussetzungen arbeitet die Endmontage?

Wenn die Jungs in der Fertigstellung ständig fertige Sätze zurück in die Produktion schicken, staut sich dort die Arbeit. Ihr Job ist es ja, zu prüfen, ob die Sätze zueinander passen. Das Problem ist: Genau dies ist nicht zu jedem Zeitpunkt überschaubar. Besser also, die Fertigstellung wartet erst mal, bis ein größerer Textabschnitt fertig ist, bevor sie prüft und einzelne Sätze zurückschickt. Falls Sie anders arbeiten, nämlich ständig die Revision und die Produktion vermischen, merken Sie das daran, dass Sie immerzu im soeben geschriebenen Text zurücklesen und redigieren.

## Sagen Sie mal: Wie schreiben Sie eigentlich?

Nach so viel Verfahrenstechnik ist es jetzt höchste Zeit für eine Lockerungs-übung. Nach wie vor geht es darum, herauszufinden, welche Bedingungen Sie brauchen, damit die Arbeit auf Ihrer Textbaustelle im Hirn zügig voran-kommt. Diese Frage könnten Sie sicher ganz rational beantworten. Ich biete Ihnen jedoch an, zunächst noch einmal nach Bildern und Ideen zu suchen, die etwas über Sie als schreibende Person sagen. Deshalb wenden wir uns jetzt von der Baustelle ab und begeben uns in die Natur. Für die folgende Übung braucht man etwas Humor und Spielvergnügen. Bei den Teilnehmern meiner Seminare gehört sie nach kurzer Irritation meistens zu den Rennern.

**Die tierische Übung: „Wenn ich schreibe, bin ich …"**

Vergegenwärtigen Sie sich eine typische Schreibsituation aus Ihrem Alltag. Denken Sie daran, wie Sie Ihre Themen finden, wie Sie re-cherchieren, wie Sie über den Text nachdenken und wie Sie dann schreiben. Sie brauchen zwischen 15 und 45 Minuten Zeit für diese Übung.

Verfassen Sie handschriftlich einen kurzen Text, der mit den Worten beginnt „Wenn ich schreibe, bin ich ein/e …" und dann ein Tier benennt. Ja, Sie haben richtig gelesen: Welches Tier wählen Sie für sich? Von der Mücke bis zum Elefanten, alles ist erlaubt. Sie wählen ein Tier und schreiben drauflos. Führen Sie aus, wie Sie als – sagen wir: Regenwurm – sich durch die Krume des Materials schlängeln, festgetretenen Gedankenboden auflockern, gelegentlich von einem Spaten geteilt werden, aber dann an mehreren Stellen weiterarbeiten … Sicher fällt Ihnen etwas Besseres ein als dieses Beispiel.

Auswerten können Sie die Übung allein oder mit anderen. Versuchen Sie, zunächst auf der Ebene der Tiermetapher zu bleiben. Hier ein paar Leitfragen:

- Wie ist Ihnen die Schilderung geraten: fröhlich, nüchtern oder traurig?
- Wo liegen die Stärken dieses Tiers?
- Mit welcher Art von Aufgaben wäre es wohl überfordert?
- Woher bezieht das Tier seine Kraft?
- Was kostet dieses Tier Kraft?
- Was braucht das Tier, damit es ihm gut geht – im Sinne einer artgerechten Lebensweise?
- Wie kommt das Tier an diese Ressourcen heran?
- Waren Sie eigentlich immer schon dieses Schreib-Tier? Gab es andere Tiere? Zum Beispiel in der Grundschule, als Sie schreiben gelernt haben? Oder als Sie begonnen haben, im Beruf zu schreiben?

Abschließend können Sie Ihre Ergebnisse in die Realität übertragen. Dazu dienen diese Fragen:

- Welche Schlüsse ziehen Sie aus dieser Übung für Ihren Schreiballtag?
- Gibt es etwas, das Sie an Ihrem Schreibverhalten verändern möchten?

Bei dieser Übung begneten mir in meinen Seminaren schon Hunde, Löwen, Adler, Mücken, Biber, Dachse, Maulwürfe sowie etliche Eichhörnchen. Hier zwei Textbeispiele, damit Sie sehen, was für Ideen die Übung bei anderen ausgelöst hat. Der Marketingchef eines Automobilzulieferers schrieb:

„Wenn ich schreibe, bin ich eine Katze. Hat sie ihr Opfer erkannt, verharrt sie rührungslos, fokussiert ihre Beute. Leise huschen ihre Pfoten über die Tastatur. Geduckt, ohne Umweg, setzt sie Pfote vor Pfote, schleicht gnadenlos voran. Nur die Schnurrhaare verraten dem Beobachter, dass sie sich in höchster Erregung befindet. Und dann, kurz vor dem Ziel, setzt sie zum Sprung an, macht einen riesigen Satz, schlägt zu und erlegt ihre Beute ohne Erbarmen. Aber Achtung: Für die hohe Konzentrationsleistung darf die Katze nicht gestört werden. Sie muss hellwach und nicht zu satt sein, damit Sie sich geschmeidig bewegen kann und die nötige Energie aufbringt."

Der Webmaster eines Onlineportals schrieb:

„Wenn ich schreibe, bin ich eine Kuh. Wenn ich auf eine neue Themenweide komme, suche ich den Horizont nach den thematischen Begrenzungspfählen ab. Ich erforsche die Beschaffenheit der Weide. Ist sie hügelig oder ebenerdig? Gibt es Gräben oder Büsche und Bäume? Wo finde ich bunte Verb-Blumen und saftige Adjektiv-Kräuter? Dann beginne ich gemächlich die Blumen, Kräuter und Gräser abzurupfen. Manch dürrer Büschel ist dabei. Wenn es in meinem Magen rumort, beginne ich wiederzukäuen. In der stillen Hoffnung darauf, dass nicht nur Magermilch herauskommt."

Welches Tier auch immer Sie gewählt haben, nutzen Sie die Hinweise, die Ihnen diese Metapher gibt, um Ihre Textbaustelle gut zu organisieren. Die Katze sollte sich knappe, aber ungestörte Schreibzeiten reservieren, und zwar zu der Tageszeit, in der sie ihr Leistungshoch hat. Die Kuh dagegen braucht inmitten des Tagesgeschäfts eine überschaubare Umgebung – und vor allem Zeit für die gedankliche Durchdringung des Themas.

## Auf der Suche nach Erlösung

Auch wenn Ihnen manche Texte nur so aus den Fingern fließen – es lohnt sich herauszufinden, wie Ihre Baustelle mit schwierigen Aufgaben klarkommt und wie sie unter Stress möglichst reibungsarm funktioniert. Sie kennen jetzt die wesentlichen Abläufe, aber noch nicht das universale Schmiermittel des Produktionsprozesses: die Gefühle.

Kein Wunder, dass Tucholsky von Erlösung spricht. Solange das, was wir sagen wollen, keinen sprachlichen Ausdruck findet, solange also die Birkenblätter etwas tun, das wir nicht beschreiben können, solange tragen wir auch eine emotionale Spannung in uns. Sie ist zuweilen schmerzlich, zugleich aber die Triebfeder aller Arbeit an anspruchsvollen Texten. Darüber mehr im folgenden Kapitel.

# 2    Im Labyrinth der Schreibgefühle
## Über das Kunststück, sich aufs Schreiben zu konzentrieren

*„Ich komme nicht aus dem Staunen heraus,*
*was für ein weiter Weg es ist,*
*von dem Satz, der in meinem Kopf ist,*
*bis zu dem Satz, der auf dem Papier steht."*
Jurek Becker, Schriftsteller

Der Schweizer Journalist Guido Mingels, ausgezeichnet mit dem begehrten Henri-Nannen-Preis, wurde einmal gefragt: „Kommt es auch mal vor, dass Sie Schreibhemmungen haben?" Mingels antwortete so:

> „Es kommt auch vor, dass ich keine Schreibhemmungen habe, das ist aber ungewöhnlich. Ich überwinde sie, indem ich Kaffee trinke, wodurch sie stärker werden. Weshalb ich mich dann anderen, leichteren redaktionellen Aufgaben zuwende. Sind die Hemmmungen nach einer Stunde nicht weg, trinke ich weitere Kaffees und beginne damit, verschiedene Duden-Ausgaben durch den Raum zu werfen und zu schreien. Weil das meine Kollegen stört, kommen sie in mein Büro und bringen mich zur Vernunft. Dann schreibe ich weiter."

So viel Temperament und Humor im Umgang mit den eigenen Gefühlen möchte man jedem Schreibprofi wünschen. Statt mit Büchern um sich zu werfen, zu schreien und sich in der Fachpresse zu outen, wahren die meisten lieber den Anschein von Geschäftigkeit. Sie stöhnen über Routinejobs, die alle so irre dringlich sind und keinerlei Raum für klare Gedanken mehr lassen. Sie gießen hingebungsvoll ihre Büropflanzen und finden die Staubschicht auf dem Regalbrett plötzlich unerträglich. Die Kollegin X muss dringend erfahren, was der Kollege Y vorgestern so nebenbei gesagt hat. Das alles duldet keinen Aufschub, wenn ein wichtiger Text zu schreiben ist.

Nein, Schreibhemmungen würden wir so etwas natürlich nicht nennen. Es ist eher, sagen wir: allgemeiner Zeitmangel. Auf jeden Fall kann es gerade unmöglich losgehen mit dem Schreiben. Es fehlt noch was.

Es fehlt immer was, wenn es ernst wird mit einer komplexen Schreibaufgabe. Man könnte das sehr wohl Schreibhemmungen nennen, aber gut: Das klingt nach Problem und Defizit. Tatsächlich handelt es sich um etwas sehr Natürliches. Bevor er anfängt, ringt der Autor um Konzentration. Die braucht er dringend, um die knappen Ressourcen seines Hirns gezielt einzusetzen. Aber sie ist eine unstete Gesellin, diese Konzentration. Manchmal will sie einfach nicht kommen. Manchmal ist sie da und im nächsten Moment verschwunden, keiner weiß wohin.

Ein höchst unangenehmer Zustand, schließlich sind wir Profis und haben keine Zeit zu verlieren. Wir können doch nicht einfach herumsitzen und blöde aus dem Fenster starren. Daher die plötzliche Attraktivität des Staubsaugers. Wenn sie dann doch da ist, die Konzentration, ist das allerdings auch so eine Sache. Die meisten Schreibprofis kennen Phasen, da schnurrt Zeile um Zeile aus ihrem Hirn. In kurzer Zeit schaffen sie große Textmengen. Probleme des Aufbaus oder der Kernaussage, an denen sie vorher lange rumgebastelt haben, sind plötzlich gelöst, sie wissen selbst nicht wie. Wenn sie es ganz gut mit einem Autor meint, die Konzentration, dann vergisst so ein Autor Raum und Zeit. Er produziert stundenlang auf hohem Niveau. Dieses Abheben hat der amerikanische Psychologe Mihaly Csikszentmihalyi als Flow bezeichnet. Ein Flow-Zustand beim Schreiben erfüllt und erschöpft den Autor zugleich. Es ist, als würde jenes Nachdenken und Abwägen, das den Schreibenden sonst so aufhält, manchmal sogar auszehrt, plötzlich wie von selbst geschehen. Die Wörter fallen an ihren Ort.

## Zwischen Frust und Hype: Die Gefühle schreiben mit

Egal ob Niedergeschlagenheit oder Schreibhype: Gefühle spielen im Schreibprozess eine zentrale Rolle. Schreiben ist ein emotionaler Prozess. Das gilt sicher weniger für Routinetexte und standardisierte Stilformen, wohl aber für alles, was eine kreative Leistung verlangt. „Ohne emotionale Beteiligung lässt sich kein Text verfassen", stellt der Psychologe Otto Kruse fest. Kreative Menschen sind emotionale Menschen, auch wenn viele Medienprofis sich in einen Schleier von Coolness hüllen.

Das bedeutet fürs Schreiben: Nicht jeder Beitrag lässt sich locker runterhacken. Es wird auch mal schwierig. Es wird auch mal sehr schwierig. Ist der Bau von Sätzen und Textteilen auf der Mikro-Ebene schon ein verdammt kompliziertes Unterfangen (wie Sie im vorigen Kapitel sehen konnten), so gilt das erst recht für den Versuch, dem Text eine Richtung, eine

Linie, einen inneren Zusammenhalt zu geben. Auf dieser Makro-Ebene ist der Autor ganz gefordert, will er nicht müdes Material abliefern.

Ein wenig Ehrfurcht vor dem, was Ihr Hirn da leisten soll, ist durchaus angebracht.

## Drei Teile, ein Netz: das menschliche Gehirn

Wobei der Ausdruck „Ihr Hirn" schon grob vereinfacht. Das menschliche Gehirn mit seinen 100 Milliarden stark vernetzten Nervenzellen, den Neuronen, besteht aus drei Teilen:

- dem *instinktiven* Hirn (auch Reptilienhirn genannt), einer Verlängerung des Rückenmarks. Dieser entwicklungsgeschichtlich älteste Hirnteil steuert wesentliche Lebensimpulse wie Atmung, Herzschlag, Verdauung und Sex.

- dem *fühlenden* Hirn (auch Kleinhirn oder limbisches System genannt), das emotionale Prozesse und sinnliche Wahrnehmungen reguliert wie etwa Geschmack und Geruch, Hunger und Durst.

- dem *denkenden* Hirn (auch Großhirn genannt), das kognitive Prozesse steuert, für Intelligenz und Urteilsvermögen sorgt. Es ist der jüngste Teil des Denkapparats, nimmt aber bereits 85 Prozent der Gesamtmasse ein.

Wer nun meint, ausschließlich das Großhirn sei am Schreiben beteiligt, liegt falsch. Das Reptilienhirn schreibt mit, wenn wir uns nach einem opulenten Essen oder ausgezehrt durch Schlafmangel etwas Kluges ausdenken wollen. Das Reptil leistet dann Widerstand, indem es die Hirndurchblutung herunterfährt und eine Erholungspause vorbereitet – egal, ob es nun gerade passt oder nicht.

Das limbische System, also das fühlende Hirn, greift noch direkter ins Schreiben ein. Niemand weiß das besser als Redaktionspraktikanten. Der Arbeitsmarkt verlangt von ihnen quasi unbegrenzte Einsatz- und Leistungsfähigkeit. In jedem fremden Großraumbüro, an jedem gerade unbesetzten Schreibtisch sollen sie aus dem Stand Klassetexte schreiben. Aber etwas in ihnen kann in der ungewohnten Situation kaum zur Ruhe kommen. Das limbische System muss sich immer wieder einschalten, Ordnung, Sicherheit und regelmäßige Nahrungsaufnahme einfordern.

Das limbische System stellt sicher, dass ein Autor nicht in den zehn Billionen (10.000.000.000) Bit an Informationen ertrinkt, die in jeder Sekunde (!) auf das Hirn einströmen. Dieser Riesenschwall muss irgendwie gefiltert werden. Etwas muss entscheiden, ob der Mensch ein Rascheln im Busch beachtet (könnte ja ein Säbelzahntiger sein) oder mit seiner Aufmerksamkeit bei dem Handy am Ohr bleibt. Das limbische System bewertet und verdichtet Informationen – und verhindert so, dass der Mensch zur Marionette seiner Eindrücke wird.

Das zugleich Geniale und Unangenehme an diesem Sortierprozess ist: Er geschieht unbewusst. Wir müssen uns damit nicht auseinandersetzen; wir können es aber auch nicht. Überspitzt gesagt: Jemand anderes sortiert für uns. Und diesen jemand müssen wir uns als ein recht konservatives, stets um unser geistiges Wohl und Gleichgewicht besorgtes Wesen vorstellen. Das limbische System ist unsere innere „Abteilung für emotionale Stabilität", wie der Kreativitätstrainer Jens-Uwe Meyer sich ausdrückt. Das heißt leider auch: Neue Informationen, die nicht unmittelbar wichtig sind und nicht in unsere bisher gebildeten Bewertungsschemata passen, lässt das System nicht ins Bewusstsein durch. Damit es uns gut geht, spielt das limbische System den Torwächter und lässt nur Bekanntes passieren. Es wirkt dadurch als Innovationshemmer. Was sich besonders bei der Recherche fatal auswirkt.

Mit logischem Denken allein wäre die Sortierarbeit nicht zu leisten: viel zu umständlich. Das limbische System funktioniert über Gefühle. Im Zusammenspiel mit der Nebennierenrinde verarbeitet es den Informationsstrom des Alltags, das Großhirn beschäftigt sich nur mit dem dünnen Rinnsal, das durchkommt. Das limbische System beeinflusst die Produktion von Botenstoffen wie Adrenalin, Noradrenalin und Dopamin, und alle drei wirken auf die Konzentrationsfähigkeit und die Kreativität des Menschen. Wird zum Beispiel Dopamin in Experimenten künstlich geblockt, behindert das die Informationsverarbeitung. Erlebt ein Autor aber eine freudige Überraschung, dann kann er unter Dopamin-Einfluss plötzlich hoch konzentriert arbeiten und rasch vorankommen.

Dopamin macht die Neuronen in unserem Hirn kontaktfreudig. Neugier und Begehren, die beiden Triebkräfte der Hirnentwicklung, wechseln sich ab und lösen neue Hormonschübe aus. Neugier auf die Ergebnisse unserer Arbeit und das Begehren, eine schwierige Arbeit zu Ende zu bringen und dafür Anerkennung einzuheimsen. Wenn es gut läuft, verselbständigt sich dieser Prozess: Aus der Freude über irgendeinen äußeren Anlass wird Freude an der Arbeit, die Produktivität steigt.

Umgekehrt sind innere Unruhe und ein leichter Schlaf vielen Autoren vertraut, wenn sie an größeren Texten arbeiten. Je ernster die Situation wird, desto stärker beginnen Hormone, unsere Reaktion zu steuern. Eine innere Zerrissenheit kann die Folge sein.

**Praxistipp: Dimensionieren Sie Ihre Schreibprojekte mit Augenmaß**

In Situationen, die ein Autor als bedrohlich oder überfordernd erlebt, behindert das limbische System den Schreibprozess. Wodurch das Gefühl der Überforderung weiter wächst. Sie können sich vorstellen, welche Anforderungen eine solche Krise an das Selbstmanagement stellt. Besser also, Sie überlegen vorher sehr genau, was Sie leisten können und was nicht.

- Suchen Sie *Herausforderungen,* aber achten Sie darauf, dass Sie sich diesen gewachsen fühlen. Lieber einen Moment länger überlegen, bevor Sie sich für einen Himmelfahrtsauftrag melden. Die besten Entwicklungsschritte machen Sie, wenn Sie sich Aufgaben vornehmen, die am oberen Rand Ihrer derzeitigen Leistungsgrenze liegen. Nicht weniger, aber auch nicht mehr. Sie gewinnen so mehr Sicherheit und verschieben die Leistungsgrenze schrittweise nach oben. Und wo liegt Ihre derzeitige Leistungsgrenze? Denken Sie an eine Aufgabe, die Sie gerade noch gut bewältigt haben, ohne völlig aus der Spur zu geraten.

- Entwicklungsschritte brauchen eine emotional förderliche oder wenigstens entspannte Grundsituation. Zu deutsch: Gute Texte brauchen *Vertrauen.* Ihre Chancen, schwierige Aufgaben zu bewältigen, steigen exponenziell, wenn Ihr Chef oder Auftraggeber Sie dabei wohlwollend begleitet, zumindest aber nicht behindert. Klären Sie lieber vorher, ob man Ihnen die Ressourcen gibt, die Sie brauchen. Klären Sie, wo Sie sich Rat holen können, wenn Ihnen etwas unklar ist. Mancher Gewaltige wird da die Stirn runzeln. Die Auffassung, man müsse gute Leute nur ins Wasser werfen, dann würden sie schon schwimmen lernen, ist verbreitet. Dabei säuft manches Talent ab. Besser also, Sie ergreifen die Initiative und nerven Ihre Chefs am Anfang eines Auftrags statt am Ende, nämlich durch ein schlechtes Ergebnis.

**Fallbeispiel: Der Mitarbeiter-Newsletter**

Der neue Kommunikationschef in einem mittelständischen Chemie-Unternehmen hatte eine Idee: Einmal im Monat sollten die 750 Mitarbeiter künftig einen vierseitigen Newsletter erhalten. Wer könnte das machen? Richtig, die Marketing-Assistentin, die schrieb doch so muntere Briefe und in ihrer Freizeit Kindergeschichten. Entlastung: keine.

Nun ächzte diese Kollegin allerdings schon unter Geschäftsberichten und Messeauftritten. Sie hatte keine Ahnung von redaktioneller Organisation und war nie im Schreiben geschult worden. Sie machte sich erst mal schlau, was es bei einem Mitarbeiter-Newsletter alles zu beachten gab. Und das war eine Menge: Es gehört hohes Geschick dazu, zwischen den Interessen der Unternehmensleitung und denen der Mitarbeiter entlang zu steuern. Die Aufgabe schien ihr spannend, aber riskant. Würde sie unter diesen Bedingungen noch Ideen haben und gute Beiträge schreiben können?

Sie konnte ihren Chef überzeugen, dass sie Entlastung brauchte, Schreibtraining und konzeptionelle Beratung. So kam ich ins Spiel. Wir einigten uns auf eine Kombination aus Schreibtraining für eine Redaktionsgruppe und Einzelcoaching für die Marketingassistentin. Ihr Vorgesetzter wusste, dass sie Alarm schlagen würde, sollte das Projekt ihr über den Kopf wachsen. Nach eigenem Bekunden hat sie durch den Newsletter inzwischen einen beruflichen Schritt nach vorn gemacht – und ihre Freude am Schreiben dabei erhalten.

# Hirnhälften und Denkstile

Locker, aber anspruchsvoll – so müsste wohl die Stimmung dort sein, wo erstklassige Texte geschrieben werden. Oder besser: Locker und anspruchsvoll im ständigen Wechsel miteinander. Zu diesem Schluss führen auch die Erkenntnisse der Hirnforschung darüber, wie zwei wesentliche Teile unseres Denkapparats zusammenwirken: die rechte und die linke Hirnhälfte.

## Die zwei Denkstile

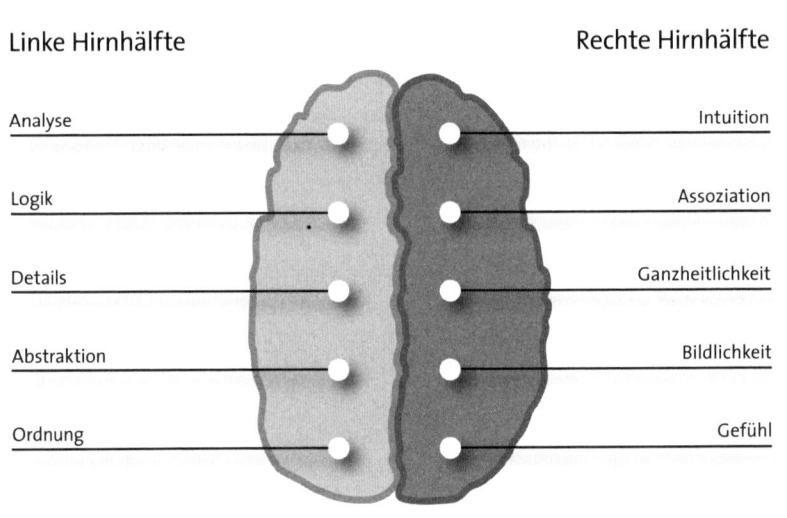

| Linke Hirnhälfte | Rechte Hirnhälfte |
|---|---|
| Analyse | Intuition |
| Logik | Assoziation |
| Details | Ganzheitlichkeit |
| Abstraktion | Bildlichkeit |
| Ordnung | Gefühl |

*Abbildung 2: Aufgaben der rechten und der linken Hirnhälfte*

*Eng vernetzt und doch verschieden: Die linke Hirnhälfte hat ihre Stärken im logischen, die rechte Hirnhälfte im assoziativen Denken*

In den 70er und 80er Jahren, als dieses Modell populär wurde, stellte man sich die Aufgabentrennung wie die zwischen zwei Abteilungen eines Unternehmens vor. Heute richtet man den Blick auf die vielfältigen Schnittstellen und Rückkopplungen. Der Neurologe Detlev B. Linke spricht von einem „Zustand zwischen Trennung und einheitlicher Verarbeitung". Die beiden Abteilungen arbeiten demnach gemeinsam am gleichen Ziel, kooperieren eng, haben allerdings sehr verschiedene Arbeitsstile und Werkzeuge.

Wenn Sie also ein Bild von Van Gogh betrachten, wofür nach dem Schema oben die rechte Hirnhälfte zuständig wäre, dann sind in Wahrheit beide Seiten aktiv: Die linke Hirnhälfte verarbeitet Einzelheiten, die rechte den Gesamteindruck. Man weiß das aus Versuchen mit hirngeschädigten Patienten. So konnte eine Frau, deren linke Hirnhälfte durch einen Schlaganfall teilweise untüchtig war, auf Anhieb erkennen, dass man ihr gerade ein Gemälde von Van Gogh zeigte. Was aber auf dem Bild zu sehen war – die Blumen, das Feld, der Hügel – war ihr nicht zugänglich. Das Ganze des Bildes konnte sie rechtshirnig verarbeiten, die Details des Bildes jedoch nicht. Sehen braucht beide Hirnhälften.

Ebenso ist sich die Forschung darüber einig, dass Sprache ganz überwiegend in der linken Hirnhemisphäre produziert und verarbeitet wird. Begriffsketten, Satzstrukturen, Grammatik denken wir links. Patienten, die linkshirnig schwer geschädigt sind, können meist nur Einwortsätze von der Art eines „Ja“, „Nein“ oder „Gut“ bilden, also ein Gefühl mit einem Standardetikett versehen und dieses aussprechen. Jedoch kommt auch die linke Hirnhälfte nicht allein klar. Sie kann nur eine extrem nüchterne, sachliche Sprache produzieren. Witz, Ironie und Engagement etwa kann ein Mensch erst ausdrücken, wenn die rechte Hirnhälfte mitwirkt.

## Wie man rechts und links auseinander hält

Gemeinsam geht's besser; wenn rechts und links sich vertragen, dann wird alles gut. – Moment mal, das klingt zu sehr nach Sonntagsrede. Manchmal geht es beim Schreiben auch darum, die beiden Hirnhemisphären daran zu hindern, dass sie sich gegenseitig ins Geschäft pfuschen. Um im Bild der Textbaustelle zu bleiben: Es wäre wenig dienlich, wenn die Mitarbeiter in weiß (Satzkonstruktion) und schwarz (Grammatikprüfung) ständig den Roten (Ideensuche) auf die Finger sehen und Kommentare abgeben würden: Während die Roten noch versuchen, einen Prätext herzurichten, würden diese Besserwisser schon auf sprachliche Details hinweisen. Das kann nichts werden, die Roten müssen erst mal etwas herstellen, bevor die Weißen und die Schwarzen damit weiterarbeiten können.

Schon beim Wort- und Satzbildungsprozess auf der Textbaustelle geht es ja darum, aus Bildern, Gefühlen und Ideen Sprache zu machen, die der Adressat versteht und möglichst in ähnliche Bilder, Gefühle und Ideen rückübersetzen kann. Wie im Kleinen so im Großen: Auch die Aufbauplanung und Konzeptionierung eines Textes greift auf Bilder, Gefühle und

Ideen zurück und übersetzt diese in eine Abfolge von Absätzen und Abschnitten. Was die Sache extrem kompliziert macht: Beide Prozesse laufen gleichzeitig ab. Nimmt man die Komplexität der Satz- und Absatzbildung zusammen mit der Komplexität, das passende Konzept und einen stimmigen Textaufbau zu finden, dann versteht man, warum der Hirnforscher Erhard Oeser fragt, „ob man die neuralen Mechanismen, die dies alles leisten, überhaupt jemals verstehen wird".

Halten wir uns also weiter an vereinfachte Modelle, die Medienprofis dabei helfen, optimale Funktionsbedingungen für die höchst störanfällige Textproduktion in ihrem Hirn zu schaffen. Die gedankliche Arbeit am Textaufbau kann man sich dabei etwa so vorstellen: Im Hirn des Autors wird das Textkonzept im Zusammenspiel von rechter und linker Hirnhälfte langsam klarer. In den rechtshirnig dominierten Phasen entstehen Bilder, Symbole und Ideen. So würde ein Autor, der eine Glosse oder Satire schreibt, rechtshirnig eine Vorstellung von der Stoßrichtung, den Adressaten und dem Grad der Bissigkeit seines Texts entwickeln. Mit der linken Hirnhälfte würde er daraus ein Textkonzept formen.

Die Minimalform so eines Konzepts wäre ein Gedanke wie: „Im nächsten Absatz bringe ich gleich …" Die Maximalform wäre ein innerer Spickzettel, auf dem der gesamte Textaufbau begrifflich festgehalten ist, etwa so: „Jetzt kommt Argument eins bis drei, dann der Rückgriff auf die Szene vom Anfang und am Schluss die Pointe."

Dieses Textkonzept ist nun keinesfalls statisch, sondern wird ständig mit neuen Bildern und Ideen aus der linken Hirnhälfte angereichert – oft vollzieht sich dieses Wechselspiel in Sekundenbruchteilen. In einem idealen Schreibprozess dreht der Text also einige Runden durch die Hirnhälften, bis er schließlich seine Form, seinen Ton und seinen inneren Zusammenhalt gefunden hat.

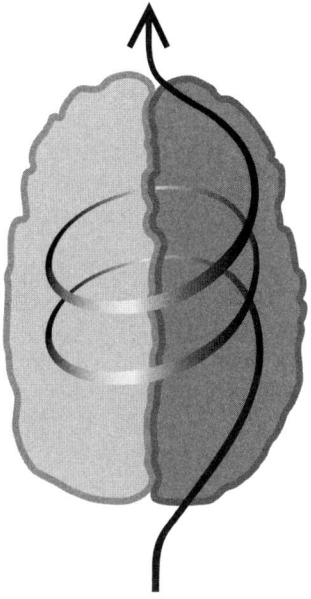

*Abbildung 3: Rundendrehen durchs Gehirn*

*Rhythmischer Wechsel zwischen den Denkstilen: Auf der Suche nach guten Ideen für den Textaufbau und den Ton produziert die rechte Hirnhälfte Lösungen, die von der linken analytisch überprüft werden*

Man könnte den Schreibprozess sicher mit gutem Recht ganz anders darstellen. Wichtig ist, dass Sie sich als Medienprofi eine plastische Vorstellung von dem machen, was in Ihrem Kopf geschieht. Dann nämlich fühlt sich das Schreiben komplexer Texte weniger an, als würde man in einem Labyrinth herumirren.

**Übung: Selbsterkundung per Protokoll**

Wie sieht es denn bei Ihnen aus? Wie verhalten Sie sich beim Schreiben anspruchsvoller Texte? Was geht dabei in Ihnen vor?

Ich schlage Ihnen vor, bei der nächsten größeren Schreibaufgabe ein *Verlaufsprotokoll* anzufertigen. Beginnen Sie mit dem Auftrag oder der Idee, notieren Sie, wann Sie dann wieder daran gedacht haben und was Ihnen durch den Kopf ging. Das kann sich natürlich über Tage, manchmal Wochen hinziehen. Notieren Sie dann, welche Schritte Sie vorm und beim Schreiben im Einzelnen tun. Und vergessen Sie bei all dem das Begleitprogramm nicht: Was haben Sie vor dem ersten Wort noch alles erledigt, wann haben Sie sich zwischendurch Kaffee geholt, wann und wozu haben Sie die Arbeit unterbrochen? Schließlich: Wie ging es Ihnen dabei? Die folgende Tabelle, auf ein DIN-A4-Blatt übertragen, verschafft Ihnen Übersicht.

| Tag, Uhrzeit | Arbeitsschritt am Schreibprojekt | Was geschieht parallel (Ihre sonstigen Aktivitäten)? | Ihre Stimmung |
|---|---|---|---|
|  |  |  |  |
|  |  |  |  |
|  |  |  |  |

So können Sie bei der *Auswertung* vorgehen:

• Zeichnen Sie ein Diagramm, bei dem Sie auf der senkrechten Y-Achse Ihre Stimmung abtragen (oben „gut", unten „schlecht") und auf der waagerechten X-Achse die Zeit.

• Vermerken Sie direkt an der Kurvenlinie, die Sie gezeichnet haben, mit welchen Teilaufgaben Sie in welcher Phase gerade beschäftigt waren.

• Vermerken Sie in einer zweiten und dritten Farbe, was Sie parallel gemacht haben. Wählen Sie eine Farbe für Aktivitäten, die von Ihnen selbst ausgingen (etwa: Pause wegen Müdigkeit, Kaffeeholen und dergleichen), eine zweite für äußere Impulse (etwa: Telefonklingeln, Maileingang, Besucher).

• Gibt es einen Zusammenhang zwischen den von Ihnen selbst veranlassten Aktivitäten und dem Fortgang des Schreibprojekts? Haben Sie so etwas wie typische Aktivitäten in bestimmten Schreibsituationen?

- Gibt es einen Zusammenhang zwischen äußeren Ereignissen (etwa Unterbrechungen) und dem Fortgang des Schreibprojekts?

- Gibt es einen Zusammenhang zwischen bestimmten Arbeitsschritten und Ihrer Stimmung?

- Welche Muster werden erkennbar?

- Was würden Sie jemandem mit diesen Verhaltensweisen oder Mustern raten, wie er oder sie sich noch besser beim Schreiben organisieren könnte?

## Rechts und links im Widerstreit: Willkommen im Schreibtheater

Bislang haben wir über die rechte und linke Hirnhälfte eher neutral gesprochen. Richtig ist: Beide können Wichtiges zum Gelingen des Schreibprozesses beitragen. Das ist allerdings nur die halbe Wahrheit. Beide können sich auch gegenseitig stören, wenn sie übermäßig oder zum falschen Zeitpunkt in Aktion treten. Solche Dysfunktionen spielen eine zentrale Rolle bei allen Arten von Schreibhemmungen und Schreibblockaden.

In Schreibcoachings arbeite ich mit einer Methode, die solche Probleme in Bilder und Handlung übersetzt. Sie wurde entwickelt von dem Psychologen Friedemann Schulz von Thun. Der bekannte Kommunikationsexperte hat Goethe beim Wort genommen. „Zwei Seelen, wohnen, ach, in meiner Brust!", stöhnt Faust. „Nur zwei?", fragte Schulz von Thun und stellte sich die Seele des modernen Menschen als eine Bühne vor, auf der sich manchmal etliche Figuren mit sehr verschiedenen Interessen tummeln. Er nannte dieses Geschehen das „Innere Team". In Stress- und Entscheidungssituationen gibt es unter den Teammitgliedern Krach – ganz wie im Büroalltag. Alle reden durcheinander, einige drängeln nach vorn und wollen das Sagen haben, andere stürzen in tiefe Trauer. Eine klare Linie, ein klarer Gedanke ist zeitweise nicht zu erkennen.

Die Beratungsmethode Inneres Team ist nicht nur lebensklug, sondern auch unterhaltsam. Und sie gewährt Einblicke in die Autorenseele. Es geht darum, die Mitglieder des eigenen Inneren Teams Stück für Stück zu entdecken – und zu klären, was die eigentlich wollen. Dabei arbeite ich mit der

Metapher des *Schreibtheaters*. Im Laufe dieses Buches stelle ich ein typisches *inneres Schreibensemble* von Medienprofis vor. Es soll Ihnen nicht als Vorbild dienen, sondern nur zur Orientierung. Typisch heißt nicht, dass jeder Autor genau diese Konstellation und alle Mitglieder haben muss. Typisch heißt, dass diese Rollen sehr häufig besetzt sind, wenn Autoren mit sich selbst um ihren Text ringen.

## Der Träumer und der Kritiker

Das erste Ensemble-Mitglied, das ich Ihnen vorstellen möchte, heißt: der Träumer. In ihm sind alle Qualitäten der rechten Hirnhälfte gebündelt. Der Träumer kann Stimmungen auffangen, verfügt über eine hohe soziale Intelligenz, kann aus dem Nichts Ideen entwickeln, seine Assoziationsketten sind legendär. Seine Stärke ist das Verknüpfen von Gedanken und Eindrücken, die auf den ersten Blick wenig bis nichts miteinander zu tun haben. Manchmal fällt es ihm schwer, anderen seine Ideen zu erklären; dafür hat er die Fähigkeit, komplexe Vorgänge und Konstellationen intuitiv auf ein Bild oder einen Begriff zu bringen. Der Träumer ist insgesamt ein recht selbstzufriedenes und anspruchsloses Wesen – es sei denn, man treibt ihn zu sehr an oder setzt ihm allzu spezifische Ziele. Dann rebelliert oder schmollt er nach dem Motto: „Da spiel' ich nicht mehr mit."

Das kommt gar nicht selten vor, denn der Träumer hat einen natürlichen Gegenspieler, den Kritiker. Das ist ein kluges Teammitglied, das alle Qualitäten der linken Hirnhälfte in sich vereint. Es liebt Präzision über alles: Begriffe, logische Ableitungen, die Beweisführung. In dieser Hinsicht ist der Kritiker unersättlich. Während ein Text entsteht, stürzt er sich immer wieder auf einzelne Worte und Ideen, auf Verknüpfungen im Aufbau und auf Pointen. Oft hat er etwas einzuwenden. Wenn es gut läuft, wirkt sich sein Beitrag segensreich aufs Ganze aus. Es gelingt ihm, Überflüssiges aus dem Text zu eliminieren, er sorgt für Klarheit und Stringenz, gibt sich nicht zu schnell zufrieden, überlegt sorgfältig, wie der Text auf seine Leser wirken könnte.

Der Träumer und der Kritiker sind sich nicht grün. Jeder hätte gern allein das Sagen. Der Träumer ist schnell enttäuscht, wenn nur einige seiner Ideen aussortiert werden. Er glaubt fest an den jeweiligen Einfall, der ihn gerade beschäftigt. Seine zentrale Botschaft lautet: „Ich hab da was!" Der Kritiker kann das schwer ertragen, er ist stets mit scharfen Fragen und Einwürfen zur Stelle. Seine Botschaft lautet: „Das geht so aber nicht."

*Abbildung 4: Schreibtheater mit Träumer und Kritiker*

*Dauerdrama: Träumer und Kritiker streiten über Motive und Formulierungen*

Sicher, irgendwann geht es dann doch, sonst käme kein Text zustande. Oft ist es entweder der Zeitdruck, der dem Streit ein Ende setzt, oder der Autor lässt die Arbeit eine Zeitlang liegen und gewinnt Abstand. In den heißen Phasen jedoch machen Träumer und Kritiker sich gegenseitig das Leben schwer.

Nun können Sie sich leicht vorstellen, was passiert, wenn einer der beiden einen Text allein schreiben würde oder allzu dominant wäre. Unter der Regie des Träumers wäre keine Nachricht eine Nachricht. Der Text wäre durchsetzt mit allerlei Beschreibungen und Empfindungen. Ein Geschäftsbericht geriete zum Gedicht. Eine Kreativität, die den Bezug zur Realität gänzlich verliert, ahnt letztlich Bedeutungen, wo keine sind.

Wohin das im Alltag einer Regionalzeitung führen kann, zeigt dieser Text. Es handelt sich um einen Bericht vom Konzert des Künstlers Tom Liwa.

Der Artikel beginnt so:

> „Was haben Tom Sawyer und Tom Liwa gemeinsam? Beide sind früh mit der Weisheit des Lebens geschlagene ewige Jungen, beide sind Vagabunden, der eine in Baumhäusern, der andere in den Souterrains der Seele, weil das Leben nur lebendig ist, wenn es Wanderschaft nach oben ist. Und beide sehen sich auch äußerlich ähnlich, wenn Tom Liwa barfuß und in schlichtes Leinen gekleidet auf die kerzenscheinige Bühne tritt ( …) Ein Setting wie für eine Meditationssitzung ( …) Überhaupt darf man von einem Gottesdienst sprechen, einem ans Leben, ‚das voller Wunder ist‘, so Liwa manchmal ganz schlicht in seinen Liedern, die neben solcher Liturgie auch Predigt sind, wenn er zwischen ihnen Geschichten erzählt, die Gleichnisse zu sein scheinen.“

Hier war der Träumer am Werk. Auf den ersten 25 Zeilen à 45 Anschläge finden sich, je nach Definition, 12 bis 15 Bilder und Motive, einige davon habe ich bereits gekürzt. Viele dieser Ideen sind gut. Eine einzige davon, etwa die mit den „Souterrains der Seele“, könnte als Leitmotiv für einen ganzen Rezensionstext taugen. Aber der Autor arbeitet nicht eine Idee aus, sondern setzt immer wieder neu an. Rasch verliert der Leser den Überblick. Der Autor lässt ihm nur eine Chance: Entweder er liest das Ganze als eine Art atmosphärische Ideen-Wolke und lässt sich davon berauschen – oder er steigt aus. Offensichtlich war hier ein hoch kreativer Mensch am Werk, ein Autor mit tollen Ideen und dem Mut, sie zu veröffentlichen. Bloß eines hat gefehlt: ein innerer Kritiker. Oder das klare Wort eines Redakteurs.

Umgekehrt funktioniert es aber natürlich auch nicht. Wer seinen Kritiker päppelt, aber den Träumer klein hält, der sollte nicht in den Medien schreiben, sondern sich einen ruhigen Verwaltungs- oder Wissenschaftsjob alten Stils suchen. Nehmen wir diesen Text aus einer politischen Studie zur Gemeinsamen Außen- und Sicherheitspolitik der EU:

> „Die Europäische Sicherheitsstrategie (ESS) vom Dezember 2003 bildet den säulenübergreifenden Gesamtrahmen für das europäische Bemühen, eine Antwort auf die globalen Herausforderungen und neuen Hauptbedrohungen, die ‚verschiedenartiger, weniger sichtbar und weniger vorhersehbar‘ sind, zu finden. Demnach wirken die durch den internationalen Terrorismus ausgelösten Risiken grenzüberschreitend und lassen sich nicht allein mit militärischen Mitteln bewältigen, sondern erfordern eine Kombination von außen- und innenpolitischen Instru-

menten sowie eine effiziente europäische und internationale Zusammenarbeit."

Hier hatte der Kritiker freie Hand. Der Text ist eine Abfolge von abstrakten Fachbegriffen, die irgendwie zu einem Ganzen verbunden wurden. Man spürt beim Lesen, wie dünn das sprachliche Material war. Natürlich kann eine komplexe, schwerfällige Organisation wie die EU angesichts des Terrors erst einmal nur Sprechblasen ausstoßen. In dieser Passage reproduziert die Studie das ganze Drama der Terrorbekämpfung: mit Kompromissformeln gegen Bomben. Sieht man einmal von den sonstigen stilistischen Schwächen des Absatzes ab, so bleibt immer noch ein Gefühl großer Leere. Warum? Weil der Autor das Material nicht mit einer eigenen Idee verarbeitet und anschaulich macht. Der Träumer ist praktisch abwesend.

Sollen also Träumer und Kritiker stets als gemischtes Doppel arbeiten? Auch das wäre keine Lösung. Daraus kann bei komplexen Texten ein zähes Ringen werden, das die Autoren Kraft und Zeit kostet. Die preisgekrönte „Spiegel"-Reporterin Marie-Luise Scherer hat das einmal so beschrieben: „Man träumt das Unmachbare. Jeder Satz ist dann eine Kapitulation." Der innere Träumer bringt Bilder und Ideen hervor, für die sich nur unter größten Mühen – oder gar nicht – eine sprachliche Entsprechung finden lässt. Der Kritiker haut ein ums andere Mal dazwischen. Scherer erzählt, wie sie oft eine ganze Nacht lang um einen einzigen Begriff ringt. Zuweilen erfolgreich, wenn sie etwa eine Szene, in der ein Hundetrainer Hunde an seinem wattierten Beißarm rotieren lässt, als „Kettenkarussell" beschreibt. Zuweilen auch erfolglos. Dann hat der Kritiker die Oberhand behalten. Die Autorin verstummt.

## Wie Träumer und Kritiker zur Kooperation finden

Können Sie zu diesen beiden Figuren eine Entsprechung in Ihrem inneren Schreibtheater finden? Welche Gestalt geben Sie jenen Anteilen Ihrer Autorenpersönlichkeit, die für das Phantasieren und Ideenfinden zuständig sind? Welche jenen, die die Ideen kritisch prüfen und zu einer belastbaren Textstruktur zusammenfügen?

**Übung: Dialog des Kritikers und des Träumers**

- Entwerfen Sie Mitglieder Ihres Ensembles, die diese Aufgaben übernehmen. Geben Sie ihnen Gestalt und Namen. Versehen Sie sie dann
  mit einer Sprechblase, in der ein typischer Satz steht, den sie im
  Schreibprozess immer wieder äußern.

- Nun nehmen Sie sich 20 bis 40 Minuten Zeit und schreiben Sie einen
  Dialog der beiden auf. Sie können ein konkretes Schreibprojekt zum
  Thema machen oder die beiden generell über ihre Zusammenarbeit
  beim Schreiben reflektieren lassen. Wichtig: Egal, was die beiden sich
  am Anfang sagen (lassen Sie es ruhig richtig rundgehen), sorgen Sie
  dafür, dass das Gespräch ein gutes Ergebnis hat. Jeder der beiden hat
  im Kern gute Absichten. Die Aufgabe lautet: Arbeiten Sie im Dialog
  diese guten Absichten heraus und versuchen Sie, die beiden zur Einsicht in die konstruktiven Beiträge des jeweils anderen zu führen.

## Die Kunst des Schreibens: Bleiben Sie im Fluss

Solche Fingerübungen dienen dazu, dass Sie rasch reagieren können, wenn
die Worte und Sätze beim Schreiben einmal nicht mehr fließen. Wenn Sie
festhängen, den Faden verlieren. Die ganze Kunst des Schreibens besteht
darin, im Fluss zu bleiben – und selbst dann noch weiter zu wissen, wenn
der Fluss gerade einmal versiegt. In solchen Momenten klärt sich schneller,
was los ist, wenn Sie den verwickelten Schreibprozess analysieren können.
Im folgenden Kapitel lernen Sie ein System kennen, wie Sie das Geschehen
in verschiedene Schritte aufteilen und zur bewussten Selbststeuerung übergehen können.

# 3 Zwischen Plan und Phantasie
## Navigieren im Meer der Möglichkeiten

*„Als ich zum ersten Mal Artikel für „Atlantic Monthly" schrieb,*
*begann ich gegen acht Uhr abends,*
*wenn die Kinder im Bett waren.*
*Manchmal saß ich bei Sonnenaufgang*
*immer noch über dem ersten Satz."*
Tracy Kidder, Journalist

Wer mit erfolgreichen Reportern spricht, hört solche Schilderungen immer wieder: „Erst mal saß ich fast zwei Tage lang ratlos vor dem Computer. Ich hatte zu viele Szenen im Kopf, zu viele Details, und mir war überhaupt nicht klar, wie ich anfangen könnte." Der „Zeit"-Redakteur Marc Brost berichtet hier von seiner Arbeit an einem Porträt über Joseph Ackermann. Je mehr er über den umstrittenen Deutsche Bank-Chef erfährt, desto mehr verhüllt sich die Geschichte vor ihm: „Ich sorgte mich, dass ich nur Klischees wiederholen und der Person nicht gerecht werden würde." Oft habe er überlegt, wie es wäre, wenn jemand ihm nachspüren würde. „Und ich habe mich gefragt, welches Bild wäre das richtige von mir? Noch nie habe ich mich so schwer getan mit einem Artikel."

Der Knoten löst sich dann völlig unerwartet. Brost unternimmt eine letzte Recherchereise. „Als ich nach dem Termin an den Zürcher Flughafen kam, hatte mein Flug zwei Stunden Verspätung. Also habe ich den Laptop ausgepackt und losgeschrieben, fast ein Drittel der Geschichte." Das Happy End sieht dann so aus: Brosts Ackermann-Porträt wurde mit dem begehrten Theodor-Wolff-Preis ausgezeichnet.

So macht man das also. Erst Material sammeln, bis man schier darin ertrinkt, dann wie blockiert vorm Bildschirm sitzen und am Ende urplötzlich den Kreativschub kriegen? Ist das das Rezept, nach dem die tollen Geschichten entstehen? Es ist nur eines von vielen. Schauen wir uns einmal zwei weitere Theodor-Wolff-Preisträger und ihre Planungsmethoden an. Wenn „Spiegel"-Reporter Ralf Hoppe an einer größeren Geschichte arbeitet, würde er sich auf keinen Fall vor den leeren Bildschirm setzen und einfach anfangen. Stattdessen wühlt er sich durch Stapel von Notizen und

Material, verbietet sich aber das Schreiben. Sein Argument: „Was einmal da steht, will nicht mehr weg."

Hoppe bastelt an einer extrem detaillierten Gliederung, einer sogenannten Storyline. Er beginnt auf einem quer gelegten DIN-A4-Blatt und klebt bei Bedarf rechts neue Blätter an, so dass eine Art Filmstreifen entsteht. Stichworte, Zitate, Symbole ergeben samt Verbindungspfeilen einen Reigen von zuweilen gut zwei Metern Länge. Jeder Absatz, jede Überleitung, jede Pointe, jede zentrale Formulierung ist notiert. Der Reporter kann seine Story jetzt an die Wand hängen oder auf dem Boden ausrollen. Erst wenn er rundum zufrieden ist, setzt Hoppe sich an den Computer und löst, wie er sich ausdrückt, den Schreibstau auf. Denn der Text ist ja praktisch schon fertig, er muss nur noch auf die Festplatte.

Also doch lieber planen, bis das Papier ausgeht? Stefan Geiger von der „Stuttgarter Zeitung" beschreibt seine Arbeit an einem ganzseitigen Essay so: „Die Entstehungsgeschichte solcher Texte ist chaotisch. Am Anfang stehen meist spontane Reaktionen auf aktuelle Ereignisse, einzelne Gedankensplitter. Die Überschrift kommt erst später, wenn sich Ideenklumpen, einzelne Bilder und Formulierungen angesammelt haben. Es folgen Gespräche mit Kollegen, ein bisschen Lektüre. Das Schreiben geht dann schnell, netto im Schnitt zwei Tage. Die Struktur des Textes entwickelt sich erst im Schreibprozess."

## Erkunden Sie Ihre persönlichen Schreibstrategien

Auch wenn hier weitere zwanzig renommierte Autoren zu Wort kämen, das banale Fazit würde lauten: Jeder macht's anders. Jeder tastet sich auf individuelle Weise voran zu seinem Text. Dennoch ist es möglich, Autoren Orientierung und Vergleichsmöglichkeiten zu geben. Und die brauchen sie, um im Getümmel des Schreibprozesses Erfolg und Zufriedenheit zu finden. Deshalb schlage ich Ihnen in diesem Kapitel drei Schritte zu mehr Souveränität vor:

1. Machen Sie sich die eigenen Schreibstrategien bewusst und gleichen Sie diese mit den Erfahrungen anderer ab.

2. Beginnen Sie, das Zusammenspiel zwischen Intuition und Analyse bewusst zu steuern.

3. Formulieren Sie Regeln, wie Sie auf unproduktive Verhaltensmuster reagieren wollen.

So vielfältig kombinierbar die Variablen wie Person, Aufgabe, Schreibziele, Schreibsituationen auch sind – als Schreibcoach beobachte ich Grundströmungen. Ich habe sie mit Forschungsarbeiten zu Schreibstrategien abgeglichen und so eine Schreibprofil-Tabelle entwickelt. Sie kann Ihnen helfen, sich über Ihren persönlichen Arbeitsstil klar zu werden.

## Die Schreibprofil-Tabelle

| ✗ | A vor dem Schreiben | B währenddessen | C nachher |
|---|---|---|---|
| 1 ◯ | Ich tue vorher gar nichts, sondern fange einfach direkt an zu schreiben. | ◯ Ich fange immer am Anfang an. Wenn ich hängenbleibe, gehe ich zum Anfang zurück und überarbeite den Text systematisch bis dahin, wo ich aufgehört habe. | ◯ Ich sehe mir den Text nach einer Pause noch einmal an und schreibe ihn komplett neu, eventuell auch mehrfach. |
| 2 ◯ | Ich bewege das Thema vorher im Kopf und merke mir bereits ein paar Stichpunkte. | ◯ Ich fange am Anfang an. Wenn es schwierig wird, suche ich die Problemstelle und überarbeite sie. Dann wird mir beim Schreiben klar, worauf ich hinaus will. | ◯ Ich behandle den Text wie einen Rohentwurf, mache mir Notizen zu einer sinnvollen Gliederung und überarbeite ihn komplett. |
| 3 ◯ | Ich notiere mir Stichpunkte (zum Beispiel auf Zetteln) und bringe sie später in eine Reihenfolge, die etwa dem Textaufbau entspricht. | ◯ Ich schreibe zuerst Textteile, die mir leicht fallen und mir unmittelbar klar sind (etwa Einstieg, Beispiele oder Schluss) und verbinde sie später miteinander. | ◯ Ich lasse den einmal gefundenen Textaufbau bestehen, prüfe aber den Inhalt noch einmal ganz auf Richtigkeit und Stimmigkeit. |

| | A<br>vor dem Schreiben | B<br>währenddessen | C<br>nachher |
|---|---|---|---|
| 4 ○ | Ich plane den Text mit Sinnabschnitten und/ oder Unterpunkten genau durch. | ○ Ich schreibe von An- fang bis Ende durch, ohne groß zu über- legen. Wenn mir Pro- bleme auffallen, notiere ich sie auf einem Extrazettel und beschäftige mich später damit. | ○ Ich prüfe sprachliche Details wie Ausdruck und Rechtschreibung und korrigiere an- sonsten nur inhalt- liche Fehler. |
| 5 ○ | Ich fertige eine schrift- liche Detailgliederung (Storyline) an und vermerke auch Über- gänge, Pointen und sogar einzelne Formulierungen. | ○ Ich schreibe ganz bewusst ohne an- zuhalten in einem Rutsch durch und lasse selbst Tipp- fehler unkorrigiert. | ○ Ich korrigiere nur die Rechtschreibung. |

**Die Schreibprofil-Tabelle: Wie organisieren Sie Ihre Textarbeit?**

Mit der Schreibprofil-Tabelle können Sie Ihre persönlichen Schreibstrategien erkunden. Die Leitfrage lautet: Welche der in der Tabelle beschriebenen Verhaltensweisen treffen für Sie in Ihrem Schreiballtag zu? Im Einzelnen:

• Wie und wann treffen Sie konzeptionelle Entscheidungen?

• Schreiben Sie geradlinig auf ein Ziel zu oder kreisen Sie das Ziel erst im Laufe der Arbeit ein?

• Arbeiten Sie mehr mit Hilfsmitteln (zum Beispiel Konzeptblock, Zettelkasten) oder nur mit Ihrem Kopf?

• Welchen Stellenwert hat für Sie die erste Textfassung?

Lesen Sie der Reihe nach die Spalten A bis C der Schreibprofil-Tabelle und markieren Sie in den freien Feldern alle Beschreibungen, die für Sie (bei der Arbeit an anspruchsvollen Texten) typisch sind. Denken Sie an eine mittelgroße bis große Schreibaufgabe, also mindestens etwa 3.000 Zeichen, was einer zweiseitigen Pressemitteilung oder einem Dreispalter in der Zeitung entspricht, und höchstens 35.000 Zeichen, was in etwa einem Sachbuchkapitel oder einem Fachbeitrag entspricht. Die Schreibaufgabe sollte über das routinierte Runterschreiben von Ihnen wohl bekannten Fakten hinausgehen.

Übertragen Sie Ihre Markierungen aus den drei Spalten in die Minitabelle „Strategiemuster". Sie können dann Ihr Muster auf einen Blick wahrnehmen und mit anderen vergleichen.

*Ihr Strategiemuster*

|   | A | B | C |
|---|---|---|---|
| 1 |   |   |   |
| 2 |   |   |   |
| 3 |   |   |   |
| 4 |   |   |   |
| 5 |   |   |   |

## Verbreitete Schreibtypen

Die Verhaltensweisen in den drei Spalten sind beliebig kombinierbar, doch es lassen sich Typen beschreiben.

### 1. Der Detailplaner

|   | A | B | C |
|---|---|---|---|
| 1 |   |   |   |
| 2 |   |   |   |
| 3 |   |   |   |
| 4 | X | X | X |
| 5 | X | X | X |

Dieser Autorentypus geht sehr systematisch vor. Wenn er alles vorausgedacht und eine genaue Gliederung entworfen hat, schreibt er möglichst durch, liest nicht ständig zurück, redigiert nicht während des Schreibens.

Weil er vom Wert seiner Planung überzeugt ist, stellt ihn das Ergebnis meist sehr zufrieden, deshalb verändert er beim Durchlesen kaum noch etwas am Text.

## 2. Der Konzeptionierer

|   | A | B | C |
|---|---|---|---|
| 1 |   |   |   |
| 2 |   |   | X |
| 3 | X |   | X |
| 4 |   | X |   |
| 5 |   | X |   |

Der Konzeptionierer plant so viel, wie ihm einfällt, mindestens hat er eine Folge von Stichpunkten auf dem Zettel, bevor er anfängt. Auch schreibt er möglichst durch und löst Probleme erst später. Dafür geht er davon aus, dass er seinen Text routinemäßig genau prüft und überarbeitet.

## 3. Der Akribiker

|   | A | B | C |
|---|---|---|---|
| 1 |   | X | X |
| 2 |   |   | X |
| 3 |   |   |   |
| 4 | X |   |   |
| 5 | X |   |   |

Der Akribiker verwendet große Mühe auf die Planung, traut seinem Plan aber nicht recht. Ebenso fällt es ihm schwer, den Plan Plan sein zu lassen und einfach weiterzuschreiben. Also springt er, sobald er festhängt, beim Schreiben wieder zum Anfang zurück. Vor dort arbeitet er sich redigierend wieder nach vorn, bis der Text komplett ist. Bei der Überarbeitung stellt er ihn trotzdem noch einmal komplett in Frage.

## 4. Der Teil- und Unterwegsplaner

|   | A | B | C |
|---|---|---|---|
| 1 |   |   | ✗ |
| 2 | ✗ |   |   |
| 3 |   | ✗ |   |
| 4 |   |   |   |
| 5 |   |   |   |

Dieser Autor notiert schon während der Recherche Stichworte zum Aufbau und formuliert sogar einzelne Textteile in Absätzen und Szenen aus. Wenn er dann so richtig mit dem Schreiben beginnt, macht er es genauso: Er schreibt alle Teile, die sich gerade schreiben lassen. So wächst langsam ein Kompendium heran. Unterwegs gelangt er zur Einsicht in die Struktur des Ganzen. Erst bei der ersten oder zweiten Überarbeitung findet der Text seine endgültige Form.

## 5. Der Drauflosschreiber

|   | A | B | C |
|---|---|---|---|
| 1 | ✗ | ✗ | ✗ |
| 2 |   |   | ✗ |
| 3 |   |   |   |
| 4 |   |   |   |
| 5 |   |   |   |

Der Drauflosschreiber plant nicht gern und fängt einfach mal an. Wenn unterwegs die Zweifel zu groß werden und er stockt, beginnt er den Text von vorn zu überarbeiten. Danach überarbeitet er den Text komplett, was manchmal bedeutet: noch mal ganz neu schreiben.

## 6. Der Durchwühler

| | A | B | C |
|---|---|---|---|
| 1 | ✗ | ✗ | |
| 2 | | | |
| 3 | | | |
| 4 | | | |
| 5 | | | ✗ |

Der Durchwühler arbeitet wie der Drauflosschreiber, verzichtet aber auf eine Überarbeitung, die mehr als Rechtschreibfehler korrigiert. Seine Devise lautet: Augen zu und durch!

## Wie Intuition und Analyse zusammenwirken

Es ist nicht schwer, Beispiele zu finden, die von dieser Typologie nicht erfasst werden. In einem Seminar begegnete mir etwa ein Unternehmenssprecher, der selbst lange Texte detailliert im Kopf planen konnte – inklusive Überleitungen und Pointen, aber ohne ein einziges Stichwort auf Papier. Ebenso lässt die Typologie Rahmenbedingungen wie Zeitdruck, Schreibzeiten und Alkoholeinfluss außer Acht. Von Umberto Eco wird berichtet, dass er vorzugsweise nachts schreibe, nach Besuch eines Abendessens mit Freunden und Genuss einiger Gläser guten Rotweins – wohlwissend, dass er den Text am nächsten Morgen an eine Redaktion schicken muss. Für Detailplanung dürfte da nicht viel Zeit sein, wohl aber ist der Autor in Stimmung für ein munteres Drauflosschreiben.

Auf welches der sechs Profile deutet Ihre Minitabelle hin? Mit der Antwort ist selbstverständlich kein Werturteil verbunden. Es gibt keine per se guten oder schlechten Strategien. Wohl aber sollten Sie prüfen, ob Ihre intuitiven Strategien tatsächlich immer Ihren Schreibzielen dienen. An manchen Stellen könnte es sich für Sie lohnen, der Intuition einmal nicht zu folgen, sondern der Analyse Vorfahrt zu geben und den Schreibprozess rational zu steuern.

Hinter dieser Feststellung verbirgt sich keinesfalls ein Plädoyer gegen die Rolle der Intuition beim Schreiben. Ohne seine Intuition wäre ein Autor keiner. Die Intuition sorgt nicht nur für originelle Formulierungen, sondern überhaupt für den Ideenfluss. Sie hilft Ihnen, den Grundgedanken (oder besser, das Gesamtbild) eines Textes zu erfassen, also auch Struktur-prinzipien zu erkennen und Leitmotive zu finden. In dieser Hinsicht ist die Intuition der Analyse überlegen.

Beim Schreiben wird die Fähigkeit, durch eine komplexe Sache intuitiv hin-durchzuschauen und so ihr Wesen zu erfassen, dringend gebraucht. Die Intuition produziert laufend „Versuchsnetze", wie die Schreibtrainerin Gabriele L. Rico sich ausdrückt. Das sind Verknüpfungen von Nervenzel-len im Hirn, die eine Lösung für ein Problem anbieten. Axel Hacke, bekannt durch seine Kolumne „Das Beste aus meinem Leben" im „SZ-Magazin", erzählte einmal, dass er zunächst ein, zwei Absätze schreibt, um ein Gefühl für den Klang des Textes zu bekommen. So machen es viele Kommentar- und Glossenautoren. Erst nach dem Einstieg überlegen sie, wie sie den Text anlegen wollen, ob es etwas zu recherchieren gib und wie die Pointe aussehen könnte. Sie geben der Intuition Raum, wohlwissend, dass sie die Analyse brauchen werden, um den Text gut zu Ende zu brin-gen.

Die Analyse entscheidet, was mit den Anregungen des intuitiven Denkens passiert. Sie sorgt für die begriffliche Umsetzung, aber auch für das Sortie-ren des Materials. Sie prüft das Vorhandene und erkennt Lücken. Sie kann die Interessen der Leser in den Blick nehmen, Ziele formulieren und den Text daran messen. Die Briefschreiberin Bettina im ersten Kapitel fragte sich mitten im Getümmel: „Was will ich eigentlich sagen?" Da meldete sich das analytische Denken – und das half dem Brief, seine angemessene Form zu finden.

## Stärken und Schwächen der Schreibprofile

Es ist also unerlässlich, dass Intuition und Analyse zusammenarbeiten. Wenn die Kooperation nicht funktioniert, bedeutet das in der Regel: Sowohl der Autor wie der Leser sind unzufrieden mit dem Text. Beide spü-ren, dass etwas fehlt, nämlich entweder eine nachvollziehbare Struktur oder Phantasie und Frische.

**Wie gut funktionieren Ihre Schreibstrategien?**

Schauen wir uns die sechs Schreibtypen noch einmal daraufhin an, wie weit sie produktive oder unproduktive Verhaltensmuster aufweisen. Es geht darum, dem *Strategiemuster* ein *Stärken/Schwächen-Muster* zuzuordnen. Dabei stehen diese Fragen im Vordergrund:

- Wie steht es um die logische Geschlossenheit Ihrer Texte? Wie fest ist der rote Faden?

- Wie steht es um die Inspiration, wie frisch und überraschend sind die Texte?

- Wie leicht fällt das Schreiben? Ist es Lust oder Frust?

Auf diese drei Fragen beziehen sich die drei Spalten in der zweiten Serie von Minitabellen, die das Stärken-Schwächen-Muster der Schreibprofile darstellen:

- Spalte D bedeutet „Geschlossenheit/Roter Faden"
- Spalte E bedeutet „Inspiration/Frische"
- Spalte F bedeutet „Spaß am Schreiben".

*Stärken-Schwächen-Profil*

|   | D | E | F |
|---|---|---|---|
| 1 |   |   |   |
| 2 |   |   |   |
| 3 |   |   |   |
| 4 |   |   |   |
| 5 |   |   |   |

Kreuzen Sie in dieser Minitabelle Ihr Profil an. Die Ziffer 1 bedeutet „sehr wenig" und die Ziffer 5 „sehr viel".

Beispiele:
- Wenn Sie meinen, dass Ihre Texte einen klar erkennbaren Aufbau und roten Faden haben, dann markieren Sie die 4 oder 5 in der Spalte D.

- Wenn Sie finden, dass es Ihren Texten an Inspiration und originellen Ideen mangelt, markieren Sie in der Spalte E den Wert 1.

- Wenn Schreiben für Sie mehr Lust als Frust ist, markieren Sie eine 4 oder 5 in Spalte F.

Anschließend können Sie Ihre Selbsteinschätzung mit den Schwächen und Stärken der sechs Schreibtypen vergleichen.

## 1. Der Detailplaner

*Strategiemuster*

| | A | B | C |
|---|---|---|---|
| 1 | | | |
| 2 | | | |
| 3 | | | |
| 4 | X | X | X |
| 5 | X | X | X |

*Stärken Schwächen-Profil*

| | D | E | F |
|---|---|---|---|
| 1 | | | X |
| 2 | | | |
| 3 | | X | |
| 4 | | X | |
| 5 | X | | |

Der Detailplaner stürzt sich nicht ins Abenteuer, er schreibt erst, wenn er ganz sicher ist, dass er weiß, was und wie. Die Texte können dann von einer besonderen sprachlichen Frische sein, weil die Wörter nicht zig mal hin und her geschoben werden, sondern sogleich ihren Platz finden. Allerdings kann es sein, dass der Detailplaner beim Schreiben sklavisch an seinem Konzept klebt. Dann vertut er die Chancen des assoziativen Schreibens. Es könnte ihm gut tun, sich im Schreibverlauf mehr Freiheit zu geben – und dafür eine intensivere Überarbeitung einzuplanen. Bei diesem sehr kontrollierten Verfahren auch noch Höhenflüge zu erleben, das gelingt wohl nur Experten für Schreib-Tantra.

## 2. Der Konzeptionierer

|   | A | B | C |
|---|---|---|---|
| 1 |   |   |   |
| 2 |   |   | X |
| 3 | X |   | X |
| 4 |   | X |   |
| 5 |   | X |   |

|   | D | E | F |
|---|---|---|---|
| 1 |   |   |   |
| 2 | X |   |   |
| 3 |   |   |   |
| 4 |   | X | X |
| 5 |   |   |   |

Der Konzeptionierer ist ein häufig verbreiteter Typus unter Schreibprofis. Entweder im Kopf oder auf Papier macht er sich eine mittelpräzise Gliederung, ist dann aber bereit, davon bei Bedarf im Schreibprozess abzuweichen, damit der Text seinen Ton und seine innere Struktur aus dem Moment heraus finden kann. Dabei entstehen oft logische Brüche, für die der Autor bei der Überarbeitung eine Lösung finden muss. Am besten mithilfe eines Gegenlesers.

## 3. Der Akribiker

|   | A | B | C |
|---|---|---|---|
| 1 |   | X | X |
| 2 |   |   | X |
| 3 |   |   |   |
| 4 | X |   |   |
| 5 | X |   |   |

|   | D | E | F |
|---|---|---|---|
| 1 |   |   | X |
| 2 |   | X |   |
| 3 |   |   |   |
| 4 |   |   |   |
| 5 | X |   |   |

Ist unter jüngeren Medienprofis nicht allzu oft vertreten, eher schon unter Wissenschaftlern und Schriftstellern. Sein Verfahren ist relativ zeitaufwändig. Wenn es gut läuft, kommt ein sprachlich sehr präziser und durchdachter Text heraus. Allerdings wird es nur den wenigsten Akribikern gelingen, ihm auch noch Eleganz und Leichtigkeit einzuhauchen. Wenn doch, dann ist das hart erkämpft. Dieses Verfahren macht nicht glücklich, kann allerdings für die Leser erfreuliche Ergebnisse zeitigen.

## 4. Der Teil- und Unterwegsplaner

|   | A | B | C |
|---|---|---|---|
| 1 |   |   | X |
| 2 | X |   |   |
| 3 |   | X |   |
| 4 |   |   |   |
| 5 |   |   |   |

|   | D | E | F |
|---|---|---|---|
| 1 |   |   |   |
| 2 | X |   |   |
| 3 | X |   |   |
| 4 |   |   |   |
| 5 |   | X | X |

Wenn der Autor mit den Zweifeln am Gelingen klarkommt, die ihn zwischendurch anfallen, kann dies ein gewinnbringendes Verfahren sein. Es ist aber für viele schwer auszuhalten, dass ihr Text erst im letzten Moment seinen roten Faden findet. Dieser rote Faden wird dann auch unterschiedlich fest sein. An vielen Stellen ist er dick und rund, weil starke Assoziationen schon frühzeitig strukturbildend gewirkt haben. An anderen dünn und fadenscheinig – weshalb geübte Leser sofort sehen, dass eine Überleitung nur notdürftig einen logischen Bruch überdeckt. Trotzdem: hoher Zufriedenheitsfaktor.

## 5. Der Drauflosschreiber

|   | A | B | C |
|---|---|---|---|
| 1 | X | X | X |
| 2 |   |   | X |
| 3 |   |   |   |
| 4 |   |   |   |
| 5 |   |   |   |

|   | D | E | F |
|---|---|---|---|
| 1 | X |   | X |
| 2 |   |   |   |
| 3 |   |   |   |
| 4 |   |   |   |
| 5 |   | X | (X) |

Dies ist der Feld-, Wald und Wiesentypus unter Medienprofis. Wenn es gut läuft, arbeitet der Drauflosschreiber extrem schnell und assoziativ stark. Wenn es schlecht läuft, extrem zeitaufwändig. Er ist blockadegefährdet. Dieses Verfahren ist nur für kürzere Textsorten mit einem hohen Routineanteil zu empfehlen. Der Drauflosschreiber sollte seine Texte immer gegenlesen lassen.

## 6. Der Durchwühler

| | A | B | C |
|---|---|---|---|
| 1 | ✗ | ✗ | |
| 2 | | | |
| 3 | | | |
| 4 | | | |
| 5 | | | ✗ |

| | D | E | F |
|---|---|---|---|
| 1 | ✗ | ✗ | |
| 2 | | | |
| 3 | | | ✗ |
| 4 | | | |
| 5 | | | |

Der Durchwühler hat den starken Willen, die Arbeit so schnell wie möglich hinter sich zu bringen. Das gelingt ihm auch meist, weil er nicht sehr zimperlich mit der inneren Struktur des Textes umgeht. Er schreibt am liebsten stark reglementierte Textformen wie Nachricht und Bericht. Und schafft dabei ordentlich was weg, weil er seine stilistischen Ansprüche niedrig hält. Solange er daran nichts ändert, kann er mit sich und seiner Arbeit zufrieden sein.

## Die Schreibspirale als empfohlene Strategie

Auch für dieses Stärken-Schwächen-Profil lassen sich leicht Gegenbeispiele finden. Der anfangs vorgestellte „Spiegel"-Reporter Ralf Hoppe ist ein Musterbeispiel für einen Detailplaner, hat aber Spaß bei der Arbeit. Andere würden während der langen Planungsphase Bücher an die Wand werfen oder depressiv werden. Ihm entspricht dieser Stil.

Dagegen klagt die Autorin Ulrike Pfeil darüber, wie schwer es ihr schon seit Kindertagen falle, eine Gliederung zu erstellen und ihr dann auch noch zu folgen. „Es hat sich nicht viel gebessert seither. Das Material herrscht über mich, nicht umgekehrt. Es frisst sich mit seinen Möglichkeiten und Facetten in meinen Schlaf und in mein Privatleben." Sie ist vom Typus her eine Draufloss-schreiberin, allerdings eine gebremste, weshalb sie halb bewusst, halb unbewusst im Kopf plant – und dabei leidet. Am ehesten würde ihr wohl der Typus Drauflosschreiberin in der Variante „Spaßfaktor niedrig" entsprechen. Das ist übrigens ein unter anspruchsvollen Magazinjournalisten sehr verbreiteter Typus. Wie predigte schon Stilpapst Wolf Schneider seinen Journalistenschülern: „Qualität kommt von Qual." Der Nachwuchs hat das beherzigt.

Betrachten Sie jetzt noch einmal Ihre eigenen Kreuzchen in den Spalten D, E und F des Stärken-Schwächen-Profils. Wenn Sie nicht wenigstens mittelhohe Werte in allen drei Feldern haben, sollten Sie Ihre Schreibstrategien verbessern. Dazu möchte dieses Kapitel Sie ermutigen: Sorgen Sie dafür, dass Ihre Schreibstrategien zu Ihren Aufgaben passen. Und verlieren Sie dabei die Leichtigkeit nicht aus dem Blick.

Daniel Perrin empfiehlt eine bestimmte Schreibstrategie oder besser: eine Abfolge von strategischen Schritten im Schreibprozess. Auf seinem Modell „Schreibspirale" beruht die folgende Darstellung:

Die Schreibspirale

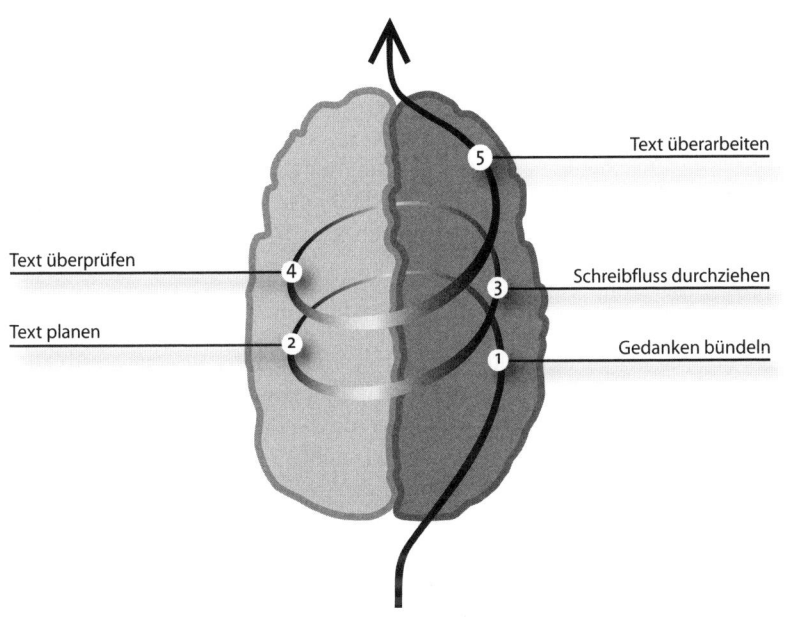

*Abbildung 5: Die Schreibspirale*

*In vier schwungvollen Phasen zum fertigen Text: Schreiben lässt sich als ein absichtsvoller Wechsel zwischen einer stärker intuitiven und einer stärker analytischen Arbeitsweise organisieren*

Perrin lässt dabei den Prozess der Themenfindung und der Recherche außen vor. Sein Modell setzt in dem Moment ein, wo das konkrete Schreiben sehr nahe rückt. Zum Beispiel auf dem Weg von einem Termin, über den ein Reporter gleich schreiben will, ins Büro. Er legt folgende Arbeitsschritte nahe:

## Phase 1: Gedanken bündeln

Zunächst breiten Sie das Material vor sich aus – tatsächlich oder vor Ihrem inneren Auge. Automatisch beginnen Sie, thematische Gruppen, Bündel oder Unterpunkte zu bilden. Erst einmal sind diese alle gleichberechtigt. Wenn es gut läuft, dann entdecken Sie in dieser Phase jedoch schon, je nach Textsorte, die Stoßrichtung, die Kernaussage oder die Pointe. Das geschieht mithilfe der besonderen Fähigkeiten Ihrer rechten Hirnhälfte.

## Phase 2: Aufbau planen

Dann nehmen Sie sich kurz Zeit, um über den Textaufbau nachzudenken. Drauflosschreibern fällt es in der Regel schwer, diesen Schritt nicht zu überspringen. Das Modell Schreibspirale empfiehlt jedoch, wenigstens einen Stichwortzettel zu schreiben, wenn schon keinen detaillierten Aufbauplan. So nutzen Sie in dieser Phase die Qualitäten Ihrer linken Hirnhälfte: Sie entscheiden sich für eine logische Abfolge der Gliederungspunkte, Sie formulieren Etappenziele. Damit nähern Sie sich der linearen Struktur (eins kommt nach dem anderen) des Textes an.

## Phase 3: Schreibfluss durchziehen

Nun sind Sie gut gerüstet, um sich dem Schreibprozess zu überlassen. Gelegentlich schauen Sie auf Ihre Gliederung. Doch unweigerlich werden Sie an manchen Stellen merken: Das passt jetzt nicht. Also folgen Sie manchen der Ideen, die beim Schreiben kommen. Sie durchlaufen nun wieder eine Phase, in der die rechte Hirnhälfte, und damit die Intuition, den Ton angibt. Wenn Sie jetzt auf jeden logischen Zweifel hören, kommen Sie nicht in Fahrt, sondern Sie stocken, lesen dauernd zurück, redigieren unterwegs. Das ist ein mühsames Geschäft. Die guten Ideen kommen Ihnen nur, wenn Sie den Gedanken Raum lassen, sich frei zu entwickeln und sich miteinander zu verbinden.

## Phase 4: Text überdenken

Den Preis der Freiheit in Phase drei zahlen Sie jetzt: Der Zweifel darf mit Macht hervorbrechen, die Logik muss ihre Maßstäbe anlegen. Mit den Stärken der linken Hirnhälfte finden Sie jetzt heraus, was alles nicht funktioniert an Ihrem Text. Bei einer Reportage zum Beispiel überprüfen Sie die Schauplätze, die Rollen, die Prägnanz der Sprache. Mit der Defizitliste, die so entsteht, können Sie dann wieder in Phase eins eintreten: Das neue Gedankenmaterial will gebündelt und anschließend gegliedert werden …

## So machen Sie das Beste aus Ihren Schreibstrategien

„Natürlich überschneiden, überlagern und verzahnen sich die Phasen im Schreiballtag", schränkt Perrin ein. Der Schreibforscher versteht sein Modell als Anregung, einen Rhythmus in den eigenen Schreibprozess zu bringen. Sicher ist: Was im Hirn eines Autors geschieht, ist viel zu komplex, um es einem simplen Schema zu unterwerfen. Dennoch kann ich aus meiner Arbeit mit Autoren empfehlen, folgende Regeln zu beherzigen:

**Drei Entlastungsregeln für Autoren**

1. Gestalten Sie die vier Phasen bewusst. Lassen Sie in der Phase „Gedanken bündeln" und der Phase „Schreibfluss durchziehen" die Intuition zu ihrem Recht kommen. Geben Sie in den Phasen „Aufbau planen" und „Text überdenken" der Analyse Raum.

2. Trennen Sie die Phasen, so gut es geht. Besonders ungünstig ist es, die Phase „Schreibfluss durchziehen" und „Text überdenken" miteinander zu vermischen. Redigieren Sie so wenig wie möglich beim Schreiben. Gestalten Sie die Phasen-Übergänge bewusst. Stehen Sie auf, holen Sie sich Kaffee, lüften Sie mal kurz durch. Sie haben eine wichtige Etappe geschafft und sollten das nicht einfach übergehen.

3. Wenn Sie zum Typus „Drauflosschreiber" gehören und das Schreiben nicht aufsparen wollen oder können bis zur Phase „Schreibfluss durchziehen", dann produzieren sie anfangs bewusst nur Textteile. Schreiben Sie, aber hören Sie auf, wenn es stockt. Machen Sie sich klar, dass Sie eigentlich noch in der Phase „Gedanken bündeln" sind, dass Sie erst mal nur sammeln, dass es jetzt lediglich darum geht, Ideen und Bruchstücke zu finden und für die Weiterarbeit zu sichern.

**Drei Tipps für die Selbstorganisation**

1. Legen Sie bei größeren Schreibarbeiten Etappenziele fest. Was können Sie in der verfügbaren Zeit tatsächlich schaffen? Faustregel: Nach drei Stunden intensiver Schreibarbeit (möglichst mit mindestens einer Pause) sinkt die Konzentration rapide. Mehr als sechs Stunden pro Tag halten Sie auf Dauer nicht durch. Eine Textmenge von mehr als 15.000 Zeichen pro Tag ist nur im Ausnahmefall in

annehmbarer Qualität zu schaffen – außer bei einfachen Textsorten, die nach einem festen Schema Material wiedergeben.

2. Rechnen Sie nicht damit, Ihren Schreibprozess nach Belieben umgestalten zu können. Da es sich um eingeschliffene Muster handelt, ist die Halbwertzeit rationaler Entscheidungen kurz, Sie rutschen rasch wieder ins alte Verhalten. Um das zu vermeiden, ist es sinnvoll, langsam an die Veränderung heranzugehen. Bei welchem Schreibprojekt wollen sie welchen Schritt mal ausprobieren?

3. Finden Sie heraus, an welchen Stellen Sie intuitiv aus der Schreibspirale ausbrechen möchten. Wenn Sie zu den Akribikern tendieren, wird der Reiz groß sein, beim Schreiben schon zu redigieren. Sind Sie von Haus aus ein Drauflosschreiber, wird es ein starkes Bedürfnis geben, die Planungsphase zu überspringen. Welche der Schreibspiralen-Vorgaben sind für Sie noch erträglich und in den Alltag integrierbar? Diese Hinweise formulieren Sie als persönliche Regeln aus. Und weil Sie wissen, dass Sie sich an die Regeln nicht immer halten werden, machen Sie sich auch gleich eine Liste mit Reaktionen.

Das könnte etwa so aussehen:

| Intuitive Verhaltensweise im Schreibprozess | Persönliche Verhaltensregel | Reaktion bei Nichtbeachtung der Regel |
|---|---|---|
| *Beispiel 1:* Einfach losschreiben, obwohl der Text kompliziert ist und es besser wäre, erst mal zu denken und zu planen | Erst mal nur Textbausteine sammeln. So bald wie möglich eine Planungsphase einschieben. | Wenn der Schreibfluss stockt, Pause machen und dann eine Gliederung entwerfen. |
| *Beispiel 2:* Während des Schreibens ständig redigieren. | Aufhören und unten weiterschreiben. | Kurze Pause machen, überlegen, warum der Schreibfluss stockt, Gliederung überprüfen und evtl. ändern. Dann weiterschreiben. |
| *Ihre Verhaltensweisen ...* | | |
| | | |

Plädoyer für simple Pläne

„Je ordentlicher das Konzept, desto unordentlicher werden meine Gedanken", notiert die Autorin Birgit Sara-Fabianek. Sie arbeitet gerade an einem großen Essay zum Thema „Mythos Nacht", hat schon Körbe an Material gesammelt und drei Detailkonzepte geschrieben. Es geht ihr trotzdem dreckig. „Je mehr Zeit ich in die Recherche investiere, desto grandioser muss der Text werden, der dieser Mühe überhaupt wert ist." Das gibt es eben auch: Das Konzept gerät so detailliert, wird so mit Ansprüchen überladen, dass es die Intuition einengt, ja erdrückt. „Es ist furchtbar", stöhnt diese Autorin.

Die Schreibforscher John R. Hayes und Linda S. Flowers haben einmal untersucht, welche Art von Plänen den meisten Autoren gute Dienste tut. Ihr Fazit: Die nützlichsten Pläne sind offenbar die hingewischten, flexiblen, die der Schreibende mal eben notiert. Solche Pläne schaffen es zwar, die Prioritäten und die übergeordneten Ziele des Autors abzubilden, sie treten aber nicht mit der Autorität eines umfassenden Detailplans auf. Der ist eben wirklich nicht jedermanns Sache. Manchen Autoren treibt er mit seiner logischen Klarheit die Lust aufs Fabulieren aus. Hayes und Flowers empfehlen Pläne, „die detailliert genug sind, um das Vorgehen auszutesten, aber simpel genug, um sie jederzeit wegwerfen zu können".

Dieser gute Rat könnte auch denen helfen, die eine regelrechte Planungsallergie haben und nicht einmal zwei Stichworte zu Papier bringen, wenn man sie gezielt auffordert, über den Aufbau ihres Textes nachzudenken. Gerade ihnen ist zu empfehlen, den Plan nicht zum Fetisch zu machen, sondern ihn spielerisch aufzufassen.

Es ist ja kein Zufall, dass sich etliche erfolgreiche Autoren als Drauflosschreiber bekennen. „Ich durchdenke den Artikel schon, bevor ich anfange zu schreiben – meistens nachts", berichtet der vielfach ausgezeichnete „Zeit"-Reporter Stefan Willeke, „ich mache sehr selten eine Gliederung, schreibe meist alles so runter. Nach den ersten 300 Zeilen überlege ich, wie es weitergeht." Der Brite Aldous Huxley notierte: „Wenn ich anfange, habe ich nur eine sehr vage Vorstellung davon, was passieren wird. Die Sache entwickelt sich, während ich schreibe." Don DeLillo geht noch weiter: „Ich weiß nicht, was ich über bestimmte Themen denke, bevor ich mich hinsetze und versuche, darüber zu schreiben." Für solche Autoren ist das Drauflosschreiben mit seinen Tücken und seinem relativ hohen Zeitaufwand eben der Preis, den sie für die Originalität ihrer Texte bezahlen.

## Das Ziel heißt: Reibungsarm schreiben

Auf die Frage „Soll man erst denken und dann schreiben oder beim Schreiben denken?" gibt es also nur individuelle Antworten. Die Schreibspirale eignet sich aber als Vergleich und zur Orientierung. Medienprofis müssen trotzdem ihren eigenen Weg zwischen Plan und Phantasie finden.

Schreiben heißt immer Durcheinander im Kopf. Schreiben macht folglich nicht glücklich. Jedenfalls eher selten. Ja, vorher, wenn das neue Thema uns verzaubert. „Bevor man sich ans Schreiben setzt, glaubt man sich fähiger, als man ist", sagt die „Spiegel"-Reporterin Marie-Luise Scherer. Auch zwischendurch, in den kurzen Phasen der Euphorie, wenn es plötzlich flutscht, wenn die Gedanken frei fließen und sich doch einpassen in ein Ganzes.

Glücksmomente gibt es auch gelegentlich hinterher, wenn die Arbeit geschafft ist und andere uns bestätigen, was wir selbst nicht mehr so genau wussten: gut gemacht. Das alles kann Profis aber nicht darüber hinwegtäuschen, dass das Schreiben anspruchsvoller Texte über weite Strecken Knochenarbeit ist – mühsam, umständlich, langwierig. Das Beste, was Sie schaffen können, ist, dass Sie möglichst reibungsarm schreiben und sich eine zufriedene Existenz als Medienprofi sichern.

Das gelang übrigens auch dem im Motto zu diesem Kapitel zitierten Pulitzer-Preisträger Tracy Kidder, der sich am Anfang seiner Karriere eine ganze Nacht lang am ersten Satz versuchte. „Heute stelle ich erst einmal einen Gesamtentwurf fertig und versuche, nicht darüber nachzudenken, ob ich beim Schreiben einen drastischen Fehler gemacht habe", sagt er. Aus dem Dilemma, dass er gleichzeitig vorausdenken, das Geschriebene prüfen und weiterschreiben muss, kommt ein professioneller Autor nicht heraus. Aber er kann sich damit arrangieren.

Das ist umso wichtiger, als der verwickelte Schreibprozess schon viel früher anfängt, als manche Autoren meinen. Kreative Medienprofis planen, prüfen und schreiben eigentlich immer. Und deshalb müssen sie sich selbst unter der Dusche gut organisieren. Warum und wie, das erfahren Sie im folgenden Kapitel.

# 4 Musenkuss oder Textproduktion?
## Was Medienprofis brauchen, um zielgerichtet kreativ zu sein

> *„Beim Spazierengehen, auf der Reise,*
> *ständig wandern die Gedanken herum,*
> *auch bei Gesprächen schreibe ich mir manchmal etwas auf.*
> *Beim Autofahren habe ich immer Stift und Papier neben mir,*
> *und manchmal warte ich geradezu gierig auf ein Rot,*
> *damit ich einen Einfall schnell zu Papier nehmen kann."*
> Peter Rühmkorf, Schriftsteller

Im Jahr 1948 grübelten Physiker in aller Welt über die Quantenelektro-
dynamik, eine Theorie über Strahlung und Atome. Auch der 24 Jahre alte
Frank Dyson, Nachwuchsforscher an der Universität Princeton, interessierte sich brennend dafür. Eines Tages beschloss er jedoch, erst mal
Urlaub zu machen:

„Ich setzte mich in einen Greyhound-Bus nach Kalfornien und lebte
zwei Wochen lang einfach in den Tag hinein. Ich war erst kurz zuvor aus
England gekommen und vorher noch nie an der Westküste gewesen.
Nach vierzehn Tagen in Kalifornien, in denen ich nur faulenzte und
Sightseeing-Touren machte, stieg ich in den Bus zurück nach Princeton,
und plötzlich, mitten in der Nacht, als wir durch Kansas fuhren, stand
mir die ganze Sache klar vor Augen. Es war eine Art Offenbarung für
mich, die Heureka-Erfahrung oder wie immer man es bezeichnen mag.
Plötzlich ergaben die Teile ein Ganzes."

Dysons Geschichte erinnert an jene des Chemiker August Kekulé, dem
1865 im Halbschlaf am Kaminfeuer plötzlich ein Bild vor Augen stand: eine
Schlange, die sich selbst in den Schwanz biss. So habe er die ringförmige
Struktur des Benzol-Moleküls erkannt. Und kam nicht schon dem alten
Archimedes die Idee, wie das spezifische Gewicht von Gold zu messen sei,
als er ins Bad stieg? Die Annalen der Wissenschaft sind voll von solchen
Anekdoten, in denen bahnbrechende Erfindungen kinderleicht aussehen:
Nur mal ein bisschen ausspannen, schon purzeln die Einsichten. Manchmal
reicht eine heiße Dusche.

Was bei der Nacherzählung häufig auf der Strecke bleibt, ist dies: Vor und nach ihren Heureka-Momenten mussten sich die Erfinder durch Berge von Detailarbeit wühlen. Frank Dyson hatte sechs Monate mit mühsamen Berechnungen verbracht, um die Erklärungsansätze führender Wissenschaftler zu verstehen, bevor er den Bus nach Westen nahm. Zurück in seinem Büro brauchte er weitere sechs Monate, um seine Theorie auszuarbeiten und zu veröffentlichen. Ebenso hatte Kekulé einige Wochen wie besessen über die Struktur des Benzol-Moleküls nachgedacht.

Für einen Moment der Erleuchtung widmen Forscher Jahre ihres Lebens dem Versuch, ein einziges Problem zu lösen – nicht als selbstlosen Dienst, sondern aus einem tiefen Drang heraus, das Wesen einer Sache zu verstehen. Nur so schaffen sie es, ihre Geisteskraft auf den einen Punkt hin zu konzentrieren, an dem es „Klick!" macht. Oder auch nicht, was der Normalfall sein dürfte.

## Forschermythen und romantische Momente

Nun gibt es unter Journalisten, Öffentlichkeitsarbeitern und Marketingleuten niemanden, der jahrelang tüftelt, um das eine zentrale Wort zu finden oder die eine, die endgültige Idee für den Textaufbau. Aber im Kleinen erleben auch Medienprofis, wovon die Forschermythen handeln. Plötzlich ist die Einsicht da, wie und worüber man unbedingt einmal schreiben sollte.

Es muss nicht die Idee zum Text an sich sein, die dem Autor als Eingebung kommt. Oft geht es darum, welchen Ton und welches Leitmotiv ein Text haben sollte. Plötzlich findet sich der Begriff, den der Autor kurz zuvor nur ahnen, nicht aber hinschreiben konnte. Klaus Podak von der „Süddeutschen Zeitung" schilderte einmal, wie er auf dem Fußweg in die Redaktion eine Pointe fand: Sein Text erzählt eine erfundene Geschichte. Darin redigiert, nein: massakriert ein Redakteur Rainer-Maria Rilkes berühmtes Gedicht „Der Panther". Von dem filigranen Wortgefüge Rilkes ist am Ende dieser Zweizeiler übrig: „Der Tiger / blieb Sieger." Podaks Kurzessay ist ein starkes Plädoyer für die stilistische Freiheit von Autoren. Die Journalistinnen Monika Wächter und Marie Lampert schließen daraus: „Zweimal zwanzig Minuten Spaziergang täglich bringen es. Der Einfall liebt die frische Luft. Oder die Dusche. Orte der Entspannung jedenfalls."

Es ist meist weniger die eine große Einsicht, die Autoren kommt, es sind viele kleine. Den Kreativen küsst die Muse nicht nur einmal, sondern immer wieder. Im Falle der heutigen Medienprofis dürfte von den neun griechischen Musen wohl am ehesten Kalliope zuständig sein, die Schön-stimmige, Göttin der epischen Dichtung. Mit Wachstafel und Griffel im Gewand schwebt sie an den Denkenden heran und berührt ihn unmerklich mit ihren Lippen. Wer möchte da nicht Autor sein.

Es ist ein schönes Bild, aber zugleich eine romantische Verirrung. Denn die Muse schwebt nicht aus dem Nichts herbei. Im Grunde entsteht der Text seit dem Moment, da der Autor die allererste Idee dazu hatte oder seit er das Thema übernommen hat. Und auch das ist klar: Nach jedem Musen-kuss geht die Arbeit noch einmal richtig los. Jetzt wird gefeilt und geprüft. Daran hat sich seit Homers Zeiten nichts geändert.

Wirklich originelle Texte kann man, ebenso wie große Erfindungen, nicht im Halbschlaf produzieren. Medienprofis kommen nicht daran vorbei, ihre Aha-Erlebnisse vorzubereiten. Die Vorstellung, das Schreiben beginne mit dem ersten Wort auf einem leeren Computerbildschirm, wäre naiv. Wenn die Idee oder der Auftrag in der Welt sind, dann arbeiten Sie als Autor nahezu ständig daran. Netterweise erspart Ihr Hirn Ihnen die meisten Details.

### „Es war einmal": Das Märchen vom Schreiben

Dazu eine kleine Übung: Denken Sie einmal an ein größeres Schreib-projekt, das Sie nach heutiger Einschätzung erfolgreich abgeschlossen haben. Versuchen Sie, die Entstehung des Textes in ähnlicher Form wie Frank Dyson zu erzählen, also in einem simplen Handlungsablauf – unabhängig davon, ob es eine zentrale Erleuchtung gab, viele kleine oder gar kein für Sie erkennbares Aha-Erlebnis. Erzählen Sie in einem kurzen Text (etwa eine halbe, nicht mehr als eine ganze DIN-A4-Seite) und zwar im Stil eines Märchens für Kinder: „Es war einmal …" Berichten Sie von sich selbst in der dritten Person. Etwa so: „Es war einmal die Fernseh-sendung XY, auf die stieß die Journalistin Z beim Zappen eher zufällig. Da dachte sie, man müsste mal … Und dann hat sie einfach mal nachge-fragt … Aber zuerst wollte ihr keiner sagen … Und da dachte sie sich …"

Hier einige Anregungen für die *Auswertung*:

• Wenn es *den einen* Aha-Moment gab: Welche Umstände führten dazu oder begleiteten diesen Moment?

- Wenn es viele kleine Aha-Momente gab: Was führte jeweils dazu und wie waren die Begleitumstände?

- Wenn es keine Aha-Momente gab: Was vermittelte Ihnen den Eindruck, dass der Text in Ordnung war? (Das können auch Rückmeldungen von anderen sein.)

- Fassen Sie noch einmal in der Sprache des Märchens zusammen: Was waren die guten, die kreativen Kräfte in Ihrer Geschichte, was die Gegenkräfte?

- Stärken Sie nun die guten Kräfte im Märchen. Sorgen Sie dafür, dass Sie noch schneller oder direkter zum Ziel kommen. Dafür sind Ihrer Phantasie keine Grenzen gesetzt.

- Wie lassen sich die Veränderungen im Märchen in die Realität zurückübertragen. Was müssten Sie konkret verändern?

## Was Medienprofis über kreative Prozesse wissen sollten

„Kreativ" – dieses Wort haben Marketingleute reichlich ausgelutscht, ebenso wie „innovativ" und „kundenfreundlich". Noch der letzte Ladenhüter trägt so ein Etikett, und selbst ein zur Behörde erstarrtes Großunternehmen scheut sich nicht, sich als „kreativ" zu inszenieren. Ich versuche, den Begriff zu vermeiden; immer geht das nicht. Kreativität ist die schöpferische Intelligenz des Menschen, eine seiner wichtigsten Lebensäußerungen. Psychologen, Soziologen und Hirnforscher haben im 20. Jahrhundert eine Menge darüber herausgefunden, wie das funktioniert. Die zentrale Erkenntnis war schon früh, dass gute Ideen Etappen in einem Prozess sind.

**Phasen der Ideenarbeit**

1. Vorbereitungszeit
*Was passiert?* Interesse und Neugier, manchmal auch äußerer Druck führen dazu, dass wir Fragen stellen, ein Problem erkennen und benennen – aber noch keine Antwort oder auch nur eine genaue Vorstellung von dem Weg haben, wie wir das Problem lösen könnten. Oft geschieht dies halb bewusst.

*Zeitaufwand:* eher kurz
*Typische Gefühle:* relativ unbeteiligter Grundzustand

2. Reifung
*Was passiert?* Jetzt arbeitet das Problem vor sich hin, meist unterhalb der Wahrnehmungsschwelle. Mag sein, dass wir versuchen, das Problem mit logischen Mitteln zu lösen. Unabhängig davon experimentiert unser Hirn mit allerlei Verknüpfungen.
*Zeitaufwand:* einige Stunden bis hin zu Jahren
*Typische Gefühle:* Unruhe, Unzufriedenheit, zuweilen Ungeduld, Versagensängste und Selbstzweifel

3. Aha-Erlebnis
*Was passiert?* Wenn das Problem genügend durchdrungen ist, ergeben sich mehrere kleine Einsichten oder ein Moment der Erleuchtung.
*Zeitaufwand:* kurz, manchmal nur Sekunden
*Typische Gefühle:* Zufriedenheit, Bestätigung, Glück

4. Bewertung
*Was passiert?* Sofort tauchen Fragen auf: Taugt das jetzt was? Soll man damit weiterarbeiten? Was werden die anderen sagen: die Leser, die Kollegen, die Fachleute? Jetzt müssen wir entscheiden, ob und wann wir auf diesem Weg weitergehen.
*Zeitaufwand:* einige Stunden bis einige Monate
*Typische Gefühle:* emotionale Turbulenzen, Zweifel, Sorgen um den eigenen Ruf, Hoffnung auf Anerkennung oder Ruhm

5. Ausarbeitung
*Was passiert?* Jetzt ist die eigentliche Arbeit zu tun.
*Zeitaufwand:* bei kürzeren Texten einige Stunden oder Tage, bei Buchprojekten Jahre
*Typische Gefühle:* Gleichmut, bis auf gelegentliche Rückfälle in Phase 4

Tatsächlich verlaufen nur die wenigsten kreativen Prozesse in der sauberen Abfolge dieses Modells. Die Forscher sind sich einig, dass es sich um einen vielfältig ineinander verwobenen Vorgang handelt. Trotzdem ist es für Medienprofis nützlich, sich die Phasen vor Augen zu führen. Zumindest die emotionalen Begleitumstände dürften Sie an eigene wichtige Projekte erinnern. Das Phasenmodell entzerrt einen Zustand, den Medienleute oft als

Knäuel von Gedanken und Gefühlen beschreiben, als ein Durchwursteln vom Anfang bis zum Ende.

## Die furchtbaren Tage sind die fruchtbaren

Mag das Durchwursteln für Routine-Texte reichen, so stößt es bei komplexeren Geschichten an seine Grenzen. Besonders eines geht beim Durchwursteln gänzlich unter: die Reifungsphase. Und das ist die Ursache für Unzufriedenheit, Sorgen und Ängste aller Art, wenn nicht für Schreibhemmungen und Blockaden.

Ungewöhnliche Texte und Ideen brauchen Raum, sich zu entfalten – das fällt beim Durchwursteln unter den Tisch. Wenn der Autor keine Zeit zur Reifung einplant, aber trotzdem hohe Ansprüche an seine Arbeit hat, wird es unangenehm. Das Schreiben geht schwer von der Hand, die Gedanken schweifen ab und machen Umwege. Überhaupt, das Anfangen fällt schwer. Der wochenlang ignorierte Stapel von Zeitschriften muss sofort durchgelesen werden, die Leere im Kühlschrank bedroht mit einem Mal die Existenz.

Das Phasenmodell hilft zu erkennen, was da in Wahrheit passiert. Das Hirn verarbeitet Wissen, es sucht bereits nach Lösungen für das Problem Text. Der Reifungsprozess ist mit starken und widersprüchlichen Gefühlen verbunden. Der Autor verliert den Überblick, seine Laune sinkt, der Blick richtet sich nach innen. Aus meiner Arbeit in Redaktionen und mit Autoren kenne ich nur zwei Typen, denen es nicht so geht: Zum einen diejenigen, die immer und nur unter Zeitdruck schreiben. Der Herr gebe ihnen reichlich davon bis ans Ende ihrer Tage, denn der Druck bewahrt sie vor den Turbulenzen des kreativen Prozesses. Zum anderen jene, die über ein schier unerschütterliches Selbstbewusstsein verfügen, ein geradezu kindliches „Was soll mir schon passieren, ich kann das doch." Typus eins ist häufig, Typus zwei selten (zumindest in der Kombination mit echtem Talent). Und beide brauchen sehr spezielle Biotope, damit ihr Arbeitsstil funktioniert.

Alle anderen kennen dieses leidende Herumscharwenzeln um einen Text, sie verlieren beim Schreiben den Überblick, möchten die Sache manchmal am liebsten hinwerfen. Sie können sich mit der Einsicht trösten, dass es vielen so geht. Ein Rest von Humor wäre dienlich, denn dann könnten Sie sich vorstellen, wie die Heinzelmännchen ihres Unterbewussten gerade eifrig am Text arbeiten (so hat es der Psychoanalytiker Hans Müller-Braunschweig einmal ausgedrückt), und das würde sie vielleicht etwas aufheitern.

Oder, wie man in Abwandlung einer Bemerkung der Autorin Judith Rauch sagen könnte: Die furchtbaren Tage sind die fruchtbaren.

### Das Hefeteig-Prinzip oder: Warum Pausen zur Arbeit gehören

Was folgt daraus für Ihre persönliche Arbeitsorganisation? Behandeln Sie Ihr Thema wie einen Hefeteig. Der braucht Knet- und Ruhephasen. In den Knetphasen muss es richtig zur Sache gehen, in den Ruhephasen muss der Teig geschützt und warm liegen. So sollten Sie auch an anspruchsvollen Schreibaufgaben arbeiten. Wenn Sie sich damit beschäftigen, dann richtig und möglichst ohne Ablenkung und lange Pausen. Wenn Sie mit einem sinnvollen Arbeitsschritt durch sind, ergibt eine Pause Sinn, denn nun will die gedankliche Hefe gären. Hier konkrete Tipps dazu:

- Planen Sie die Arbeit so, dass Zeit für Pausen von mindestens 20 Minuten bleibt (zum Beispiel zwischen Recherche und Schreiben oder zwischen Schreiben und Überdenken).

- Formulieren Sie am Ende einer Knetphase immer ein oder zwei zentrale Fragen, die für die Weiterarbeit entscheidend sind. Also etwa „Ist Y wirklich die beste Hauptfigur für meine Reportage?" oder „Hänge ich die Pressemitteilung am Gewinn- oder am Mitarbeiterzuwachs auf?" Schreiben Sie die Frage so auf, dass Sie sie nach der Pause wieder vor Augen haben, legen Sie zum Beispiel einen Zettel mit dieser Frage mitten auf den Schreibtisch. Schauen Sie die Frage aber in der Pause nicht bewusst an.

- Beschäftigen Sie sich in der Ruhephase mit anderen Dingen. Bewegen Sie sich, werfen Sie Dartpfeile, hören oder machen Sie Musik, was auch immer. Wenn Sie lesen wollen, dann etwas Entspannendes, am besten ein paar Absätze gute Literatur. Falls möglich, gehen Sie kurz raus, schließen Sie die Augen oder schauen Sie in die Ferne.

- Wenn Sie die nächste Knetphase beginnen, wecken Sie Ihr Hirn erst mal auf. Vielleicht mit einer winzigen Stilübung, die Ihnen Spaß macht: Schreiben Sie den lächerlichsten ersten Satz für Ihren Text, den Sie sich vorstellen können. Oder schreiben Sie die Kernaussage Ihres Textes als Knittelvers auf (Etwa für die Pressemitteilung: „Die ABC AG, die hat/ die Konkurrenz gesetzt auf matt!").

# Wie man als Autor seine Kreativität kultiviert

Nun haben Sie schon einiges darüber erfahren, wie Sie bei Ihrer Arbeit von den Erkenntnissen der Kreativitätsforscher profitieren können. Die haben sich allerdings nicht so sehr an Schreibarbeitern, sondern mehr an Erfindern und Forschern orientiert. Deshalb biete ich Ihnen ein Modell an, das die Gemeinsamkeiten kreativer Prozesse bei Autoren zeigt.

## Die Kreativspirale

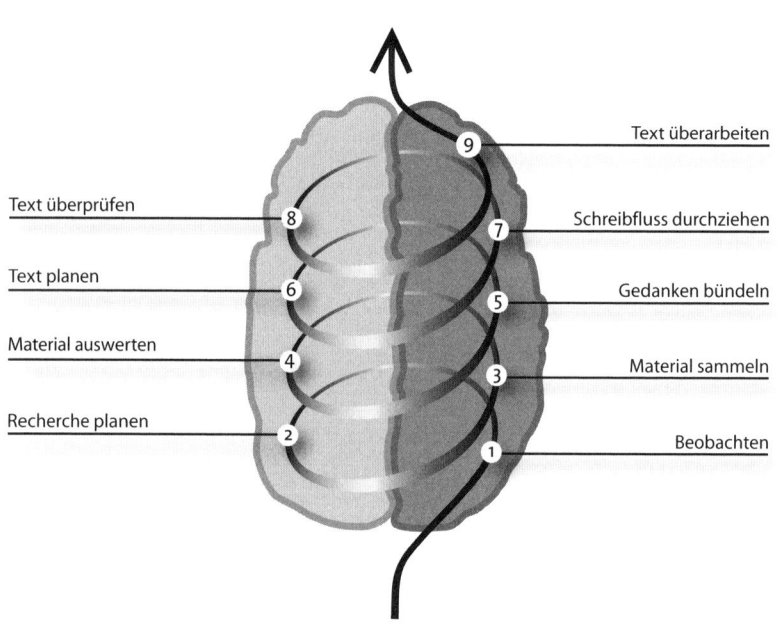

*Abbildung 6: Die Kreativspirale*

*Die Kreativspirale zerlegt das Hirngeschehen bei der Arbeit an Themen und Texten in neun Schritte. Vier davon (die Phasen 5 bis 8) kennen Sie bereits aus der Schreibspirale in Kapitel 3 (siehe Seite 54ff.)*

## Phase 1: Ideen sammeln

Am Anfang allen Schreibens steht die Beobachtung. Irgendetwas muss es sein, das die Idee zu einem Text auslöst. Oft ist es ein Gefühl dafür, dass man etwas schon einmal in ähnlicher Form beobachtet hat, manchmal ein

Anflug von Ärger oder Erstaunen. Intuitiv stellt sich der erfahrene Autor die Frage: „Moment, ist da was?" Ein sicheres Zeichen für eine Idee ist auch der Gedanke „Man müsste mal ..." Ein lebhaftes Gespräch mit Freunden oder Kollegen bringt meist mehrere Manmüsstemals zutage. Da konkretisiert sich eine Beobachtung zur Idee. Die ersten Etappen des kreativen Prozesses – Vorbereitung, Reifung, Aha-Erlebnis – finden vor allem in dieser Phase statt, die von der rechten Hirnhälfte dominiert wird. Allerdings muss das alles gar nicht im Hirn des Autoren selbst ablaufen. Oft sind es Chefs oder Kollegen, Einladungen und Aufträge, die am Anfang einer Geschichte stehen. Jemand anders hatte also die Idee, aus welcher der Autor nun versucht, etwas zu machen.

## Phase 2: Recherche planen

Nun ist die Idee in der Welt, die rechte Hirnhälfte hat ihren Job gemacht, jetzt muss es systematischer zugehen. Jetzt wird bewertet und die Umsetzung geplant. Recherchetrainer empfehlen, systematisch vorzugehen, anstatt einfach loszurödeln. Wenigstens ein paar Stichpunkte zu den Rechercheschritten sollte man aufschreiben. Welche Bücher und Broschüren sind wo zu besorgen, welche Interviews sind zu führen, wo kommen die Bilder und O-Töne her? Ein kleiner, aber sehr sinnvoller Planschritt besteht zum Beispiel darin, Internetrecherchen einzugrenzen, damit sie nicht endlos Zeit kosten. Dazu schreibt man sich das Ziel und das geplante Ende vorab auf.

## Phase 3: Material sammeln

Es geht los. Jetzt wühlt sich der Autor durch das Material – und es ist regelmäßig viel mehr, als er vorher gedacht hat. Unterwegs dominiert die Intuition das Geschehen. Der Tipp eines Gesprächspartners führt in eine neue Richtung, fast jeder Artikel aus dem Archiv erweitert die Fragestellung. Da hilft nichts, als immer wieder auf den Zettel aus Phase 2 zu sehen: Was war noch mal das Ziel, wie wollte ich vorgehen? Trotzdem wird die tatsächliche von der geplanten Recherche abweichen. Das ist normal und sogar sinnvoll, eine natürliche Annäherung an die Realität. Gute Rechercheure verbinden ein systematisches Vorgehen mit Spontaneität und Schlagfertigkeit.

## Phase 4: Material auswerten

Bald wird es höchste Zeit, das Material zu sichten. Was ist nun dabei herausgekommen? Sind die zentralen Fragen beantwortet? Wie hat sich das Thema verändert? Reicht es schon? Hier ist analytische Kompetenz gefragt.

## Phase 5: Gedanken bündeln

Dann richtet sich der Blick auf den Text. Was wäre darin zu sagen? Welche Stoffbündel lassen sich schnüren, welche Bereiche soll der Beitrag abdecken, welche Ideen sind unterwegs gekommen?

## Phase 6: Text planen

Und jetzt noch mal praktisch gedacht: In welcher Reihenfolge sollen die Aspekte und Argumente abgehandelt werden? Welche Längenvorgabe ist einzuhalten? Passt die Textsorte, die man sich vorher überlegt hat, immer noch?

## Phase 7: Schreibfluss durchziehen

Endlich ist es soweit. Jetzt den Schreibfluss durchziehen. Nicht unterwegs redigieren, nicht nach hinten schauen.

## Phase 8: Text überprüfen

Na, wie ist es geworden. Geht es so? Was fehlt? Was muss anders und besser werden?

## Phase 9: Text überarbeiten

Und nun (nur) noch umsetzen. Erst jetzt stellt sich heraus, welche Überarbeitungsidee wirklich passt und welche nicht.

Reife- und Ruhezeiten für den gedanklichen Hefeteig spielen in Phase 1 (Ideen sammeln) eine wichtige Rolle, sie sollten aber auch in den rechtshirnig gesteuerten Phasen 3 (Material sammeln) und 5 (Gedanken bündeln) eingeplant werden. In diesen Phasen ist es besonders wichtig, zwischen aktiver Suche und unterbewusster Verarbeitung hin- und herzuwechseln.

Aus einem Feuilletontext der „Süddeutschen Zeitung" lässt sich ein hübscher kreativer Prozess rekonstruieren: Da findet ein Redakteur in einem britischen Satiremagazin eine Kolumne, in der die inflationär gebrauchte Formulierung „X ist der/die/das neue Y" aufgespießt wird. Sie wissen schon: „Washington ist das neue Rom" und dergleichen. Später hört der Redakteur auf einer Szeneparty jemanden den Satz sagen: „Leise ist das neue Laut." An dieser Stelle beschließt Alex Rühle offenbar, dem Sprachklischee nachzugehen. Sein Rechercheplan ist denkbar einfach: Er lässt einfach die Wortketten „ist der neue", „ist die neue", „ist das neue" durch eine Archiv-Datenbank und eine Suchmaschine laufen. Und siehe, in Zeitschriften und Blogs finden sich die verrücktesten Kombinationen, darunter: „Blau ist das neue Schwarz", „Schönheit ist der neue Punkrock" und „Schlaf ist der neue Sex". 120 davon listet Rühle auf – zu einem „funkelnden Gedicht", wie er in satirischer Absicht sagt. Ein höchst ungewöhnlicher Text, ein kleines Meisterwerk der Ideenarbeit.

Auch der Wissenschaftsjournalist Maximilian Schönherr folgte seiner Intuition, als er aus einem Tippfehler einen Kolumnentext bastelte. In der Rubrik „Digitales Logbuch" im Deutschlandfunk schilderte er, wie eines Tages, als er eine Nachrichtenwebsite aufrufen will, Bilder einer nackten Schönen und ein dubioser Spendenaufruf für eine Brustvergrößerung auf seinem Bildschirm erscheinen. Der Grund: Er hatte statt www.spiegel.de versehentlich www.spiegeö.de eingetippt. Das brachte ihn auf die Idee, andere Tippfehler-Varianten dieser Adresse durchzuprobieren – und siehe, sie alle waren von Abzockern belegt. Ein hübsches Stück mit minimalem Rechercheaufwand.

Der Hauptteil der Ideenarbeit für solche Geschichten findet in den Phasen eins bis vier des Spiralmodells statt. Der Text entsteht wesentlich im Kopf des Autors, noch bevor das erste Wort geschrieben ist. „Ich könnte ja mal ...", denkt der Autor, und manchmal ergibt sich dann etwas durchaus Vorzeigbares. Genau diese stille Form der Ideenarbeit unterschätzen viele Medienprofis. In meinen Schreibtrainings klagen Journalisten oft über zu viel Routine und immergleiche Themen. Ermuntert man sie jedoch, einmal auf das zu schauen, was ihnen den ganzen Tag so nebenbei begegnet oder was sie selbst gerade privat interessiert, purzeln nicht selten die Ideen. Es zeigt sich dann, wie viel Vorarbeit sie ständig leisten, ohne diese dann für ihre Arbeit zu nutzen.

Der Kulturredakteur einer Regionalzeitung kam in einem Seminar darauf, eine Kolumne über die Umfinanzierung seines Eigenheims zu schreiben. Das Thema beschäftigte ihn und seine Familie gerade mächtig. Zugleich durfte man vermuten, dass etliche Leser sich für so ein Finanzthema interessieren würden. In dem Text ging es dann um die Gespräche mit Bankberatern, um die Fragen, die Kreditinteressenten im Internet gestellt werden. Und darum, wie man das alles mit Haltung durchsteht, wie man die Rolle eines Bittsteller vermeidet. Ein starkes, nachdenkliches Stück, das auf den Kulturseiten erfrischend wirkte.

## Zettel, Zufall, Zombies: So nutzen Sie Ihre Schaffenskraft

Schade, dass nicht mehr solcher Querdenker-Geschichten erscheinen. Ich sehe es so: Für Medienprofis gehört es zum Job, dass sie ihre Kreativität kultivieren. Das erfordert aber den Mut, die üblichen Stilformen und Ressortgrenzen zu überwinden und einer Idee zu folgen. Es wird Widerstand geben, und das genau ist das Zeichen, dass die Idee gut ist. Denn alles Neue ist qua Definition ein Regelbruch. Und es stehen überall Türwächter herum, denen es Sorgen macht, wenn neue Denkräume eröffnet werden.

Wer trotzdem weiterdenkt, tut sich und seinem Arbeitgeber einen Gefallen. Es ist ein kreativer Akt, vom eigenen Beobachten und Erleben auf das zu schließen, was das Publikum interessieren könnte. Das Gegenargument, dass ein guter Autor sich nicht zum Nabel der Welt stilisiert, ist richtig. Gute Texte brauchen aber Engagement, deshalb ist echtes Interesse nützlich. Ideen brauchen Chancen, sich zu entfalten. Und sei es nur, damit sie später aus guten Gründen aussortiert werden können (mehr dazu in Kapitel 8 und 9).

**Tipps für Ihre persönliche Kreativkultur**

*Ideen kennen keinen Feierabend:* Nehmen Sie sich selbst ernst. Was Sie beschäftigt, könnte Ihren Lesern oder Ihren Kunden nützen. Deshalb ist es sehr hilfreich, wenn Sie ein *Journal* führen. Ein Journal ist ein Heft oder Notizbuch, das Sie immer bei sich haben, auch und gerade in Ihrer Freizeit. Sie sammeln dort alles, was Ihnen einfällt und wichtig erscheint. Manche Autoren beschreiben je nur eine Seite, reißen diese hinterher raus und ordnen Sie in einen Zettel- oder Karteikasten ein. Der amerikanische Schreibtrainer Jason Rekulak warnt: „Vertrauen Sie eine interessante Beobachtung niemals Ihrem Gedächtnis an." – Allerdings gibt es auch eine Gegenposition. Hans-Magnus Enzensberger würde über so viel Notierarbeit nur fein lächeln. „Es gibt einen Darwinismus der Einfälle", sagt er, „die guten kommen immer wieder. Die sind hartnäckig." Entscheiden Sie selbst, was Sie Ihrem Hirn zutrauen.

*Der Trick mit den Karteikarten:* Viele Ideenarbeiter schwören auf DIN-A6- oder DIN-A7-Karteikarten. Besonders die kleinen lassen sich gut auf einer Handfläche beschreiben und passen in jede Jeanstasche. Der Schriftsteller und Werbefachmann Joseph Heller („Catch 22") soll nie ohne ein paar Karteikarten in seiner Brieftasche das Haus verlassen haben. Die Autorin Anne Lamott kritzelt ihre Karten selbst an der Supermarktkasse voll.

*Abschied von den Themen-Zombies:* Sie können nur an wenigen Themen gleichzeitig arbeiten. Bei dem einen mögen es zehn sein, bei dem anderen drei, je nach Komplexität und Kapazität. Jedenfalls hilft es wenig, in Ihrem inneren Themenkasten Zombies zu verstecken. Ein Kommentar, den sie drei Tage nicht geschrieben haben, weil immer etwas anderes wichtiger war, sollte auf keiner Themenliste mehr stehen. Ein großes Projekt, das Sie in einem halben Jahr nicht vorangebracht haben, gehört in Ablage P wie Papierkorb. Lassen Sie die Finger davon. Wenn ein Thema schon mit negativen Gefühlen besetzt und der Prozess mehrmals abgebrochen ist, dürfen Sie das Drama einfach beenden.

*Nutzen Sie die Tatort-Technik:* So nennt Daniel Perrin die Methode, immer dann Teile eines Textes zu notieren, wenn die Eindrücke frisch und die Ideen neu sind. Wenn Sie gerade einen Reportage-Termin hatten, notieren Sie sogleich – noch am Ort des Geschehens – Szenen und

Zitate. Versuchen Sie aber nicht, schon den ganzen Text zu entwerfen, es geht nur um Bruchstücke. Schreiben Sie auf, was gerade leicht verfügbar ist.

*Kollege Zufall recherchiert mit:* Geben Sie dem Zufall Raum. Greifen Sie bei der Recherche auch mal zu einem auf den ersten Blick abwegigen Buch. Suchen Sie nach guten Ideen für ein Lifestyle-Thema ruhig einmal im Baumarkt oder in der „Bäckerblume". Ihr Hirn kann keineswegs nur themennahes Material für neue Verknüpfungen verwenden. Im Gegenteil: Manchmal führt etwas Absurdes direkter zum Ziel. Neues findet sich regelmäßig im logischen Abseits. Hauptsache, Sie machen sich bewusst, dass Sie sich nicht zum Spaß auf solche Umwege begeben, sondern gerade ernsthaft kreativ arbeiten. Oder, wie der große Chemiker Louis Pasteur einmal sagte: „Der Zufall begünstigt nur einen vorbereiteten Geist."

*Reden Sie drüber:* Bleiben Sie im Gespräch mit anderen über ihr Schreibvorhaben. Beim Reden experimentieren Sie mit Gedanken und Worten, Sie merken, ob etwas passt. Flüssiges Drauflossprechen unterliegt weniger der Kontrolle des inneren Kritikers (den Sie aus Kapitel 2 kennen) als das Schreiben. Auch das Selbstgespräch ist ein brauchbares Mittel, um sich einem Text anzunähern. Reden Sie ihn laut an: „So, mein Lieber, jetzt bist du dran, heute wirst du geschrieben, und du wirst ein Prachtstück werden, das sage ich dir." Was immer Ihnen einfällt – es ist besser, als stumm vor dem leeren Bildschirm zu verharren. Einen ähnlichen Effekt wie das Reden hat das automatische Schreiben (dazu mehr in Kapitel 12).

## Auf dem Weg zur kreativen Lebensweise

Musenkuss oder Textproduktion? Sie haben es schon geahnt: Keines dieser beiden Bilder in der Kapitelüberschrift beschreibt treffend, wie Medienprofis sich beim Schreiben organisieren sollten. Romantische Musenküsse von der Art, wie große Forscher sie erleben, gibt es im Schreibmetier eher selten. Aber auch eine Fließbandproduktion von Standardtexten könnte nichts hervorbringen, das Leser beeindruckt.

Deshalb bietet sich dieses Bild an: Der Autor ist ein Handwerker im Textatelier. Zu seinem Beruf gehören nicht nur eine Portion Talent sowie Wissen und Sprachgeschick. Er muss auch ein Händchen haben für den Umgang mit sich selbst und der eigenen Schaffenskraft. Er muss dafür sorgen, dass ihm die Ideen nicht ausgehen und sein Interesse wach bleibt. Zu diesem Teil seines Handwerks gehört es auch, an den richtigen Stellen Pausen und Reifungsphasen einzuplanen und jede Idee aufmerksam zu registrieren. Die besten kommen immer unerwartet. Ach ja, und manchmal muss man einfach mal rumspinnen.

**Zehn Merkmale erfolgreicher Ideenarbeiter**

Aus der Beobachtung von Künstlern haben Wissenschaftler Merkmale erfolgreicher Kreativarbeiter herausgefiltert. Hier eine Zusammenstellung:

1. Sie verstehen es, sich phasenweise ganz auf ihre Arbeit zu konzentrieren, sich zu versenken.

2. Sie sind gleichzeitig kontaktfreudig und koppeln sich nicht gänzlich vom Leben anderer ab.

3. Sie nehmen sich die Freiheit, der eigenen Inspiration zu folgen.

4. Sie haben einen besonderen Sensor für Trends und künftige Probleme.

5. Sie schaffen es, mögliche Folgen und Einwände zunächst zu ignorieren.

6. Sie betrachten Mängel und Widerstand als Herausforderung und lassen sich davon nicht frustrieren.

7. Sie lassen ihre Arbeit zwischendurch ruhen, um die eigene Kraft zu erhalten und neue Perspektiven zu gewinnen.

8. Sie unterscheiden den Schaffensprozess vom Ergebnis und sind in der Lage, das Ergebnis nüchtern zu beurteilen.

9. Sie sehen Fehler als notwendigen Teil ihrer Arbeit an und suchen deshalb die Rückmeldung von Außenstehenden, nehmen aber Kritik nicht persönlich.

10. Sie beginnen immer wieder neu.

Behandeln Sie es also gut, Ihr wichtigstes Gut als Medienprofi: die Fähigkeit, ungewöhnliche Ideen zu haben. „Informationen lassen sich nachtragen, Überflüssiges kann man wieder streichen", sagt die Medienwissenschaftlerin Friederike Herrmann, „die Inspiration aber merkt man einem Text an: Sie schlägt sich im Sprachrhythmus, in Bildern und anderen Stilmitteln, in der Dramaturgie des Ganzen nieder. Das sind Dinge, die sich nachträglich kaum einfügen lassen."

Kultivieren Sie also diesen, den vielleicht wichtigsten Teil Ihrer Arbeit. Was das für Ihr soziales Umfeld, Ihren Schreibtisch und Ihren Umgang mit Zeit bedeutet, darum geht es in den folgenden Kapiteln.

# 5 Die heimlichen Mitautoren
## Schreiben als sozialer Akt

*„Und im Kalkwerk, in der völligen Abgeschlossenheit,*
*habe er gedacht,*
*werde er auf einmal die Studie niederschreiben können.*
*Ein völlig von der Außenwelt abgeschlossener Kopf*
*könne die Studie leichter niederschreiben*
*als ein an die Außenwelt, an die Gesellschaft gebundener."*
Thomas Bernhard, Schriftsteller

„Schreiben als sozialer Akt?" Der Kollege, dem ich von diesem Buchkapitel erzählte, runzelte die Stirn. „Was soll das denn? Schreiben tut man doch allein." Damit hat er natürlich Recht. Oder sagen wir: Die Erfahrung, einen Text im Team zu schreiben, würde ich nicht jedem wünschen. Schreiben geht am besten allein. Es ist mühsam, einem Co-Autor zu erklären, warum man dieses Wort und jene Satzform wählt. Es ist ein Alptraum, unter Zeitdruck zu zweit schreiben zu müssen.

„Und dann auch das noch: Der Chef will partout das Reporterzimmer nicht verlassen", berichtet der Radiojournalist Urlich Hägele, „er stellt sich hinter meinen Stuhl, beginnt nervös mit den Armen zu rudern und schaut über meine Schultern auf den Bildschirm." Da hatte jemand einen Termin verschoben, aber den Autor nicht informiert. Plötzlich musste der Kommentar, den Hägele schrieb, in Nullkommanichts fertig sein. „Ich formuliere nun laut, schreibe, vertippe mich, korrigiere und beginne von neuem. (…) Mein Chef diktiert mir im Stakkato unvollständige Wortfetzen, die ich mit eigenen Phrasen mische und in den Computer hacke." Der Kommentar wird gesendet, der Autor schämt sich dafür.

Wenn zwei zusammen schreiben, tun sie gut daran, sich jeweils Textabschnitte zuzuteilen und den anderen dann machen zu lassen. Denn die tausend Entscheidungen, die Autoren unterwegs treffen, sind im Einzelnen kaum begründbar. Der Gesprächsaufwand wäre schon bei einem Co-Autor extrem hoch, bei zweien steigt er exponenziell. Zu fünft gemeinsam einen Text formulieren zu müssen – das wäre, frei nach Sartre, eine Art Autorenhölle. Der skeptische Kollege hat völlig Recht: Schreiben tut man allein.

Das stimmt, und es stimmt nicht. Das soziale Wesen Mensch bezieht sich beim Schreiben immer auf andere, ob es will oder nicht. Man schreibt nicht ohne einen Adressaten, selbst ins Tagebuch nicht. Der Adressat ist Teil des Schreibprozesses. Oft sind es auch Adressaten-Gruppen, auf die der Autor sich bezieht, bewusst oder unbewusst. Zum Beispiel auf Menschen, mit denen er täglich zusammenarbeitet. Auf die, deren Urteil ihm wichtig ist. Schließlich auf diejenigen, die in seinem Text vorkommen. Der Schreibforscher Gisbert Keseling nennt sie die inneren Adressaten. Ich ziehe den Begriff heimliche Mitautoren vor.

Diese Mitautoren sind nicht zu verwechseln mit der Zielgruppe, für die das Medium gemacht wird. Man kann sie nicht einfach bestimmen und ansteuern. Heimliche Mitautoren mischen sich ungebeten ein. Ein Gutteil von ihnen stammt nicht einmal aus dem beruflichen, sondern aus dem privaten Umfeld. Es handelt sich um Quicklebendige und Verstorbene, Kinder und Greise, hilfreiche und störende Figuren. Und es lohnt sich, diese Unsichtbaren kennenzulernen. Das hat nichts mit Geisterbeschwörung zu tun, ebenso wenig mit Psychotherapie. Es dient dazu, sich die un- und halbbewussten Einflüsse zu vergegenwärtigen, die auf unsere Gedanken und Gefühle wirken und ihre Spuren in unseren Texten hinterlassen. Wenn es gelingt, die Nervensägen unter diesen Mitautoren ruhigzustellen, gleichzeitig die Konstruktiven zu stärken, dann schreibt es sich leichter.

## Wer schreibt denn da mit? Typische heimliche Mitautoren

Ein heimlicher Mitautor, der bei vielen Medienmenschen mit am Schreibtisch sitzt, ist der *Chef* oder – bei freien Autoren – der *Auftraggeber*. Er oder sie erwartet den Text zu einem bestimmten Zeitpunkt, er oder sie wird ihn lesen und beurteilen, er oder sie hat die Macht, Korrekturen anzumahnen, eine komplette Überarbeitung einzufordern oder den Text abzulehnen. Mancher Gewaltige lässt seine Muskeln genüsslich spielen, ein anderer pflegt das Understatement und schmeichelt denen, die ihm zuliefern; ein erfahrener Autor weiß trotzdem immer, wo der Hammer hängt.

Dem einen macht die Situation Angst, er fürchtet Ablehnung. Den anderen spornt sie zu höchster Konzentration an: „Dem werd ich's zeigen." Den dritten belastet es, dass er vom Chef Vorschusslorbeeren bekommen hat und nun wieder die perfekte Geschichte liefern muss. Sicher, es gibt auch

Autoren, die ruhen so sehr in sich, dass sie selbst für neue Chefs und Auftraggeber unberührt von solchen Gefühlen arbeiten. Sie kennen die relevanten Ansprüche und Maßstäbe, sie haben schon so viel Anerkennung erhalten, dass sie nicht mehr viel geben auf anderer Leute Urteil. Falls das bei Ihnen so ist: Herzlichen Glückwunsch, Sie gehören zu einer kleinen Minderheit. Die meisten erreichen diese innere Sicherheit erst, wenn sie genügend kompetente Chefs und Auftraggeber hatten, die fair mit ihren Texten umgegangen sind und zufrieden waren. Bis dahin bleibt die Cheffigur für viele eine latente Bedrohung.

Was aber, wenn es bereits Differenzen gab, wenn der Chef sich in der Blattkritik abfällig über die letzte Reportage geäußert hat, wenn der Kunde unzufrieden war? Jetzt hat der Autor allen Grund, sich unter Beobachtung zu fühlen. Die Figur Chef rückt näher heran, ihr Blick ist kritisch, der Schreibende muss, vielleicht ohne es zu merken, einen Teil seiner Konzentration aufwenden, um die innere Contenance zu wahren.

So erzählt man sich unter Magazinjournalisten von den Kollegen, die Werner Funk – ehemals Chefredakteur bei „Stern", „Geo" und „Spiegel" – in Schreibblockaden getrieben haben soll. Funk war für seinen launischen, teils zynischen Umgang mit seiner Redaktion bekannt. Mit so einem Tyrannen als heimlichem Mitautor steigen die Selbstzweifel bei manchen ins Unermessliche. Oder sie werden rebellisch, schreiben das, was dem Chef ganz sicher nicht passt, und freuen sich auf den Showdown in der nächsten Besprechung.

*Abbildung 7: Das innere Schreibtheater mit Besucherbank*

*Zwischenrufe aus dem Publikum: Die heimlichen Mitautoren mischen sich ins Schreibgeschehen auf der Bühne ein*

Im Schreibtheater sitzen die heimlichen Mitautoren in der ersten Parkettreihe. Während der Träumer und der Kritiker auf der Bühne über den guten Text streiten (vgl. Seite 37), flüstern und zischeln sie, manchmal rufen sie laut dazwischen. Gleich neben dem Chef sitzen dabei die *Kollegen.* Der eine Autor zitiert sie innerlich als Zeugen für die Qualität seiner Arbeit, der andere fürchtet ihren Neid, dem dritten ist ihre Konkurrenz ein Ansporn. Das gilt übrigens nicht nur für die Kollegen in der eigenen Redaktion, Agentur, Abteilung, im Journalisten- oder PR-Büro. Ebenso mächtig sind die *Fachkollegen,* die anderswo ähnliche Themen bearbeiten, die über den gleichen Fußballverein oder die gleiche Marktsparte berichten. Sie sehen ja sofort, welche Information frisch ist, welche These wacklig, welche Argumentation gewagt. Sie erkennen auf Anhieb, wo der Autor beim Schreiben drücken und schieben musste, um seine Themenidee zu retten. Den Fachkollegen bleibt wenig verborgen.

Ein Kollege zieht besonders viel Aufmerksamkeit auf sich, und er ist überall dabei, wo professionell geschrieben wird. Das ist, um mit Karl Marx zu sprechen, der *ideelle Gesamtkollege.* Er verkörpert jene Trends, Standpunkte und professionellen Standards, die in der Branche gerade angesagt sind. Viele möchten so sein wie er, stilsicher und immer vorneweg, mit Preisen dekoriert, ein eindrucksvolles Logo auf der Visitenkarte. Deshalb versuchen sie, so cool, so originell, so pointenreich zu schreiben wie er. Was vielen Chefs wiederum überhaupt nicht gefällt. So braucht eine Regionalzeitung keine brillanten Analysen der indischen Außenpolitik und keine 500-Zeilen-Reportagen. Der Chefredakteur wünscht sich Autoren, die mit Liebe die kleine Form für kleine Leute pflegen. Der Pressechef eines Pharmaunternehmens kann mit experimentellen Formulierungen, wie die Volontärin sie liebt, nichts anfangen. Und schon wird es laut im Parkett des Schreibtheaters, wenn nämlich der Chef mit dem ideellen Gesamtkollegen aneinander gerät.

## Das Thema schreibt mit oder: Wie sag ich's meinem Bürgermeister?

Und dann sind da noch die, um die es geht im Text, die *Informanten* und die *Menschen oder Organisation, über die man schreibt.* Vor allem Lokaljournalisten wissen genau, welche Bedeutung die für ihre Arbeit haben. Sie müssen sich gut überlegen, wann sie dem Bürgermeister ihrer Kleinstadt mal so richtig einen überbraten. Bei grobem Fehlverhalten muss das sein, aber danach hat man wochenlang mit den Folgen zu kämpfen: Der Geschmähte und seine Getreuen werden alles tun, um einem die Arbeit zu erschweren.

Das gilt ebenso für Pressesprecher, PR-Berater und Redakteure einer Kunden- oder Mitarbeiterzeitschrift. Am Bildschirm tarieren sie genau aus, wie weit sie zuspitzen können, was sie lieber weglassen, wie viel Raum sie einer Person im Text geben müssen. Ohne es sich immer klar zu machen, kalkulieren sie, ob sie die Person später noch brauchen, welchen Ärger sie sich und ihrem Arbeitgeber zuziehen. Sogar der Politikredakteur rechnet durch, wie viele zusätzliche Telefonate er in den nächsten Tagen führen muss, wenn er aus einem vier Wochen zurückliegenden Hintergrundgespräch zitiert und damit – wenn auch aus gutem Grund – eine Standesregel bricht. Schreiben für Medien ist immer ein Geben und Nehmen. Der Deal findet im Kopf des Schreibenden statt.

Übersicht: Typische heimliche Mitautoren aus dem beruflichen Umfeld

| Heimlicher Mitautor | Typischer negativer Einfluss | Mögliche intuitive Reaktion | Was sollten Sie tun? |
|---|---|---|---|
| Chef und Auftraggeber | große Skepsis, Qualitätsdruck, Termindruck | Angst und Nervosität, übertriebene Vorsicht – oder gezielte Provokation | eigene Qualitätsmaßstäbe entwickeln, Zeitdruck durch gute Planung reduzieren, Feedback von Dritten einholen |
| Direkte Kollegen und Fachkollegen, der ideelle Gesamtkollege | bedrohliche Konkurrenz, Neid, extrem kritische Beurteilung nach abstrakten Standards | Angst und Nervosität, übertriebene Vorsicht, Selbstzweifel, übertriebenes Konkurrenzverhalten | eigene Qualitätsmaßstäbe entwickeln, selbst eine gute, auch kritische Kollegialität kultivieren |
| Informanten und Menschen oder Organisationen, über die man schreibt | Wunsch nach positiver Darstellung | zu große Nähe, Beißhemmung, zu positive Darstellung, mangelnde kritische Distanz | Gesprächspartner über die eigene Arbeitsweise informieren, mit Kollegen besprechen, was zumutbar ist |

## Die Mitautoren aus der zweiten Reihe: Partnerschaft und Familie

Bis jetzt haben wir nur die erste Reihe im Parkett Ihres Schreibtheaters näher betrachtet. Von der zweiten Reihe aus versucht eine weitere Riege von heimlichen Mitautoren, sich ins Bühnengeschehen einzumischen. Das sind Menschen, die Ihnen nahestehen. Der Psychologe Otto Kruse weist darauf hin, dass diese sich umso lautstärker melden, je unklarer und diffuser der offizielle Adressat eines Textes ist. „Emotional entsteht dabei oft eine Gefühlskonstellation, die mit der eigenen Familie zusammenhängt. Man schreibt für oder gegen seine Familie."

Zuallererst macht sich Ihre Frau, Ihr Mann, Ihr *Beziehungspartner* bemerkbar. Was immer Sie emotional beeinflusst, es wirkt auch auf Ihre Wahrnehmung vom Thema und von sich selbst. Verliebte schreiben und assoziieren leichter, Menschen in Beziehungskrisen sacken schneller in Selbstzweifel ab. Besonders anstrengend wird es, wenn der Partner skeptisch auf die Schreibarbeit des Autoren blickt. Oft geht es dabei gar nicht um das Thema oder den Stil, sondern schlicht um Zeit. Ein Autor, der viel Zeit am Schreibtisch verbringt und nie sagen kann, wann er denn nun fertig ist, kriegt naturgemäß Ärger mit der Partnerin – zumal, wenn Kinder zu betreuen sind und der Partner wartet. Gegen solche Konflikte anzuschreiben, kostet Kraft.

Ähnlich großen Einfluss wie Beziehungspartner haben die eigenen *Kinder und Eltern* auf den Schreibenden. Ob es der Tochter gut geht, ob sie krank ist oder rebellisch, das alles verändert den Grundzustand. Und erstaunlich ist, bei wie vielen Medienschaffenden regelmäßig die Mütter am Telefon sind. Ich habe mehr als einen Redaktionsgewaltigen erlebt, der in jedem Sturm seinen Mann stand, aber seine Mutter nicht bewegen konnte, ihn nur noch abends zu Hause anzurufen. Dabei waren ihm die dauernden Telefonate unangenehm.

Für viele Schreibarbeiter ist der Vater der wichtigste heimliche Mitautor. Er hat ihnen wichtige Qualitätsmaßstäbe vermittelt, und das sorgt auch Jahre später noch dafür, dass der Schreiber nicht abhebt und seine Ziele im Auge behält. Allerdings kann eine gestrenge Vaterfigur auch daran mitwirken, dass diese Ziele und Ansprüche sich verselbständigen. Dann ist nichts mehr gut genug. Dann trifft keine Formulierung mehr den Kern. Die Ansprüche des Autors an sich selbst werden praktisch unerfüllbar.

## Die Geldsorgen des Großonkels

Mütter, Väter, klassische Geschlechterrollen. Mir sind die oben geschilderten Archetypen in der Arbeit mit Autoren zu oft begegnet, als dass ich sie Ihnen ersparen könnte. So ist es auch mit den *Geschwistern.* Für Schreibende sind sie beides, Unterstützer und Rivalen. Dazu muss der Bruder oder die Schwester nicht einmal in der gleichen Branche tätig sein, es muss keine reale Konkurrenz wie bei den Brüdern Heinrich und Thomas Mann entstehen. Es reicht ja zu wissen, dass der andere den eigenen Berufsweg aufmerksam verfolgt. So wie man als Kind oft genug die knappe Aufmerksamkeit der Eltern teilen musste, so ist auch jetzt die Frage: Wer steht am Ende besser da?

Und dann gibt es in jeder Familie noch Menschen, die immer als gutes oder schlechtes Beispiel herhalten mussten. Nun sind sie längst verstorben, trotzdem wirken sie in bestimmten Schreibsituationen mit, diese *besonderen Verwandten,* selbst wenn wir über Jahre nicht mehr bewusst an sie gedacht haben. Da war doch die Tante, die immer lange und wohlformulierte Briefe schrieb. Ihr hing der Ruf an, etwas Besseres sein zu wollen. Der Großonkel, der, wie alle meinten, „aus der Art fiel", weil er zu viel trank, keine Frau fand und immer Geldsorgen hatte – war der nicht auch mal bei der Zeitung (natürlich erfolglos)? Der Großvater, der ein bedeutender Wissenschaftler war und dicke Bücher schrieb. Wenn es solche Menschen in Ihrer Familie oder im Umfeld ihrer Kindheit gab, dann ist die Frage nicht abwegig, welche Rolle sie heute für Sie beim Schreiben spielen.

## Übersicht: Typische heimliche Mitautoren aus dem privaten Umfeld

| Heimlicher Mitautor | Typischer negativer Einfluss | Mögliche intuitive Reaktion | Was sollten Sie tun? |
|---|---|---|---|
| Beziehungs-partner und Kinder | Stimmungstiefs, emotionale Überforderung | erhöhte Neigung zur Selbstkritik oder Reizbarkeit, Ideenmangel, Erschöpfung | Urlaubstage nehmen, familiäre Konflikte durchstehen, Schreibprojekt zurückstellen |
| Mutter | häufige Unterbrechungen, mangelnder Respekt vorm Zeitplan des Autors, Mahnung zur Vorsicht | Abgelenkt sein, Reizbarkeit, Stimmungstiefs, übertriebene Vorsicht beim Formulieren | Grenzen ziehen, dem eigenen Stil und Entwicklungsweg vertrauen |
| Vater | unbestimmte, abstrakte, extrem hohe Qualitätsstandards | übermäßig kritische Sicht auf den eigenen Text, Angst vor Experimenten, übertriebene Vorsicht, Selbstzweifel, Blockaden | inneren Kritiker vorübergehend aussperren, wenn möglich den Vater zu seinen tatsächlichen Wünschen und Erwartungen befragen |
| Geschwister | Angst vor Kritik und Missgunst | übertriebene Selbstkritik, sich auspowern | dem eigenen Stil und Entwicklungsweg vertrauen, Geschwister fragen, was sie wirklich denken |
| Besondere Verwandte | übertrieben positive oder negative Vorbilder | Angst davor, ihr Scheitern zu wiederholen oder ihren Erfolg nicht wiederholen zu können | mehr über diese Verwandten rauskriegen, die Legenden und die eigene Erinnerung aufhellen |

Natürlich ginge es und geht es oft auch anders: Der gute Chef unterstützt den Schreibenden durch kluge Fragen und realistische Termine; der Auftraggeber entwickelt einen Blick für die Stärken des Autors und fördert ihn dementsprechend; Kollegen bieten ihren Rat an. Die eigene Familie kann die Kraftquelle schlechthin sein: Ein Wochenende mit den Lieben beruhigt dann alle Schreibturbulenzen. Ebenso können Mutter und Vater, Bruder und Schwester weise und fürsorglich am Erfolg des Schreibenden mitwirken – wunderbar. Wenn es gelingt, solche Klärung und Harmonie mit den realen Personen zu erreichen, dann geben auch die entsprechenden heimlichen Mitautoren Ruhe.

Aber merkwürdigerweise ist es bei Menschen, die beruflich schreiben, oft anders. Gerade die Kreativen scheinen eine erhöhte Neigung zu haben, sich auf ihre Umwelt zu beziehen, sozusagen Halt am Urteil anderer zu suchen. Das kann man als Identitätsproblem und mangelnde Stabilität interpretieren. Andererseits ist die dünne Haut, die innere Beweglichkeit und die Kontaktbereitschaft Voraussetzung dafür, dass ein Autor Eindrücke und Stimmungen aufnehmen, Perspektiven wechseln, spontane Verknüpfungen herstellen kann. Kein Wunder also, dass die ersten Parkettreihen des Schreibtheaters so gut besetzt sind. Die soziale Umwelt ist Energiequelle und Belastung zugleich. Der Versuch, sich von ihr dauerhaft abzuschotten, führt einen Autor in den Wahn, wie Thomas Bernhard in seinem Roman „Das Kalkwerk" mit schwarzem Humor durchspielt.

## Ruhe im Parkett!

### Erster Schritt: Finden Sie Ihre Mitautoren

Wie steht es um Ihre heimlichen Mitautoren? Ich lade Sie ein, diese in sechs Schritten kennen zu lernen und sich so mit ihnen zu arrangieren, dass Sie Ihnen in Ihrem Schreiballtag mehr nützen als schaden.

Lassen Sie zunächst Menschen aus Ihrem privaten und beruflichen Umfeld Revue passieren. Gibt es jemanden, der indirekt Einfluss auf Ihre Schreibarbeit nimmt? Dabei geht es nicht um das, was eine Person sagt oder tut, sondern darum, welche Rolle sie in Ihrem Erleben spielt. Ein Chef etwa, der konkrete Ansprüche an Sie stellt, mit dem Sie gut klar kommen, hat in der Tabelle keinen Platz. Ein Chef jedoch, mit dessen offenen oder heimlichen Ansprüchen Sie sich beim Schreiben auseinandersetzen, gehört hinein.

| Heimlicher Mitautor | Typischer Einfluss aufs Schreiben | Intuitive Reaktion |
|---|---|---|
|  |  |  |
|  |  |  |
|  |  |  |
|  |  |  |

Ist die Tabelle ausgefüllt, dann haben Sie ein starkes Stück Selbstreflexion geleistet. Ich hoffe, Sie haben nicht nur Bremser, sondern auch Unterstützer gefunden: Menschen, die Ihnen den Rücken stärken und die – vielleicht ohne es zu wissen – wichtig für Sie sind, weil sie Sie arbeiten lassen, Ihnen Raum und Kraft geben. Aller Erfahrung nach gibt es auch andere in Ihrer Liste …

---

**Fallbeispiel 1: Der rabiate Chef**

Eine Lokalredakteurin in einer kleinen Außenstelle in Südwestdeutschland klagt über Motivationsprobleme. Eigentlich schreibt sie gern, sie mag ihren Beruf, kennt ihre Region in- und auswendig. Aber nachmittags gegen drei, wenn sie richtig loslegen sollte, befällt sie eine große Unlust. Ihr fällt nichts ein. Es klappt dann doch immer irgendwie, aber abends geht sie genervt nach Haus. Sie vermutet, dass sie dringend den Job, die Zeitung, die Region wechseln sollte.

Es stellt sich heraus, dass diese Redakteurin einen schwelenden Konflikt mit ihrem Regionalchef in der Zentrale hat. An der Qualität hat er selten etwas auszusetzen. Bloß zum Thema Pünktlichkeit gibt es immer wieder Ärger. Es ist gelegentlich vorgekommen, dass die Redakteurin eine Seite etwas zu spät gesendet hat, immer aus einem konkreten Anlass. Doch der Regionalchef tobte jedes Mal und ruft seitdem häufig nachmittags in der Hauptschreibzeit an, um die Redakteurin an den Abgabetermin zu erinnern. Manchmal verlegt er den auch ohne nachvollziehbaren Grund vor.

Im Coaching wird klar, dass der Regionalchef inzwischen zu einem heimlichen Mitautoren geworden ist. Kaum beginnt die Kollegin zu schreiben, da gibt er schon kritische Kommentare aus dem Parkett des Schreibtheaters ab. „So geht's nicht!", „Nicht so umständlich!", „Komm endlich zum Punkt!", und zwar im Kommandstil seines vorigen Jobs: Er war mal Bundeswehroffizier. Genau dann befällt die Redakteurin eine große Lähmung.

**Fallbeispiel 2: Die anspruchsvolle Großmama**

Ein erfahrener PR- und Fachjournalist, Autor mehrerer Bücher, hat Schreibschwierigkeiten. Wichtige Texte gehen ihm nur noch mühsam von der Hand. Was ihn beim Schreiben besonders auszehrt, ist die innere

Auseinandersetzung mit seinen Fachkollegen. Denen unterstellt er eine extrem kritische Haltung und hohe Rivalität. Jeder Fehler werde später genutzt, um ihm eins auszuwischen. Die Vorstellung raubt dem Autor den Spaß an der Arbeit, saugt alle Leichtigkeit aus dem Schreiben.

Bei näherem Hinsehen zeigt sich, dass es bisher keine Belege für die Annahme gibt, diese Kollegen seien regelrechte Texthyänen. Niemand hat hämische Kritik geübt oder versucht, den Ruf des Autoren zu schädigen. Auch hat er mit seiner Erfahrung und seinem Renommee nicht ernsthaft Grund, dies zu fürchten. Wichtige Auftraggeber und Verlage schätzen seine Mitarbeit. Was aber ist es dann, das ihn so belastet?

In einem Coaching zeigt sich, wie stark sein innerer Kritiker ist. Seine Macht bezieht er nicht nur von den Fachkollegen, die von der ersten Parkettbank Richtung Bühne rufen, sondern noch mehr von einer besonderen Verwandten in der zweiten Reihe – seiner Großmutter, zu der er als Kind engen Kontakt hatte. Diese kluge und belesene Frau hat dem Kind hohe Ansprüche an sich selbst eingeimpft, es zur Bescheidenheit gemahnt und vor Neidern gewarnt. Aus ihrem Enkel sollte ein umsichtiger, gebildeter Mann werden, der nicht aus Selbstüberschätzung über die eigenen Füße stolpert. Schreiben sollte er auch können, aber bitte mit Stil, Struktur und Substanz, nicht so leichtes Zeug. Bei wichtigen Texten lähmte es diesen Autor, dass er nicht frei drauflos schreiben konnte, sondern ständig auf der Hut vor Neidern jedes Wort dreimal herumdrehen musste.

## Zweiter Schritt: Dialog mit den Mitautoren

Betrachten Sie nun Ihre heimlichen Mitautoren. Jetzt können Sie überlegen, wie Sie künftig mit ihnen umgehen wollen, sowohl mit den Unterstützern wie mit den Störenfrieden. Dazu dient folgende Übung.

### Bube, Dame, König: Klärungshilfe mit Skatkarten

1. Besorgen Sie sich ein Skatspiel und ca. 30 DIN-A7-Karteikarten oder ähnlich große Zettel. Sie brauchen etwa eine gute Stunde für diese Übung.

2. Wählen Sie eine Skatkarte für sich selbst in der Schreibsituation. Es ist sinnvoll, sich dabei vom Symbolgehalt der Karten leiten zu lassen. Positionieren Sie die Karte auf einer freien Fläche (Tisch oder Fußboden). Stellen Sie sich vor, die Karte symbolisiert Sie selbst beim Schreiben, und zwar vorn auf der Bühne des Schreibtheaters. Legen Sie einen Stift oder ein Band quer vor die Karte, um die Bühnenkante zu markieren.

3. Besetzen Sie jetzt die vorderen Reihen im Parkett. Wählen Sie zunächst eine Karte für einen Ihrer heimlichen Mitautoren. Behalten Sie die Karte kurz in der Hand und vergegenwärtigen Sie sich, um wen es sich handelt (Alter, Funktion, familiäre Situation, allgemeine Interessen, bei Verstorbenen Lebenszeit und Lebensweg). Wählen Sie jetzt Karten für weitere heimliche Mitautoren (sofern vorhanden) aus und verfahren Sie ebenso. Falls Sie sehr viele heimliche Mitautoren haben, beschränken Sie sich auf die sechs wichtigsten.

4. Formulieren Sie eine kurze Botschaft jedes heimlichen Mitautors an Sie selbst (etwa: „Du schaffst das schon!" oder „Das will doch niemand wissen."). Sozusagen eine Sprechblase, in der steht, was dieser Mitautor auf die Bühne ruft. Notieren Sie diese Kernbotschaft auf einem Kärtchen und legen Sie es zu der jeweiligen Spielkarte.

5. Formulieren Sie jetzt der Reihe nach Antwortkärtchen und legen Sie diese vorn an die Bühnenkante. (Beispiel: Auf die Botschaft „Schreib schneller!" könnte die Antwort lauten: „Ich schreibe langsam, aber mit Tiefgang." oder auch „Ruhe jetzt, ich arbeite!")

6. Betrachten Sie jetzt die Gesamtsituation. Welche heimlichen Mitautoren sind nach Ihrem Eindruck eher zu wichtig und zu laut mit ihren Botschaften? Wohin im Schreibtheater möchten Sie diese positionieren? (Rauswerfen geht leider nicht.) Welche anderen mit einem günstigen Einfluss müssten noch mehr in der Mitte sitzen? Verändern Sie ruhig die Position Ihrer Karte auf der Bühne. Wie müsste das Bild aussehen, damit Sie gut und möglichst unbelastet arbeiten können? Denken Sie an dieser Stelle nicht darüber nach, was realistisch wäre, sondern nur daran, wie eine Lösung in der Phantasiewelt des Schreibtheaters funktionieren könnte.

7. Wechseln Sie jetzt zurück in die Realität: Wie könnten Sie die Ergebnisse der Übung praktisch umsetzen? Welche Gespräche müssen Sie führen? (Zum Beispiel: Gespräch mit Ihrem Mann, dass er Sie in Schreibphasen zu Hause entlastet und dadurch unterstützt. Oder: Gespräch mit dem Chef, dass er Ihnen weniger Projekte gleichzeitig aufdrückt.) Fertigen Sie dazu eine To-do-Liste an, die folgende Fragen beantwortet: Was tue ich *mit wem* und *mit welchem Ziel* bis *wann?*

So, nun wissen Sie, was Sie tun müssen, um die unangenehmen Mitautoren aus den ersten Parkettreihen auf die Galerie zu verbannen. Wenn das allerdings so einfach wäre, hätten Sie es vielleicht schon längst getan. Mal eben den Chef dazu bringen, dass er Ihnen weniger aufdrückt? Dinge sagen, die man vielleicht seit Jahren runtergeschluckt hat? Das geht sicher nicht auf Kommando und nur unter besonderen Voraussetzungen. Gleichwohl brauchen Sie Ruhe im Parkett, damit Sie Ihre Schreibarbeit rasch und sicher erledigen können. Es hilft also nichts, Sie müssen auf die Störenfriede zugehen.

**Fallbeispiel 1: Der Offizier rückt nach hinten**

Die Redakteurin aus Fallbeispiel 1 (Exoffizier als Regionalchef) macht es so: Sie ringt sich schließlich zu einem Klärungsversuch durch, obwohl sie davor einen Riesenbammel hat. Gemeinsam mit einem Kollegen führt sie ein Gespräch mit dem Regionalchef. Und sie hat Glück, dem Kollegen platzt bei dieser Gelegenheit der Kragen. Das ist eine Sprache, die der Vorgesetzte versteht. Er beharrt zwar auf der hundertprozentigen Einhaltung der Schlusstermine, aber er ändert seinen Ton und ruft zwischen 15 und 18 Uhr nur noch an, wenn es wirklich wichtig ist. So kehrt langsam auch die Schreiblust der Redakteurin zurück. Der Offizier im Parkett hört auf rumzubrüllen und rückt zwei Reihen nach hinten. Aber er ist noch da, und das findet sie nach wie vor belastend. Ein Traumpaar wird nicht aus den beiden, aber sie halten es aus miteinander.

**Fallbeispiel 2: Ein Ehrenplatz für Großmama**

Der Fachjournalist aus Fallbeispiel 2 macht sich daran, den destruktiven Einfluss seiner Großmutter zu minimieren. Und dazu muss diese heimliche Mitautorin erst einmal wieder in seiner Vorstellung lebendig werden. Der Journalist stellt sich der Frage, wie diese Großmutter seine heutige Schreibarbeit wohl tatsächlich beurteilen würde. Könnte sie nicht stolz sein auf ihren Enkel? Und wo sie dennoch einen Text rigide ablehnen würde, aus welcher Erfahrung heraus würde sie das tun? Er gräbt in seiner Erinnerung, er spricht mit seinen Eltern. Mit der Zeit wird das Bild, das er sich von ihr bewahrt hat, weniger streng – menschlicher. Offenbar hat sie ihn sehr gemocht. Renommee bedeutete ihr viel, weshalb sie ihn zu seinen Erfolgen sicher beglückwünscht hätte. Allerdings neigte sie dazu, sich ständig Sorgen über alles und jeden zu machen. Das entsprach ihrer Lebenserfahrung in ihrer Zeit.

Nicht immer, aber zumindest manchmal gelingt es dem Journalisten heute, die Fachwelt Fachwelt sein zu lassen, seine Ansprüche auf ein realistisches Maß herunterzuschrauben – und seiner Großmutter dabei verschwörerisch zuzuzwinkern. Das fällt ihm nicht schwer, denn er hat sie auf einen ehrenvollen Platz in der Mitte des Zuschauerraums gesetzt. Da kann sie ruhig vor sich hinmurmeln, ihn stört das nicht – meistens. Trotzdem kommt es vor, dass er mit Ängsten, Unmut und Niedergeschlagenheit zu kämpfen hat. Die guten Absichten der Großmutter haben, gepaart mit anderen Einflüssen, eine Dynamik entwickelt, die nicht jederzeit rational zu beeinflussen ist.

## Dritter Schritt: Gespräche führen, zur Not konfrontativ

Was können Sie tun, um Ihren heimlichen Mitautoren den richtigen Platz im Schreibtheater zuzuweisen? Zunächst einmal: Gespräche führen und Fragen stellen, wie es die Autoren in den beiden Fallbeispielen tun. Und wenn das nicht hilft? Dann müssen Sie deutlicher werden, jedenfalls, soweit Sie es mit Lebenden zu tun haben. Dabei hilft Ihnen das folgende Ablaufschema für ein Konfrontationsgespräch. Es dient dazu, knapp und klar zu sagen, was Sie stört und was Sie abgestellt wissen wollen – und zwar so, dass Sie dabei sachlich bleiben und nicht unnötig Öl ins Feuer gießen.

**Konfrontation: So sagen Sie knapp und klar, was Sie wollen**

1. Benennen Sie Ihre Wahrnehmung von dem Konfliktgegenstand.

„Ich nehme wahr, ...“
„Mir ist aufgefallen, ...“
„Ich habe festgestellt, ...“

2. Benennen Sie die Bedeutung und die Folgen (für sich und andere).

„Ich fühle mich dabei ...“
„Das löst bei mir aus ...“
„Das hat zur Folge ...“

3. Benennen Sie Ihren Wunsch oder Ihre Erwartung.

„Ich wünsche mir von Dir/ Ihnen, dass ...“
„Ich erwarte, dass ...“
„Meine Forderung an Dich/ Sie ist, dass ...“

Wichtig ist, dass Sie alle drei Etappen hintereinander in einem kurzen Sprechtext vollziehen. Sprechen Sie Ihr Anliegen ruhig mal nach diesem Schema vor sich hin. Wenn Sie meinen, Sie haben die richtigen Worte gefunden, sagen Sie es nochmal auf und stoppen Sie dabei die Zeit. Man kann komplexe Probleme in 15 Sekunden rüberbringen. Aber geben Sie sich ruhig eine Minute, das ist schon schwierig genug. Viele brauchen im ersten Anlauf fünf Minuten und mehr.

## Vierter Schritt: Schicken Sie den inneren Wächter vor

Das größte Problem sind aber nicht die einzelnen Worte und Sätze, es ist die innere Haltung, die Sie dabei einnehmen. Der Text wird Ihnen nicht leicht von den Lippen gehen, denn irgendetwas hat Sie ja bisher davon abgehalten, sich so klar auszudrücken. Diese Hemmung ist noch da, und Sie werden Sie nicht einfach abschalten können. Allerdings darf sie nicht die Hauptrolle spielen.

Die Hauptrolle in Konfrontationsgesprächen bekommt deshalb ein neues Mitglied Ihres inneren Schreibteams, eines, das Sie dringend brauchen, um sich den nötigen Raum zur Konzentration zu erkämpfen. In diesem Fall hilft es Ihnen dabei, die destruktiven Mitautoren aus den ersten Parkettreihen zu verscheuchen. Es handelt sich um den inneren Wächter.

## Der Wächter

*Abbildung 8: Der Wächter*

*Klare Botschaft ohne Worte: der Wächter als Mitglied des inneren Schreibensembles*

Sein Job ist es, die Bühne Ihres Schreibtheaters zu bewachen und für Ordnung im Zuschauerraum zu sorgen. Er achtet darauf, dass niemand, der Ihnen beim Schreiben nicht gut tut, Ihnen nahetritt. Dazu muss er praktisch kein Wort sagen. Allein schon seine Größe und Statur sprechen für sich: Der meint es ernst. Er wacht über Ihre Konzentration, er will keinen Psychotrouble und keine Negativbotschaften, wenn Sie gerade Ihre gesamte Hirnkapazität brauchen, um erstklassige Texte zu schreiben. Und er begleitet sie auch dann, wenn Sie losziehen, um Ihrem Chef oder Ihrer Mutter Grenzen aufzuzeigen.

Der Wächter hilft Ihnen, in Konfrontationen den Rücken gerade zu machen. Vielleicht haben Sie diese Erfahrung schon selbst gemacht: Wer weiß, was er will, und es klar ausdrückt, wer Angst überwindet und etwas Nachvollziehbares für sich fordert, der gibt eine starke Figur ab, ganz unabhängig von seinen Worten und Argumenten. Er hat zumindest eine erhöhte Chance, dass sein Gegenüber anders reagiert als bisher. Nicht nur das Was bestimmt also den Erfolg eines Konfrontationsgesprächs, sondern auch das Wie. Der Wächter verschafft Ihren Worten Nachdruck.

Was noch nicht heißt, dass so ein Gespräch Ihnen automatisch das bringt, was Sie gern hätten. Es ist eigentlich nur eins sicher: Hinterher sind Sie schlauer als vorher. Ist Ihr Gegenüber überhaupt ansprechbar für Ihr Problem? Was treibt den anderen an, was sind seine Ziele? Auf welche seiner Interessen können Sie, auf welche Ihrer Interessen muss er eingehen? Wo können Sie sich treffen? Getreu dem Motto „Nur wer Nein sagen kann, kann auch Ja sagen" bietet sich Ihnen beiden die Chance, Ihre Zusammenarbeit oder, im Falle von Familienmitgliedern, Ihr Zusammenleben auf eine veränderte Basis zu stellen.

Konflikte gehören nicht nur dazu, sie sind eine Chance zur Annäherung. Wenn Sie dem Kunden, der dauernd kostenlose Überarbeitungen Ihrer Texte einfordert, eine Grenze aufzeigen, kann das zu einer verstärkten Bindung führen, weil Sie rauskriegen, was ihn antreibt, und er versteht, wie Sie Ihre Preise kalkulieren.

Das Gespräch kann auch zum Bruch führen, sicher. Sie entscheiden, ob dieses Risiko stärker wiegt als der dauernde Ärger und die Störbotschaften der heimlichen Mitautoren.

Fünfter Schritt: Die Unterstützer stärken

Nun fehlt nur noch eins: Sie sollten sich Ihren Unterstützern unter den heimlichen Mitautoren widmen. Falls Sie bisher keine gefunden haben: Jetzt müsste der Raum vor der Bühne so weit frei sein, dass Ihnen welche einfallen.

**So holen Sie die Guten nach vorn**

Überlegen Sie einmal, wer Sie, seit Sie in der Grundschule das Schreiben gelernt haben, alles unterstützt und Sie zur Weiterentwicklung angeregt hat. Und wer ist es in Ihrem aktuellen Umfeld, der Ihnen Mut macht oder Sie mit seinem Wissen und seiner Erfahrung unterstützt.

1. Setzen Sie diese Mitautoren in die erste Reihe, mitten vor die Bühne. Suchen Sie dazu eine Spielkarte für jeden aus.

2. Formulieren Sie die Botschaften dieser Figuren an Sie aus und schreiben Sie diese auf eine Karteikarte.

3. Kopieren Sie die Spielkarten und die Botschaften Ihrer Unterstützer zusammen auf ein DIN-A4-Blatt. Verkleinern Sie dieses Blatt.

5. Hängen Sie die verkleinerten Spielkarten und Botschaften in Sichtweite Ihres Schreibcomputers auf. Niemand außer Ihnen wird verstehen, um was es dabei geht. Aber für Sie kann es eine starke Unterstützung sein.

Dieser Ort übrigens, Ihr Schreibtisch, braucht noch etwas mehr Aufmerksamkeit. Immerhin verbringen Sie dort Stunde um Stunde auf der Suche nach Ideen und Formulierungen. Im nächsten Kapitel erfahren Sie, wie Sie nach dem inneren Schreibtheater nun Ihre äußere Schreibszenerie so herrichten können, dass Ihnen die Arbeit leichter von der Hand geht.

# 6 Tatort Schreibtisch:

Wo wir arbeiten, sagt, wie wir arbeiten

> *„Ich schreibe sehr viel in der Eisenbahn.*
> *Ich fahre irgendwohin, steige aus, fahre zurück;*
> *ich bin schon an einem Tag*
> *drei-, viermal an Solothurn vorbeigekommen. "*
> Peter Bichsel, Schriftsteller

Stellen Sie sich einmal vor, eines Morgens fesselt plötzlich eine rätselhafte Krankheit Sie ans Bett. Ihr Hirn und alle Sinne funktionieren noch bestens, auch sprechen können Sie wie immer, doch die Muskeln versagen, Sie können nicht aufstehen, nicht ins Büro fahren, nicht einmal einen Laptop bedienen. Nur einen Telefonhörer halten, das geht gerade noch. Ihre Lage ist misslich, denn auf Ihrem Schreibtisch wartet jede Menge dringender Arbeit auf Sie. Es bleibt Ihnen nichts übrig, als einen Vertreter zu finden, ihn an Ihren Arbeitsplatz zu schicken und ihm per Telefon zu erklären, was genau zu tun ist.

Aber wo genau steht der Ordner für das Projekt X, in welchem Verzeichnis ist Text Y gespeichert, wo steht die Telefonnummer des Informanten Z? Noch simpler: Wo findet sich gerade ein funktionierender Kuli oder Locher? Wenn Sie selbst am Schreibtisch sitzen, suchen Sie nur Sekunden danach, nun aber ist jede Bewegung zu erklären, und jeder Griff braucht plötzlich Zeit und Hirnschmalz. Richtig aufreibend wird es aber erst, wenn Ihr Vertreter einen Text für Sie schreiben soll. Nehmen Sie an, dieser wichtige Text müsse binnen Stunden fertig werden. Sie müssen dazu noch Dokumente lesen, eine Gliederung entwerfen, Zitate überprüfen ... Alles muss Ihr Helfer zusammensuchen, Ihnen vorlesen und erklären, er muss Stichpunkte notieren und schließlich Ihr Diktat mitschreiben, ständig unterbrochen durch Ihre Nachfragen. Nebenbei rattert das Fax und bimmelt das Handy.

Ganz schön stressig, für beide Seiten. Denn wie ein Medienprofi seinen Arbeitsplatz gestaltet, das ist eine höchst individuelle Sache. Anders als etwa für Sekretariatsarbeitsplätze gibt es dafür kaum Regeln und Konventionen, in der Ausbildung von Journalisten und Öffentlichkeitsarbeitern spielt die

Selbstorganisation gleich gar keine Rolle. Jeder macht, was er will und wie er's will, schafft sich sein eigenes Schreibtisch-System, das nur er durchschaut und niemand sonst. Und setzte sich plötzlich ein anderer an den Tisch, um das Gleiche zu tun, müsste er sich mühsam zurechtfinden. Die Stimme des Arbeitsplatz-Besitzers könnte ihn anleiten – aber ein unproduktives Arbeiten bliebe es doch, ein ständiges Tasten, Danebenfassen, ins Stocken kommen, sich wieder neu Konzentrieren. Schreiben würde zur Qual.

Das Gedankenspiel vermittelt eine Ahnung davon, vor welchen komplexen Aufgaben unser Schreibprozessor, das Hirn, im Alltag steht. Als wäre es nicht schon schwierig genug, dem Text Form und Linie zu geben, obendrein anschaulich und originell zu formulieren, fordern wir unserem Denkapparat auch noch ständig Zusatzleistungen ab. Wie die Vertretungskraft im Büro muss sich das Hirn mit lauter Nebensachen befassen, muss etwas suchen oder zurücklegen, sich in einer Vielzahl von Materialien und Unterlagen orientieren, Sinneseindrücke filtern. Denn die meisten Schreib-Arbeitsplätze sind eben nicht auf die Schreibarbeit hin optimiert, sondern lassen ein Durcheinander von Impulsen zu. Kein Wunder, wenn ein Autor sich nach ein paar Stunden erschöpft und unzufrieden abwendet. Manchmal fühlt er sich, als hätte er seine Schreibarbeit übers Telefon einem Fremden erklärt.

## Weniger ist mehr: Selbstorganisation am Arbeitsplatz

Ob wir es wollen oder nicht: Unser Hirn verarbeitet ständig alle Signale, die auf uns einströmen. Bilder und Bewegungen, Geräusche und Gespräche, Gerüche und Berührungen – Sie alle werden registriert und daraufhin geprüft, ob sie gerade nützlich und sinnvoll sind. Wie Sie schon in Kapitel 2 erfahren haben, sorgt das limbische System dafür, dass nur ein Bruchteil dieser Signale auch im Bewusstsein verarbeitet wird; es rettet uns vor der Reizüberflutung oder besser: vor dem Wahnsinn. Ohne diese Auswahl könnten wir uns unmöglich für längere Zeitspannen auf unseren Text konzentrieren. Doch das ist nur ein Vorfilter, der immer noch genügend durchlässt, um die Konzentration dauernd zu gefährden.

Die Devise für die Selbstorganisation am Schreibarbeitsplatz lautet deshalb: Setzen Sie Ihr Hirn möglichst nur Signalen aus, die den Schreibprozess fördern. Reduzieren Sie Signale, die den Schreibprozess behindern. Weniger ist mehr, nach dieser Devise können Sie Ihre Schreibsituation verbessern.

Aber was genau ist für Sie hinderlich oder förderlich? Welche Bedingungen brauchen Sie, um Ihre Hirnkapazität effizient für Ihre Schreibarbeit einzusetzen? Für eine Antwort empfehle ich Ihnen, sich zunächst einmal den Ort, an dem Sie schreiben, näher anzusehen. Denn Schreibtischumgebung und Hirnprozesse bilden korrespondierende Grundstrukturen, wie Daniel Perrin sagt. Machen Sie sich also einmal auf neue Weise mit Ihrer Schreibtischumgebung vertraut: Dazu dient die Übung „Tatort Schreibtisch".

**Übung: Tatort Schreibtisch**

Schreiben Sie eine kurze Reportage (2.000 bis 5.000 Zeichen) über den Ort, an dem Sie normalerweise Ihre Texte schreiben. Stellen Sie sich vor, Sie sollten Ihrem Publikum möglichst präzise und anschaulich beschreiben, wie es da aussieht und zugeht – ähnlich wie bei einer Tatortbesichtigung nach einem Banküberfall oder bei der Tour über eine Großbaustelle. Nutzen Sie zur Beschreibung Bilder und Vergleiche, erwecken Sie die Materie zum Leben. Und finden Sie heraus, welcher Erzählton passt: dramatisch oder elegisch, ernst oder satirisch, alles ist möglich.

Wenn Ihr Text fertig ist, legen Sie ihn einen Tag zur Seite. Schauen Sie ihn dann noch mal an und beschäftigen Sie sich mit diesen Fragen:

- Was unterstützt Sie an Ihrem Schreibort, was behindert Sie?

- Welche Gefühle gegenüber Ihrem Schreibort oder Teilen davon kommen im Text zum Ausdruck? Was macht Ihnen Spaß, was Sorgen?

- Auf was für einen Nenner können Sie die Beschreibung Ihres Schreiborts bringen?

- Was sollte so bleiben, was sich verändern?

- Was hindert Sie daran, etwas zu verändern? Wie ließe sich dieser Widerstand überwinden? Wer oder was könnte Ihnen dabei helfen?

Muss man sich solche Fragen stellen? Medienmacher betrachten es als Teil ihrer Professionalität, dass sie notfalls selbst im größten Durcheinander noch schreiben können. Trotzdem: Jedem, der gern im Gewühl und bei ständiger Unterbrechung schreibt, muss klar sein, dass er einen Preis dafür zahlt. Unbewusst wendet er einen großen Teil seiner Geistesleistung dafür auf, hinderliche Signale herauszufiltern. Ein Nachrichtenredakteur etwa, der Meldungen schreibt und dabei einen Radiosender abhört und einen Fernseher im Auge behält, muss jede Sekunde zig zusätzliche Entscheidungen treffen. Mit etwas Routine kann er sicher gute Arbeit leisten und abends halbwegs aufgeräumt nach Hause fahren. Allerdings wird er sich mit seinen Texten wohl nur in den engen Grenzen des Nachrichtendeutsch bewegen.

Die Alternative ist sicher nicht, sich zum Schreiben möglichst aus dem Büroalltag zurückzuziehen. Sie brauchen den Kontakt zu anderen. Es geht auch nicht darum, die Schreibtischplatte ständig clean zu halten wie eine Chipfabrik. Jede Art von Uniformität und Zwang würde Ihr wichtigstes Kapital entwerten: Ihre Kreativität. Finden Sie lieber heraus, was Ihr Arbeitsstil ist und welche Bedingungen ihn begünstigen.

## Tabula rasa oder Papiergebirge? Arbeitsstile von Schreibenden

### Der Chaot

Der Redakteur einer angesehenen Tageszeitung ist bekannt für seine filigranen Features. Man sagt von ihm, er könne noch über das Innenleben eines Staubsaugers einen aktuellen, packenden Sachtext schreiben. Tatsächlich steht er mit Staubsaugern auf Kriegsfuß. Sein Schreibtisch bildet den Grundstock eines Papiergebirges, dessen Ausläufer sich im Umkreis von zwei Metern um Tisch und Stuhl erstrecken. Von dort schwingt sich das Gebirge zu zwei Gipfeln rechts und links der Tischmitte auf, dazwischen ein Krater, an dessen Boden die Platte sichtbar ist. N. kommt stets entspannt zu spät und bleibt gut gelaunt als Letzter am Schreibtisch. Morgens hat sich dann die Silhouette des Papiergebirges ein wenig verändert und es stehen wunderbare Texte im System.

### Die Hilfsbereite

Sie arbeitet in der fünfköpfigen Kommunikationsabteilung eines großen Unternehmens. Sie kommt als Erste und bleibt oft bis in die Nacht. Ihr Schreibtisch steht an der Eingangstür zu einem Großraumbüro, in Hörweite zu dem der Sekretärin. Genau genommen sind es inzwischen zwei

Schreibtische, die sie mit Papier- und Bücherstapeln in Beschlag nimmt. Meistens sieht man sie in einem der Stapel wühlen, auf der Suche nach irgendeiner Unterlage, um die ein Kollege sie dringend gebeten hat. Diese PR-Referentin hat sich nämlich einen Ruf als wandelndes Archiv erworben. So vergehen ihre Bürotage, bis sie abends um sechs müde den Bildschirm anstarrt und versucht, längere Stücke zu schreiben. Am nächsten Morgen finden diverse Kollegen einen Ausdruck auf Ihrem Schreibtisch: „Sag mal, meinst du, das geht so?" Es geht, die Texte sind gut.

## Der Ordentliche

Dann ist da noch der Lokalredakteur in einer Großstadtredaktion, betraut mit dem Fachgebiet Wirtschaft. Auf seinem Schreibtisch herrscht gähnende Leere, nicht mal persönliche Accessoires sind zu sehen. Wenn er schreibt, liegen da ein, zwei flache Häufchen neben ihm. Er wirkt selbst im größten Trubel entspannt, lächelt milde, wenn ihn jemand anspricht, schreibt dann weiter, als wäre nichts gewesen. Am Abend räumt er auch die letzten Zeugnisse seines Tagwerks von der Platte und verlässt einigermaßen pünktlich das Büro. Seine Texte? Die sind kundig, wohl informiert, gut strukturiert. In der Blattkritik kriegt er aber immer wieder zu hören, dass er zu sehr in seinem Fachgebiet drinstecke, immer die gleichen Leute zitiere, dass man aus seinen Texten nach zwei Absätzen aussteige.

Die Beispiele zeigen: Wie jemand sich am Arbeitsplatz organisiert, lässt noch nicht auf Zufriedenheit, Effizienz und Textqualität schließen. Der berüchtigte Chaot liefert Klassetexte und ist mit sich im Reinen. Die hilfsbereite Kollegin leistet viel, leidet aber unter chronischer Überlastung. Der Ordentliche schafft zufrieden vor sich hin, schreibt aber mittelmäßig. Doch so viel lässt sich sagen: Alle drei könnten ihr Arbeitsplatzsystem stimmiger organisieren.

Dem Chaoten und der Hilfsbereiten könnte eine bessere Arbeitsplatzorganisation nützen, ohne der Qualität ihrer Texte zu schaden. Offensichtlich haben Sie sich eine Schreibsituation geschaffen, die in sich schon so unruhig und diffus ist, dass sie tagsüber nicht effizient schreiben können. Erst wenn sich der Laden leert, stellt sich die Konzentration ein, die sie für ihre Texte brauchen. Der Chaot ist damit zufrieden und nimmt sich seine Freiheiten. Die Hilfsbereite leidet.

Dagegen hat der Perfektionist zwar jederzeit die Ruhe und die Übersicht, um konzentriert arbeiten zu können, doch seine Texte sind wie sein Schreibtisch: nüchtern, geradezu steril. Sein Hirn wird zwar nicht unnötig abgelenkt, doch es gibt in seiner Bürowelt offenbar auch nichts, was ihn zu besonderen, packenden, um den Leser bemühten Texten anregen würde.

Worum es also geht, ist zweierlei: Einerseits sollte der Arbeitsort als stabile Zone hergerichtet werden. Er sollte Sicherheit und Orientierung vermitteln, gerade in Stressphasen. Andererseits muss er zur kreativen Entfaltung einladen. Beides zusammen bringt mehr Zufriedenheit und steigert sogar die Textqualität.

## In fünf Schritten zur optimalen Umgebung

### Erster Schritt: Aufräumen!

Aufräumen ist kein Selbstzweck, aber dennoch der erste Schritt hin zu einer optimierten Schreibumgebung. Schaffen Sie Platz zum Denken und Schreiben. Aber nicht indem Sie Tabula rasa machen, sondern indem Sie dem Chaos Reservate anbieten. Der Perfektionismus, mit dem die üblichen Ratgeber zur Büroorganisation daherkommen, ist für Medienleute Gift. Warum sollten Sie nicht Materialstapel am Fußboden auftürmen? Die Frage ist nur, ob Sie der Versuchung widerstehen, so lange Material zu verschiedenen Themen obendrauf zu packen, bis Sie völlig die Übersicht verlieren. Dann nämlich steigt der Chaosfaktor exponenziell, und irgendwann werden Sie entweder alles ungelesen wegwerfen oder akribisch sortieren müssen. Noch besser natürlich, wenn Sie einen Beistelltisch auftreiben können, der außerhalb Ihres Gesichtskreises steht und mindestens einen Quadratmeter Fläche hat. Auch breite Regalbretter eignen sich gut als Stapelfläche.

Zusätzlich brauchen Sie ein Ablagesystem. Aktenordner sind den wenigsten Medienprofis geheuer. Einheften braucht viel Zeit, Umsortieren ist Geduldsarbeit. Gute Erfahrungen machen viele Autoren mit Stehschubern. Nahezu jeder Materialstapel lässt sich binnen Minuten grob sortieren und in Stehschuber verfrachten. Auf denen wird mit einem dicken Filzstift in Großbuchstaben ein Themenstichwort vermerkt. Fortan stört diese Sammlung nicht mehr den Betrieb, sie ist aber leicht auffindbar, und das Beste ist: Wenn die Staubschicht dick genug ist, können Sie den Schuber nehmen und über dem Altpapierkorb umdrehen – Problem beseitigt.

Als Ergänzung bieten sich drei Ablagekörbe an. Ich empfehle der Einfachheit halber die Beschriftung „1", „2" und „3". Stufe 1 hat den heimlichen Titel „Wichtig und dringlich"; Stufe 2: „Nicht ganz so wichtig oder nicht ganz so dringlich". Der Inhalt des dritten Kastens ist weder wichtig noch dringlich, aber Sie bringen es gerade nicht übers Herz, diese Unterlagen wegzuwerfen. Also gut, dann überlegen Sie nicht lange und parken Sie das Zeug noch mal auf Stufe 3. Beim nächsten Durchsehen sind Sie es los. Für den Alltag gilt die Regel: Kasten 1 braucht mehrmals täglich Ihre Aufmerksamkeit; Kasten 2 nur alle paar Tage. Kasten 3 vergessen Sie einfach. Das war's.

Neben dem Fußboden, dem Stehschuber und dem Ablagekorb kann ich die Hängeregistratur als vierten Freund des Schreibarbeiters empfehlen. Sie gilt zu Unrecht als Sinnbild preußischer Beamtenmentalität. Mit einem simplen Plastikständer und zehn Hängemappen lässt sich ein Schreibtisch im Nu leerräumen. Die Mappen gibt es in verschiedenen Farben, die Sie bestimmten Arten von Themen oder Projekten zuordnen können. Hängemappen können Sie überall hin mitnehmen. Die Schildchen auf den Mappenrücken erleichtern die Orientierung. Gäbe es Hängemappen nicht, man müsste sie erfinden.

Ich habe noch keinen Schreibtisch gesehen, der mit diesen Hilfsmitteln nicht binnen zwei Stunden in ein relativ überschaubares, reizreduziertes Umfeld zu verwandeln gewesen wäre. Es muss ja nicht gleich nach Sagrotan riechen, es darf auch allerlei rumliegen. Sinnvoll ist es allerdings, wenigstens die Fläche freizuräumen, die Sie von Ihrem Sitzplatz vor der Tastatur aus mit gestreckten Armen gut erreichen können. Diese Zone nenne ich *Armlängen-Halbkreis*. Sie ist besonders wichtig, weil Sie beim Schreiben ständig im Blick ist. Jedes unnötige Detail droht den Gedankenfluss zu unterbrechen. Entfernen Sie deshalb all die kleinen Erinnerungszettel, die nichts mit Ihrer aktuellen Schreibarbeit zu tun haben, aus dem Armlängen-Halbkreis. Legen Sie die wichtigen und dringenden Merkzettel in Kasten „1" und suchen Sie den anderen einen Platz in mindestens zwei Metern Entfernung.

Zweiter Schritt: Eine individuelle Atmosphäre erzeugen

Im zweiten Schritt sollten Sie etwas für die Ästhetik tun. Nein, keine Sorge, Sie müssen nicht gleich orangefarbene Kreativtücher über den Bildschirm drapieren. Es geht auch nicht darum, Ihren Arbeitsplatz in den perfekten

Wohlfühlort zu verwandeln. Sie wollen dort ja in erster Linie Geld verdienen. Zweckmäßig sollte es also sein, aber eben auch nicht schäbig. Werfen Sie alles Alte und Defekte weg. Locher und Tacker, über die Sie sich schon seit Jahren ärgern, Schreibtischlampen, die schlechtes Licht geben, Stifte, die nicht zuverlässig schreiben. So viel ästhetische Hygiene sind Sie sich schuldig.

Schön – das ist eine strittige Kategorie für die Gestaltung des Arbeitsplatzes. Kürzlich war ich in einer trendigen Magazinredaktion in bester Lage von Berlin zu Gast. Fußboden, Wände, Mobiliar, Computer: weiß. Ansonsten Glas und Beton. Die Redakteure sitzen aufgereiht an fünf Meter langen Tischen. Ein ästhetisch überzeugendes Ambiente, das Klarheit schafft. Aber einige Monate nach dem Start mussten zusätzliche Räume angemietet werden, damit die Redakteure sich zum Schreiben zurückziehen können. Manche wurden seitdem nicht mehr im schicken Großraum gesichtet.

Eine klare Gestaltung bringt nur etwas in Kombination mit Rückzugsmöglichkeiten und Elementen der Individualität. Wer komplexe Texte schreibt, muss als Person anwesend sein. Ein Bild Ihrer Lieben, ein Druck, der Ihnen was sagt, eine besondere Kaffeetasse, Ihr liebster Lippenstift, der Fußring Ihres Wellensittichs, egal. Wichtig ist, dass Sie den Platz, an dem Sie arbeiten, zu *Ihrem* Arbeitsplatz machen.

Das gilt auch für das akustische Milieu. Geräusche am Arbeitsplatz sind ein heikles Thema für alle, die mit anderen in einem Büro arbeiten. Natürlich ist es sinnvoll, sich vor Geräuschen, die die Konzentration schwächen, weitgehend abzuschirmen. Aber ganz geht das nicht, schon deshalb, weil manche der Informationen, die Sie nebenbei aufschnappen, wichtig für Ihre Arbeit sind. Sie hören Telefonate und Gespräche mit, das ist manchmal gar nicht schlecht. Sie hören aber auch die Baustelle von nebenan, Sie hören Drucker, Faxgeräte, Verkehrslärm. Sie haben gelernt, trotzdem konzentriert zu schreiben. Allerdings ist ein Teil Ihrer Hirnkapazität damit beschäftigt, diese Konzentration immer wieder neu herzustellen. Wie schon beim optischen Milieu geht es darum, auch Ihr akustisches Milieu so zu gestalten, dass es den Schreibprozess fördert, anstatt ihn zu durchkreuzen.

Wenn ein Kollege es cool findet, BBC World auf seinem Rechner durchlaufen zu lassen, dann sollte er dafür einen Kopfhörer benutzen. Auch ist es unnötig, die Signaltöne von Telefon, Handy und Mailprogrammen auf volle Lautstärke einzustellen – und auf Frequenzen, die einen Toten wecken. Vielleicht kann Ihnen eine andere Schreibtisch-Aufstellung oder gar eine Trennwand etwas mehr akustischen Schutz schaffen, ohne Sie völlig vom Geschehen abzukoppeln. Wenn das nicht geht, bleibt Ihnen nur, in die Offensive zu gehen. In mancher Redaktion, die mit dem Newsdesk-Verfahren arbeitet (Großraumbüro mit zentraler Tischgruppe), haben die Mitarbeiter Vereinbarungen getroffen, um die Geräuschbelästigung zu reduzieren. Etwa: Längere Gespräche führt man nicht stehend neben einem Kollegen, der gerade schreibt. Schneiden Sie das Thema Geräuschbelästigung mal in einer Bürorunde an. Sie werden auf Widerstand stoßen, aber auch Unterstützer finden. Jedenfalls haben Sie das Recht, ja sogar die professionelle Pflicht, sich Arbeitsbedingungen zu schaffen, unter denen Sie kraftsparend arbeiten und Leistung bringen können. Lassen Sie sich also nicht das Schild „Weichei" umhängen.

Falls Ihnen der Konflikt mit den menschlichen Lautsprechern Ihres Teams zu anstrengend ist, bleibt immer noch der Kopfhörer. Die Festplatte Ihres Rechners, ein MP3-Player oder I-Pod geben Ihnen die Chance, nebenbei eine Musik zu hören, die Ihre Konzentration fördert. Musik hat den großen Vorteil, dass sie die rechte, für Emotionen und bildliche Eindrücke zuständige Hirnhälfte stimuliert und so der Intuition Raum verschafft. Wenn Sie es perfektionieren wollen, dann wechseln Sie die Musik entsprechend Thema und Arbeitsschritt. Der „Zeit"-Kolumnist Harald Martenstein hört Wagner-Ouvertüren, um sich in Schwung zu bringen: „Und wenn ich zu milde gestimmt bin: Eminem. Ein bisschen Aggressivität muss ein. Sonst wird's langweilig."

**Exkurs: Wie Musik den Schreibprozess beeinflusst**

Musik kann beim Schreiben stören – das weiß jeder, der einmal versucht hat, in einem Café mit lauter Dudelmusik konzentriert zu schreiben. Seit jeher berichten Autoren aber auch davon, dass Musik sie im Schreibprozess inspiriert und unterstützt. Wie funktioniert das? Und was macht den Unterschied aus?

Die Musikpsychologie hat darüber einiges herausgefunden. Man weiß heute, wie eng die Prozesse der Klang- und der Sprachverarbeitung im Hirn miteinander vernetzt sind – ein Nebenprodukt der Forschung mit Legasthenikern. Man weiß auch, dass schnelle und komplexe Rhythmen Atmung und Herzaktivität anregen, langsame Rhythmen beruhigen.

Darüber hinaus gibt es aber auch eine starke Verbindung zwischen der Wahrnehmung des menschlichen Innenohres und der Entstehung von Gefühlen im Gehirn. Musik wird im emotionalen Gedächtnisteil gespeichert und zwar auf ähnliche Weise wie Gefühlserfahrung.

Das Erlernen der Sprache beginnt mit dem Hören. Vielleicht kommt es daher, dass besonders Musik, die Anklänge an unsere frühe Kindheit, unsere Pubertät und die Zeit als junger Erwachsener hat, starke Gefühle freisetzen kann. Herzklopfen, Gänsehaut, Sehnsucht – die Forscher sind sich heute sicher, dass beim Musikhören immer auch die Belohnungs- und Lustzentren im Hirn aktiv sind. Genau wie beim Sex und beim Drogengenuss.

Folgt daraus, dass man nur den passenden Schmusesong auflegen muss, um erstklassige Texte zu schreiben? Leider nicht, denn für unsere Zwecke soll die Musik unsere Aufmerksamkeit ja nicht fesseln, sondern bloß ein Klima schaffen, das Konzentration und Inspiration fördert. Dem Schreibenden bleibt also nichts, als zu experimentieren: Passen gerade Mozart-Weisen (angeblich besonders im Einklang mit den menschlichen Biorhythmen) oder die Goldberg-Variationen von Bach (ihnen wird eine seelenheilende Wirkung nachgesagt)? Soll Chill-out für Ausgleich sorgen oder Techno für Energie?

Mancher Autor schwört auf schöne Stimmen. Wenn Sie es damit versuchen wollen, achten Sie darauf, dass Ihnen der Text entweder absolut vertraut ist oder dass Sie ihn gar nicht verstehen. Die Sprachverarbeitung im Hirn sollte sich ja ganz der Textarbeit widmen. Das würde übrigens, je nachdem, für die italienische Oper sprechen oder für indische Ragamusik (die senkte bei Testpersonen die Herzfrequenz besonders stark).

„Musik umspielt die Küste der Gedanken", schrieb Friedrich Nietzsche. Welche Küstenregion und welche Wellenstärke sich eignen, muss jeder selbst rausfinden. Das gilt für Hintergrundgeräusche generell. Joanne K. Rowling, Autorin der Harry Potter-Romane, schrieb die ersten Bände ausschließlich in einem Café. Da musste sie sich nicht selbst um Essen und Trinken kümmern, blieb in Kontakt mit der Umwelt, wurde nicht wie zu Hause von privaten Aufgaben abgelenkt. Ähnlich wie sieben Jahrzehnte zuvor Bertolt Brecht empfand sie die vertrauten Geräusche eines Cafés als inspirierendes Milieu. Manche Autoren wählen die gedämpften Geräusche großer Bibliotheken als akustisches Klima für Ihre Schreibarbeit.

Sie haben sich jetzt, so gut es ging, ein förderliches Umfeld mit individuellen Akzenten geschaffen, Papierstapel verstaut und den Armlängen-Halbkreis abgeräumt. Im dritten Schritt gestalten Sie den Armlängen-Halbkreis für Ihre Schreibarbeit. Für Rechtshänder hat sich folgende Anordnung als sinnvoll herausgestellt:

1. Deponieren Sie links neben der Tastatur Ihre wichtigsten Unterlagen, etwa handschriftliche Notizen oder den Reporterblock.

2. Rechts liegt die Maus, daneben lassen Sie eine Schreibfläche frei, etwa für Notizen, die Sie zwischendurch bei einem Anruf machen müssen, oder für Stichworte, die Sie auf einem Konzeptpapier einfügen.

3. Einen Ehrenplatz bekommt ein kleiner Block rechts oberhalb des Mousepads: Dort liegt immer ein Stift bereit, um Gedankenblitze zu notieren. Etwa, wenn Ihnen mitten im Text plötzlich eine Idee für den Anfang oder den Schluss kommt. Vielleicht fällt Ihnen ein, dass Sie ein Detail noch mal checken müssen oder dass Sie auf dem Heimweg noch bei der Reinigung vorbeifahren müssen. Der Block sorgt für gedankliche Hygiene: Notieren und vorerst vergessen!

4. Daneben oder dahinter hat das Journal, das Sie aus Kapitel 4 (siehe Seite 73) kennen, seinen Platz: für alles, was Ihnen plötzlich mal grundsätzlich klar wird. Besonders wichtig ist dies für Buchautoren, aber selbst Nachrichtenredakteure und PR-Leute können übergreifende Fragen und Themenideen hier festhalten.

5. Jetzt müssten Sie noch Platz zwischen Tastatur und Bildschirm haben. Dort platzieren Sie Konzeptpapiere oder Skizzen zum Textaufbau. Manchmal wird es auch nur eine zentrale Vorlage sein, an der Sie sich entlanghangeln. Wer am Laptop schreibt, muss hier nach links ausweichen und den Platz neben dem aufgeklappten Bildschirm für diese Unterlagen nutzen.

6. Im äußeren Kranz des Armlängen-Halbkreises ist jetzt noch Platz für Materialstapel, in denen Sie vielleicht mal schnell was nachsehen müssen.

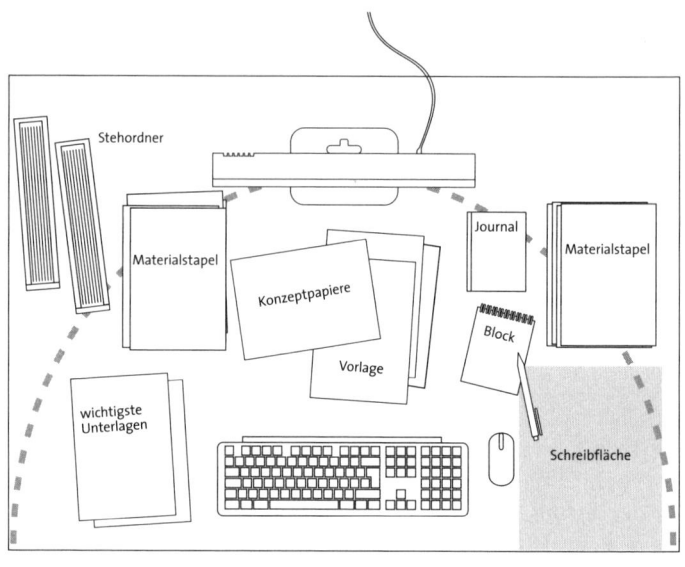

*Abbildung 9: Standard-Anordnung von Arbeitsmaterial*

*Zweckmäßig und mit der Zeit vertraut: die Standard-Anordnung rund um die Computertastatur*

Die Schreibfläche, der kleine Block (samt Stift) und das Journal sind immer am gleichen Fleck. Den Rest müssen Sie eh bei jeder neuen Schreibarbeit irgendwo aufbauen. Wenn Sie sich an diese oder eine vergleichbare Grundstruktur halten, schaffen sie eine vertraute, sinnvoll gestaltete Umgebung, die Ihren Denkapparat im Schreibprozess entlastet. Sie ersparen sich zum Beispiel den Ärger, nach einem funktionierenden Stift zu suchen, während Sie gerade einen komplexen Gedanken am Wickel haben. Sie ersparen sich Nackenschmerzen, weil Sie den Block mit den Notizen so nah wie möglich an Ihren Augen haben. Sie ersparen sich ein Hin- und Hergeschiebe, wenn Sie sich Telefonnotizen machen wollen.

Mag sein, dass die Anordnung, die ich vorschlage, nicht genau zu Ihrem Schreibtisch passt. Wichtig ist, dass Sie sich überhaupt eine Standard-Anordnung schaffen. Jeder kleine Schritt dahin trägt wieder etwas zu Ihrem Ziel bei: Ihren individuellen Schreibprozess souverän zu gestalten.

**Übung: Schreibtisch-Haikus**

Um Ihre Aufmerksamkeit für Ihre Schreibumgebung zu schärfen, können Sie gelegentlich mal ein Schreibtisch-Haiku verfassen. Haikus sind, wie Sie sicher wissen, japanische Kurzgedichte, dreizeilig, meist handelt es sich um eine feinsinnige Naturbeobachtung. Das berühmteste geht so:

Der alte Weiher:
Ein Frosch springt hinein.
Oh! Das Geräusch des Wassers.

Inzwischen gibt es auch in Deutschland eine rege Haiku-Gemeinde. Manche halten sich möglichst an die alten japanischen Regeln, manche experimentieren frei. Ein improvisiertes Büro-Haiku könnte etwa so lauten: „An der Kanne / Ein Tropfen Tee / Verronnen auf halbem Wege" oder „Dämmerung mischt sich / Mit Neonlicht / Und Bildschirmschein". Es kommt mehr auf das Nachdenken als auf das Ergebnis an.

Ein Haiku zu formulieren schafft für einen Moment Abstand zum eigenen Tun. Sie können Ihre Arbeitsumgebung daraufhin prüfen, wie sie auf Sie und Ihre Texte wirkt. Und nach ein paar Haikus werden Sie vielleicht den Impuls spüren, dies und das zu verändern.

**Fallbeispiel: Raus aus dem Trubel**

Der Mitarbeiterin einer großen PR-Agentur klagte im Schreibcoaching über Dauerstress und Selbstzweifel. Die Vorstellung, ihrer Schreibtischoberfläche eine Grundordnung zu geben, erschien ihr recht praxisfern angesichts der Papiermengen, die darüber hinwegfluteten. Als ich ihr vorschlug, Schreibtisch-Haikus zu schreiben, fiel ihr jedoch gleich etwas ein. Beim nächsten Treffen brachte sie eine ganze Auswahl mit.

Aber ach, aus diesen Dreizeilern sprach durchweg ein Gefühl von Enge, ja: Bedrängnis. Vom Einsturz bedrohte Mauern aus Papier, verschlungene Kabel, dröhnende Stimmen, der manchmal verzweifelte Versuch, sich inmitten des Trubels zu konzentrieren. Kein guter Ort zum Schreiben, jedenfalls nicht für sie, da waren wir uns einig. Kein Wunder auch, dass es dieser PR-Redakteurin nicht gelingen wollte, eine sinnvolle Grundordnung für ihren Tisch zu finden.

Nach langem Verhandeln mit Chefs und Kollegen bekam sie schließlich einen Schreibtisch am Rande des Großraumbüros – mit mehr Platz und weniger Lärm. Plötzlich fiel es ihr auch leichter aufzuräumen. Die äußere Ordnung beförderte die innere.

## Vierter Schritt: Bildschirm-Hygiene

Wie sieht es auf Ihrem Bildschirm-Schreibtisch aus? Alles wohlgeordnet, Wichtiges rasch auffindbar? Wenn nicht, dann verwenden Sie ein wenig mehr Zeit auf die Bildschirm-Hygiene. Schaffen Sie jeden Tag zwei Minuten lang Ordnung auf Ihrem elektronischen Schreibtisch. Das Wenigste, was Sie tun können, ist, Dokumente in Gruppen zusammenzulegen. Schwieriger wird es schon mit geöffneten Dokumenten und Internetseiten, die im Hintergrund bereit liegen sollen. Schließen Sie alles, was Sie in den nächsten Stunden nicht brauchen. Die Bildschirmoberfläche ist ohnehin voller Symbole, Bilder und Reize. Reduzieren Sie diese Vielfalt, so gut es geht.

Falls Sie nicht mit einem Redaktionsprogramm arbeiten und in ein spezielles Textformular schreiben müssen: Schaffen Sie sich Ihr eigenes Manuskript-Format. Welche Schriftart auch immer Sie wählen. Sie sollte sich in Schrifttype und Spaltenbreite unterscheiden von dem Standard-Briefformat, mit dem Sie ansonsten arbeiten. Wenn Sie dieses Format vor Augen haben, ist Ihnen künftig intuitiv klar: Jetzt geht es um den Kern Ihrer Arbeit, jetzt schreiben Sie.

Wie steht es um Ihre Bereitschaft zum Ausdrucken? Haben Sie den Ehrgeiz, immer alles am Bildschirm zu verarbeiten? An das papierlose Büro glaubt heute allerdings kaum noch jemand. Es tut dem Menschen gut, wenn er sein Arbeitsergebnis in die Hand nehmen kann. Wenn Sie nicht gerade in 14 Punkt, Farbe und in einer extrem breit laufenden Schrift drucken, wird Sie das Ausdrucken nicht arm machen. Papier kann aber eine Übersicht und Klarheit schaffen, die Sie am Bildschirm selten erleben. Ein Ausdruck ermöglicht es, sich im Wortsinn vom eigenen Produkt zu distanzieren.

Legen Sie den Text doch mal auf dem Fußboden aus. Stehend können Sie jetzt Textteile, Sinnabschnitte und Gewichtungen erkennen und überdenken. Dafür sind Papier und Tinte gut eingesetzt. (Falls Sie noch keinen haben: Als Profi brauchen Sie einen Laserdrucker, der schnell und bei höherem Output kostengünstiger arbeitet.)

Sehr zu empfehlen ist es auch, sich eine großzügige Pinn- oder Moderationswand ins Büro zu stellen. Die billige Variante ist, ein paar Quadratmeter braune Dämmplatte aus dem Baumarkt an einer Wand anzubringen. Darauf können Sie auch lange Texte so aufstecken, dass Sie sie mit einem Blick erfassen können. Schicker sehen dünne Metallleisten aus, die in Augenhöhe befestigt werden. Jetzt können Sie die Seiten mit Magneten nebeneinander aufreihen. All das schafft die Klarheit, die Sie brauchen.

## Fünfter Schritt: In Bewegung bleiben

Sie haben jetzt den Rahmen geschaffen, um konzentriert schreiben zu können. Nun werden Sie, besonders bei kürzeren Texten, sicherlich versuchen, die Arbeit in einem Stück durchzuziehen. Sie sitzen einfach da, schauen auf den Bildschirm, auf Ihre Papiere, aus dem Fenster oder auf die Wand – und schreiben. Vielleicht müssen Sie die Arbeit für ein Meeting oder einen Anruf unterbrechen. Jedenfalls bleibt der Schreibprozess überschaubar und das Ergebnis liegt rasch vor.

Bei größeren Projekten müssen Sie sich schon etwas mehr einfallen lassen. Nach spätestens einer Stunde intensiver Schreibarbeit werden Sie merken, dass Ihr Körper langsam unruhig wird. Versuchen Sie, frühzeitig eine Pause unterzubringen. In der Pause heißt die Devise vor allem: Bewegung. Die meisten Schreibarbeiter holen sich an diesem Punkt Kaffee oder Tee – ein Bewegungsritual. Genauso gut könnten Sie zehn Kreise durchs Zimmer spazieren oder einmal den Flur rauf und runter joggen. Konzentriertes Schreiben baut Spannung im Körper auf. Bauen Sie sie wieder ab.

Haben Sie Platz für zwei verschiedene Sitzgelegenheiten, die Sie an den Schreibtisch heranrücken können? Dann wechseln Sie doch alle halbe bis ganze Stunde einmal vom Stuhl auf den Hocker oder den Ball und dann wieder zurück. Müssen Sie abwechselnd Redigieren und an eigenen Texten schreiben? Dann wechseln Sie die Stühle jeweils mit der

Tätigkeit. Haben Sie vielleicht noch einen zweiten Tisch und einen Laptop zur Verfügung? Dann wechseln Sie den Arbeitsort. Versuchen Sie, Passagen Ihres Textes im Wohnzimmer oder im Park zu schreiben.

Vielleicht schaffen Sie sich irgendwo eine Kreativ-Ecke, in der Sie ohne alle Unterlagen schreiben – ähnlich der zwei Quadratmeter großen „Denkzelle", in welche sich der Werber Jean-Remy von Matt gern zurückzieht. Auf jeden Fall sollten Sie bei Großprojekten wie Büchern versuchen, einen zweiten Arbeitsplatz einzurichten. Das Umschalten vom Alltag mit Anrufen und E-Mails auf den langen Text ist schwierig genug, unterstützen Sie es nicht nur durch eine klare Zeiteinteilung, sondern auch durch die Ortswahl.

Autoren wie Peter Bichsel berichten, dass das Schreiben während einer Zugreise sie auf besonders gute Ideen bringt. Visuelle Reize, die ansonsten eher stören, bilden im Vorbeifahren eine Art belebter Tapete, die ähnlich wie Musik oder Cafégeräusche die Intuition stimuliert und den Schreibprozess günstig beeinflusst. „Die Fortbewegung auf Schienen ist eine ideale Voraussetzung für den Fluss der Worte. Vorbeirollende Landschafen, jede anders motivierend", notiert die Autorin Susanne Sinn. Joseph Heller setzte sich zum Nachdenken über einen Text gern in einen New Yorker Stadtbus. Und wie würde es sich wohl auf Ihre Arbeit auswirken, wenn Sie Teile an einem Ort schreiben, der eng mit Ihrem Thema zu tun hat?

Mit Ihrem Körper bringen Sie auch Ihren Geist in Bewegung. Ebenso erstarren mit dem Körper auch Ihre Gedanken. Finden Sie den Ton Ihres Textes beim Durchlesen zu düster? Dann achten Sie darauf, dass Sie nicht mit hängenden Schultern schreiben. Bräuchten Sie noch ein paar witzige Ideen? Dann schneiden Sie mal eine Clowngrimasse, hüpfen Sie auf einem Bein, damit wenigstens die Kollegen was zu lachen haben. Wer sagt, dass Schreiben immer ein bitterernstes Geschehen sein muss?

Je länger Sie an einem Text arbeiten, desto wichtiger wird diese Form des Selbstmanagements. Sie beschleunigen den Schreibprozess, wenn Sie zwischendurch das Büro verlassen, spazieren gehen, joggen. Betrachten Sie das alles als notwendige Phase Ihrer Schreibarbeit.

**Übung: Texte spielen**

Versuchen Sie doch mal, mit der Bewegung zu spielen: Ahmen Sie zum Beispiel die Personen Ihres Textes nach. Wie geht und spricht der Vorstandschef oder die Amtsleiterin, über die Sie gerade schreiben? Die Bewegungen eines Blinden nachzuahmen bringt Sie spielerisch dessen Lage näher. Und Sie selbst betreiben dabei ein wenig Gehirnjogging, entlasten die überstrapazierten und aktivieren andere Hirnregionen.

Für besonders Spielfreudige: Stellen Sie sich einmal vor, Ihr Text wäre eine Person. Gehen Sie doch mal so durchs Zimmer, wie der Leser diese Person wohl kennenlernen wird. Der Nachrichtentext könnte zackig-militärisch daherkommen, die Pressemitteilung freundlich-seriös – aber vielleicht ein bisschen zu anbiedernd? Viel Spaß!

## Schluss für heute – im Chaos oder im Nirvana?

So, wieder ein Tag geschafft. In Ratgebern zur Büroorganisation wird vielfach empfohlen, den Schreibtisch abends penibel aufzuräumen, das schaffe Klarheit und signalisiere den Kollegen: Hier arbeitet jemand, der seine Aufgaben im Griff hat. In manchen Werbeagenturen soll es sogar Dienstanweisungen geben, dass alle abends eine blitzblanke Tischplatte zu hinterlassen haben („clean policy"), nicht einmal private Fotos sind erwünscht. Hoffen wir, dass Sie nicht in solch totalitären Strukturen arbeiten und selbst bestimmen können, wie Sie's gern hätten: Stimmt es Sie zufrieden, abends gründlich aufzuräumen? Dann machen Sie eine Routine draus, nach vier bis sechs Wochen automatisiert sich das Aufräumen. Scheitern Sie immer wieder an dem Vorsatz, abends klar Schiff zu machen? Dann quälen Sie sich nicht damit, sondern reservieren Sie die ersten fünf Minuten am Morgen, um die notwendigste Ordnung herzustellen.

Wichtig ist, was Ihnen nützt. Leere fördert zweifelsohne Kreativität. Individualiät und Vertrautheit in der Schreibumgebung tun es ebenso. Der eine sucht das ästhetische Nirvana, der andere findet das Chaos kuschelig. Beide können Besonderes leisten.

Und denken Sie, wenn ein Arbeitstag zu Ende geht, nicht nur an das, was Sie alles noch schaffen könnten. Mag sein, dass wichtige Arbeiten liegen und tolle Ideen ungenutzt bleiben. Aber wer abends kein Ende findet, wer bis zur Erschöpfung weiterschreibt, schadet auf Dauer sich und seinen Schreibprojekten. Nicht nur der schöpferische Teil unseres Hirns braucht einen gesunden Rhythmus von Aktivität und Ruhe. Auch jener emsige Helfer, den wir – um im Bild der Krankheit vom Anfang dieses Kapitels zu bleiben – den ganzen Tag per Telefon an unserem Schreibtisch herumgescheucht haben, ist irgendwann völlig groggy. Würdigen Sie seine Leistung. Rufen sie ihm fröhlich zu: „Schluss für heute!"

# 7   Mein Freund, die Uhr
## Zeitdruck produktiv nutzen

*„Ich musste bis 16 Uhr einen fertigen Text abliefern.*
*Es kam vor, dass ich bis 15 Uhr immer noch keine Idee hatte,*
*dem Wahnsinn nahe war und einfach drauflos geschrieben habe.*
*Danach dachte ich: Das war's. Die schmeißen dich jetzt raus."*
Axel Hacke, Kolumnist

Kennen Sie eigentlich Ihre wichtigste Kollegin? Nein, gemeint ist weder Ihre Tischnachbarin im Büro noch die gute Fee vom Sekretariat. Diese Kollegin ist Ihnen noch viel näher. Kein Tag vergeht, kein Text entsteht ohne sie. Sie ist immer vor Ihren Augen, sie hat Sie fest am Arm gepackt, sie gibt selbst in Ihrem Hirn den Takt vor.

Mit der Uhr sind Medienprofis auf das Engste verbunden. Keiner von ihnen arbeitet an Texten, ohne auf die Zeit zu achten. Der Chef vom Dienst hat Termine gesetzt, der Kunde macht Druck, die Medien warten auf ein Statement. Und wenn die alle gerade mal Ruhe geben, flüstert immer noch die Uhr: „Du kannst nicht ewig an dieser Sache rumbasteln; mach fertig, du verschwendest deine Zeit."

Das ist extrem hilfreich, wenn 20 Minuten vor Textabgabe noch immer drei Varianten für den ersten Satz im Kopf herumschwirren. Nach einem Blick auf die Uhr ist die Entscheidung plötzlich einfach. Ein Radiomoderator weiß, sobald die Sendung läuft, plötzlich genau, wie seine Texte lauten müssen; vorher wollten ihn die Worte einfach nicht zufriedenstellen. In solchen Momenten ist es, als sei der vorrückende Uhrzeiger ein Zauberstab, der uns von unseren Zweifeln erlöst. Endlich ein nüchterner Gedanke nach all dem Herumprobieren! Leider verbreitet die Uhr bei anderer Gelegenheit Angst und Schrecken. Der Volontär hat noch zwei Stunden für die große Geschichte, an der er eine Woche arbeiten durfte; aber da ist nichts auf dem Bildschirm, was er vorzeigbar fände, und so blickt er wie gelähmt auf die Redaktionsuhr und erwartet das Ende seiner Karriere.

So oder so: Medienprofis kommen nicht umhin, sich mit der Uhr zu arrangieren. Zeitdruck ist an sich weder von Übel noch ein Segen, sondern schlicht eine Konstante ihrer Arbeit. Es kommt darauf an, ihn so zu dosieren, dass er nicht lähmt, sondern beflügelt. Dazu gehört eine Portion Selbsterkenntnis, vor allem aber ein wissender, ja: listiger Umgang mit sich selbst.

## So nutzen Medienprofis ihre Zeit: Drei Profile

### Der Sorglose

Er betrachtet seine Schreibarbeit als ein Spielfeld. Wenn er gerade kein interessantes Thema hat, kann er ganze Tage vertrödeln, und er sieht keinen Grund, seine Langeweile vor den Kollegen zu verstecken – es ist halt grad nichts los. Selbst wenn eine spannende Aufgabe da ist, setzt er sich nur mühsam in Gang. Dafür läuft er in den letzten Tagen oder Stunden vor Redaktionsschluss zur Hochform auf, ist durch nichts in seiner Konzentration zu stören, schnurrt seine Zeilen runter, und geht anschließend in Hochstimmung einen trinken. Mit dem Ergebnis ist er meist zufrieden: Man kann ja keine perfekte Geschichte schreiben in der knappen Zeit! Überhaupt erfreut sich der Sorglose eines gesunden Selbstbewusstseins.

### Der Denker

Er ist eher da anzutreffen, wo nicht tages- oder gar minutenaktuell gearbeitet wird. Er weiß, dass es für wirklich gute Texte möglich sein muss, auch mal gedankliche Umwege zu gehen. Deshalb fängt er eine Schreibarbeit frühzeitig an, geht systematisch vor und schaut lieber einmal zu viel als einmal zu wenig auf jede Formulierung. Wenn die Abgabe näher rückt, ärgert er sich trotzdem über den Zeitdruck. Nur widerstrebend gibt er den Text aus der Hand – und zweifelt an dessen Qualität. Erst die guten Worte der Kollegen versöhnen ihn mit seinem Werk.

### Der Handwerker

Illusionen sind nicht seine Sache. Der Handwerker ist lange genug im Geschäft, um zu wissen, worum es geht: Spalten füllen, Textmengen wegschaffen, Seiten kloppen. Er leidet nicht unter Perfektionitis, er will ein ordentliches Werkstück liefern und dabei nicht auf seinem Stuhl festwachsen, es muss ja auch mal Feierabend sein. Mit dem Blick fürs Nötige und einem trockenen, zuweilen bärbeißigen Humor liefert der Handwerker auch Ideen für die Recherche und Überschriften, aber er macht darum kein Aufhebens. Motto: „Was passt, passt. Was nicht passt, wird passend gemacht."

Schauen wir uns die drei noch mal näher an: Eine legendäre Versammlung von Sorglosen soll es in den 70er Jahren bei der spanischen Ausgabe des US-Magazins „Life" gegeben haben. Drei Arbeitstage die Woche wurde gedöst, gezecht und geflirtet. Dann brach auf ein geheimes Zeichen hin die Hölle los. Zwei Tage lang brüllte und lief alles durcheinander, bis zum Redaktionsschluss. Anschließend trat wieder Lethargie ein.

Vorteil dieser Arbeitsweise: Auf jede Stressphase folgt eine Entspannungsphase; unter dem extremen Zeitdruck wird rasch und hoch konzentriert gearbeitet. Im Hype einer solchen Produktion können schrille Ideen entstehen und sich durchsetzen, denn viel Zeit zum Zweifeln ist nicht. Der Sorglose führt ein zufriedenes, wenn auch nicht gerade gesundes Leben. Allerdings: In der Eile wird vieles nicht zu Ende gedacht, bleiben Konzepte und Ideen unfertig. Der Sorglose bringt die Geduld für große Recherchen nicht auf, seine Texte glänzen nicht durch eine differenzierte, sensible Sprache.

Medienprofis vom Typus Denker habe ich bei Wochen- und Monatszeitschriften und als Buchautoren kennen gelernt. Es war ihnen nicht nur sichtlich unangenehm, den Text aus der Hand zu geben. Man musste sie mühsam davon überzeugen, dass sie gute Arbeit geleistet hatten. Bei manchen war der innere Kritiker so übermächtig, dass er die Anerkennung von Lesern und Kollegen schlicht überstimmte. In diesem Fall ist die Rolle des Denkers eine grüblerische, unzufriedene Existenzform. Dafür sind seine Texte klug, klischeearm und gut strukturiert.

Handwerker trifft man überall, wo professionell geschrieben wird, und sie sind wichtig. Oft arbeiten sie als Agentur- und Nachrichtenredakteure, Chefs vom Dienst oder Sprecher von Politikern, also in notorisch eiligen Funktionen. Sie übernehmen Verantwortung für einen reibungslosen und schnellen Ablauf und sind so der Motor eines Mediums. Oft stellen sie dafür eigene kreative Ambitionen zurück. Wenn es um Zeit geht, kennen sie kein Pardon – und diese Rolle muss irgendjemand spielen. Nachteil: Wenn sie allzu lange solche Jobs machen, gehen ihnen Schnelligkeit und

Ordnung über alles. Das ist kein sehr freudvoller Zustand, für alle Beteiligten.

Eins ist offensichtlich: Jeder dieser Zeit-Typen könnte in mancher Hinsicht nachahmenswert sein, aber keiner in jeder.

## Was für ein Zeittyp sind Sie?

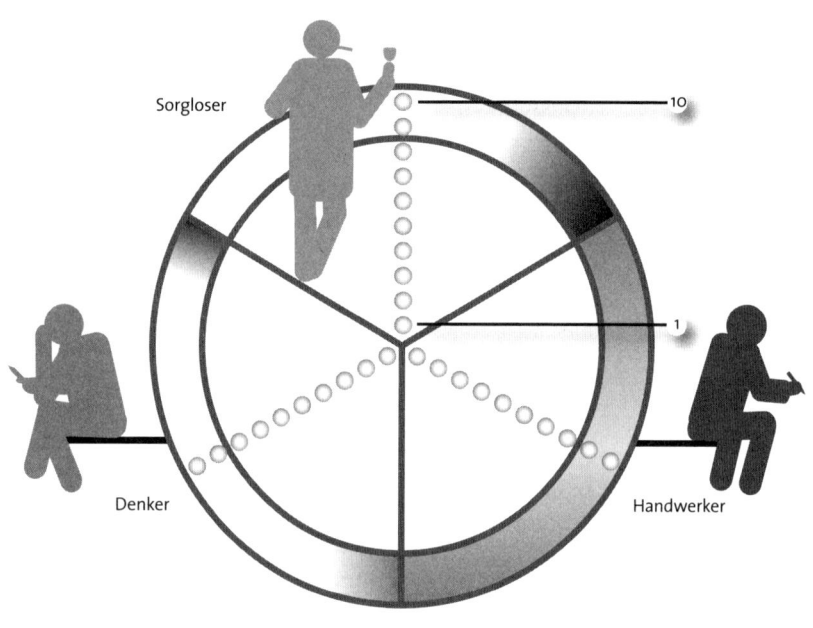

Abbildung 10: Was für ein Zeittyp sind Sie?

*Die Mischung macht's: Welche Anteile der drei Zeittypen können Sie bei sich erkennen?*

**Ihr Umgang mit Zeit: Rückblick und Ausblick**

In Abbildung 10 können Sie markieren, wie viel Sie glauben, mit den drei Typen gemeinsam zu haben. Markieren Sie den Punkt auf den drei Skalen, bis zu dem Sie sich mit den drei Profilen identifizieren können – von 0 („keine Gemeinsamkeit") bis 10 („genau so gehe ich mit Zeit um"). Und zwar unter drei Aspekten:

1. Wie verorten Sie sich mit ihrer derzeitigen Schreibarbeit, also in Ihrer *aktuellen beruflichen Situation* in diesem Schaubild. Markieren Sie die entsprechenden Punkte mit einem *blauen* Stift. (Beispiel: Sehen Sie sich als einen ordentlichen Handwerker, dann markieren Sie die Ziffer 6 auf der entsprechenden Skala, dazu vielleicht eine 4 beim Sorglosen und eine 3 beim Denker.) Verbinden Sie die markierten Punkte mit Geraden. Sie sehen dann ein blaues Dreieck. (Wenn Sie auf zwei Skalen 0 markiert haben, erhalten Sie eine Gerade.)

2. Wenn Sie an die Zeit *zu Beginn Ihrer beruflichen Entwicklung* denken, als Sie sich zuerst für einen Medienberuf interessiert haben, wie hätten Sie sich damals wohl eingeordnet? Denken Sie dabei auch an Ihre grundsätzlichen Potenziale und Talente. Zeichnen Sie das passende Dreieck mit einem *roten* Stift.

3. Wenn Sie einmal fünf Jahre in die *Zukunft* denken: Wo würden Sie gern im Umgang mit Zeit stehen? Markieren Sie wiederum die Punkte auf den Skalen. Nehmen Sie dafür einen *grünen* Stift.

## Auswertung: Welchen Veränderungsbedarf haben Sie?

Wie sieht Ihre Grafik nun aus? Sollten Sie *drei quasi deckungsgleiche Dreiecke* haben, dann ist es egal, in welche Richtungen möglicherweise die Zacken zeigen. Sie kennen Ihren Zeit-Typus und Sie haben keinen Veränderungswunsch. Dann ist Zeitmanagement beim Schreiben einfach nicht Ihr Thema.

Haben Sie drei *stark auseinander zackende Dreiecke* gezeichnet? Dann sollten Sie Ihre Aufmerksamkeit auf die Zacken richten, die von dem blauen Dreieck, Ihrer aktuellen Situation, wegzeigen. Achten Sie darauf, wie groß die Differenz ist und ob sich darin ein starker Wunsch äußert,

Ihre Potenziale anders zu nutzen oder im Beruf künftig anders mit Zeit umzugehen. Je stärker die Differenz, desto wichtiger ist das Thema für Sie. Falls grün und rot in die gleiche Richtung deuten, ist das ein deutlicher Hinweis.

Oder sind nur *leichte Abweichungen* zwischen den Dreiecken erkennbar? Dann schauen Sie einmal genau hin. Weichen rot und grün deutlich voneinander ab? Ist trotzdem eine Tendenz erkennbar, in welche Richtung Sie sich weiterentwickeln möchten? Oder überwiegt die Zufriedenheit, haben Sie also im Großen und Ganzen einen Umgang mit Zeit gefunden, der Ihrem Typus entspricht?

Zum Abschluss übertragen Sie die Uhr mit den Skalen mit groben Strichen auf einen Zettel. Nehmen Sie eine vierte Farbe oder einen Textmarker und zeichnen Sie ein realistisches und gleichzeitig attraktives Zieldreieck für Ihre Situation *in einem Jahr* ein. Darunter notieren Sie in Stichpunkten, was das für Ihren Umgang mit Zeit im kommenden Jahr bedeutet. Diesen Zettel können Sie aufbewahren und gelegentlich wieder ansehen.

## Die Versprechen der Zeitmanagement-Industrie

Eine Warnung muss ich an dieser Stelle allerdings aussprechen: Erwarten Sie nicht, dass Sie sich nur neu entscheiden müssen und dann alles anders wird. Den eigenen Umgang mit Zeit zu verändern ist extrem schwierig. Das ist im doppelten Sinne verantwortlich für den Erfolg der Zeitmanagement-Experten: Der Bedarf ist so groß, weil die Menschen sich verändern wollen *und* weil sie es dann doch nicht schaffen.

Zeitmanagement, dieser Begriff landet zielsicher auf den Themen-Wunschlisten meiner Seminarteilnehmer. Eigentlich erstaunlich: Da sitzen ja lauter Medienprofis vor mir, die unter Druck recherchieren und notfalls in Windeseile Beiträge schreiben können. Offensichtlich haben sie die Fähigkeit, effizient mit ihrer Zeit umzugehen. Doch der Lokalredakteur klagt über Chaos im Kopf und lange Abende im Büro. Die PR-Beraterin wünscht sich nichts mehr als „endlich mal Zeit, um einen komplizierten Gedanken zu Ende denken zu können". Der erfahrene Radioreporter ist neulich schier verzweifelt an einem 30-Minuten-Feature, für das er so viel Vorbereitungszeit hatte wie sonst selten.

Wie geht das zusammen: Routine und die Fähigkeit, schnell und sicher zu texten, einerseits – und so viel Unzufriedenheit andererseits? Der Urahn des modernen Zeitmanagements, Benjamin Franklin, hätte darauf wohl eine einfache Antwort: Diese Medienleute sind noch nicht diszipliniert genug. „Nimm dir vor, durchzuführen, was du musst; vollführe unfehlbar, was du dir vornimmst", stellte Franklin schon im Alter von 20 Jahren fest. Und: „Verliere keine Zeit; sei immer mit etwas Nützlichem beschäftigt; entsage aller unnützen Tätigkeit." Mit dieser Lebensweise brachte der Amerikaner es vor gut 200 Jahren zu einigem Ruhm als Politiker, Philosoph und Erfinder des Blitzableiters.

Nun war Franklin zwar auch Autor und Verleger, ein Medienstar der amerikanischen Aufklärung, aber für Medienarbeiter des 21. Jahrhunderts taugen seine Tipps wenig. Die schreiben ja längst Listen und arbeiten diese ab, sie führen Terminkalender und füttern Outlook oder Lotus Notes mit lauter Details ihrer Vorhaben. Der Gedanke, die eigene Zeit optimal zu nutzen – zu Franklins Zeiten nur einer Elite geläufig – ist für sie allgegenwärtig. Doch das allein macht Medienprofis noch nicht zufrieden. Es führt im schlimmsten Fall dazu, dass die Tage immer dichter zugepackt werden mit Aktivitäten, aber die Leere und der Unmut abends nur umso größer sind.

Worauf es ankommt für Medienprofis, ist, sich zwischen Gegensätzen zu bewegen: Einerseits brauchen sie eine klare *Zeitstruktur* – mehr, als sie selbst meinen, und mehr, als es dem Klischee vom stets agilen Medienfreak entspricht. Andererseits brauchen Sie *Chaostoleranz und Spontaneität*, denn Schreibzeit lässt sich nicht minutiös planen. Im Spannungsfeld zwischen diesen beiden Polen muss sich ein Autor ständig selbst organisieren. Um das anschaulich zu machen, möchte ich Ihnen zwei weitere Figuren aus dem typischen inneren Schreibteam vorstellen.

Abbildung 11: Hektiker und Lustloser

*Das zweite ungleiche Paar im inneren Schreibensemble: Genau wie der Träumer und der Kritiker kommen auch der Lustlose und der Hektiker sich ständig in die Quere*

Den *Lustlosen* haben Franklin und viele seiner Jünger verteufelt. Doch auch er braucht seinen Platz im Ensemble des Schreibtheaters. Abschalten, zweckfreie Dinge tun, rumhängen – das alles ist kein lästiges Übel, sondern Teil eines klugen Selbstmanagements. Medienleute sind es ja in hohem Maße gewohnt, sich selbst zu motivieren. Um diese Motivation auf Dauer zu erhalten, muss der Schreibarbeiter auch mal offline gehen, der Lustlose muss Raum auf der Bühne bekommen. Seine Kernbotschaft lautet: „Jetzt nicht!"

Allzu lange wird die Pause bei gesunden Schreibarbeitern (die sich nicht schon jahrelang übernommen haben) nicht dauern. Der *Hektiker* wird sie schon daran erinnern, was für einen interessanten Beruf sie haben. Er ist viel zu unruhig, um lange stillzusitzen. Ihn treibt eine natürliche Neugier darauf, wie die Dinge und Menschen sich verändern. Und die Angst, etwas zu verpassen. Seine Botschaft lautet: „Schneller! Mehr!"

Mit den simplen Mitteln, die vor 40 Jahren in den ersten Zeitmanagement-Seminaren propagiert wurden, können Sie zwischen zwei so eigenwilligen Kerlen kaum vermitteln. Glücklicherweise fragt die jüngste Generation von Zeitmanagement-Autoren nicht mehr nur nach Effizienz (Wie schaffe ich in der gleichen Zeit mehr?) und Effektivität (Was will ich überhaupt erreichen?). Sie nimmt auch die Stärken und Schwächen der Persönlichkeit stärker in den Blick, achtet auf die sozialen Bezüge und orientiert sich an Sinn- und Wertefragen (Wie verbinden sich meine persönlichen Ziele mit denen anderer zu einem sinnvollen Ganzen?). Nicht der isolierte Erfolg des Einzelnen steht dabei im Vordergrund, sondern der Mensch als Gemeinschaftswesen. Genau da wird es für Medienprofis interessant.

**Übung: Die Abschiedsrede**

Bevor ich Ihnen aus der Vielfalt der Zeitmanagement-Angebote eine Auswahl für Medienprofis vorstelle, möchte ich Ihnen Gelegenheit geben, Ihren beruflichen Zielen etwas grundsätzlicher auf die Spur zu kommen. Diese Übung dauert allerdings länger (1,5 bis 2 Stunden) und Sie brauchen dafür Ruhe. Ein Nachmittag am Wochenende, verbunden mit einem Spaziergang und einem Gespräch mit einem Vertrauten, das wäre optimal.

Die Übung geht so: Sicher haben Sie schon einmal einer Verabschiedung beigewohnt. Bei so einer Gelegenheit entsteht oft eine ungewöhnliche ernste, manchmal emotionale Stimmung. Meist hält jemand eine kleine Rede und würdigt, was diese Person geleistet hat. Und alle, die sie näher kennen, denken auch daran, was in ihrem Berufsleben auf der Strecke geblieben ist: vielleicht eine bestimmte Art von Weiterentwicklung, vielleicht auch schlicht das Privatleben, weil er oder sie kein Ende finden konnte. Stellen Sie sich jetzt vor, Sie selbst scheiden eines Tages aus dem aktiven Berufsleben aus. Kollegen, Chefs, Weggefährten, Kooperations- und Geschäftspartner versammeln sich zu einer kleinen Feier. Alle stehen zusammen und halten Gläser in der Hand. Vielleicht haben Sie auch Familienmitglieder und Freunde dazugeladen. Malen Sie sich einmal aus:

- Wer würde anwesend sein?
- Was wäre der Anlass Ihrer Verabschiedung?
- Wo und in welcher Funktion arbeiten Sie zum Zeitpunkt der Verabschiedung?
- Welche Rede/n würde/n gehalten und von wem?
- Schreiben Sie mindestens eine Rede auf. Sie sollte von jemandem gehalten werden, der es gut mit Ihnen meint. Lesen Sie sich die Rede/n anschließen laut vor.
- Schreiben Sie eine kleine Antwortrede. Lesen Sie sich auch diese laut vor.

Mit dieser Übung gehen Sie Zeitprobleme sehr grundsätzlich an. Sie stoßen auf Fragen wie diese:

- Was soll in Ihrem Leben wichtig sein?
- Welche Rolle spielen soziale und familiäre Beziehungen?
- Was wollen Sie eigentlich schreiben?
- Gibt es konkrete Dinge, die Sie in Ihrem Umgang mit Zeit ändern wollen?
- Wer oder was kann Sie dabei unterstützen?
- Was ist der erste Schritt zur Veränderung? Wann werden Sie ihn tun?

Beschäftigen Sie sich im Abstand von rund einem Monat immer mal wieder mit diesen Fragen und Ihren Antworten. Reden Sie mit Vertrauten darüber.

## Zeitpartnerschaft: Umsichtige Selbstorganisation im Alltag

Durch eine solche Übung finden Sie zu einer Ernsthaftigkeit, wie sie im Umgang mit Zeitproblemen notwendig ist. Es wird Ihnen kaum gelingen, dem Hektiker den nötigen Auslauf zu geben und dem Lustlosen genügend Pausen, wenn Sie nicht etwas über Ihre erlernten und eingeprägten Zeitmuster herausfinden. Anders als viele amerikanisch geprägte Zeitmanagement-Bücher suggerieren, reicht es eben nicht, sich für einen anderen Umgang mit Zeit zu entscheiden. Im Gegenteil, Demut ist geboten, Respekt zumindest.

Respekt vor dem Alter und der Leistungskraft solcher Muster, die seit Jahrzehnten unbewusst Ihr Handeln mitbestimmen. Demut vor dem Beitrag, den sie geleistet haben, damit Sie heute da stehen, wo Sie stehen. Deshalb spreche ich nicht von Zeitmanagement, sondern von *Zeitpartnerschaft*. Die muss, wie jede echte Partnerschaft, wachsen. Wirklich etwas ändern können Sie nur, indem Sie Gewohnheiten, die zur Belastung geworden sind, durch bessere ersetzen. Schaffen Sie sich Stück für Stück Routinen, die Ihnen nützlich sind. Der sicherste Weg, alles beim Alten zu lassen, ist dieser: Versuchen Sie Ihren Umgang mit Zeit ab morgen komplett umzukrempeln.

Thomas Mann hatte seine berühmten „Geschäftsstunden des Genies", seinen präzisen Zeitrahmen, in dem alles immer gleich lief. Auch ein weniger zwanghafter Charakter, Jurek Becker nämlich, sagte von sich: „Das, was man Arbeitsrhythmus nennt, ist bei mir ziemlich beamtisch. Ich gehe möglichst früh in mein Arbeitszimmer, und dann sitze ich sechs, sieben Stunden, bis ich merke, dass die Konzentration nachlässt. ( …) Ich schreibe also ziemlich regelmäßig und fast jeden Tag zur gleichen Zeit." Was Medienprofis davon lernen können, ist: Schaffen Sie eine Struktur, vor allem einen Anfang und ein Ende für Ihre Schreibarbeiten.

## Auf der Suche nach dem richtigen Rhythmus für den Arbeitstag

Es ist ungemein entlastend, nicht ständig neu entscheiden zu müssen, was Sie jetzt gerade tun oder lassen sollten. Erledigen Sie deshalb bestimmte Aufgaben jeden Tag zur gleichen Zeit. Es dauert nur ein paar Wochen, dann verselbständigt sich so ein Rhythmus, Sie müssen nicht mehr den Wecker danach stellen.

Das funktioniert übrigens nicht nur für Heimarbeiter. In praktisch jedem Büro gibt es Routinen: tägliche Konferenzen, Mittagsrituale, Kontaktphasen (zum Beispiel unmittelbar nach Redaktionsschluss). Überlegen Sie, wann Ihre täglichen Leistungshochs sind. Meist handelt es sich um zwei etwa zwei- bis dreistündige Phasen, in denen Sie sich leichter konzentrieren und klarer denken können. „Zeit"-Reporter Stefan Willeke etwa sagt: „Ab dem Nachmittag fällt mir das Schreiben schwer, und am Abend schreibe ich besser gar nicht, da zweifle ich an jedem Wort ( …) Wenn jeder Tag nur aus Morgenstunden bestünde, wäre ich ein schneller Schreiber."

**Übung: Leistungskurve und Konzentrationsphasen**

Versuchen Sie, sich aus Ihren Leistungshochs und den Büroroutinen ein Diagramm für Ihren Mustertag zusammenzubasteln.

1. Sie tragen dazu auf einer waagerechten x-Achse Ihre üblichen 16 Wachstunden ab und auf der senkrechten y-Achse eine Skala von 0 bis 5 für Ihre Leistungskraft (0 gleich „wenig", 5 gleich „viel")

2. Zeichnen Sie nun Ihre tägliche Leistungskurve ein. Wann sind Sie besonders wach und konzentriert?

3. Markieren Sie Büroroutinen oder familiäre Fixpunkte (Konferenzen, Störungen, Kinder abholen).

4. Wo bieten sich Phasen von mindestens einer Stunde, möglichst zwei Stunden Dauer an, in denen Sie während Ihrer Leistungshochs relativ ungestört arbeiten können?

5. Suchen Sie jetzt einen passenden Ort für die Telefonate, E-Mails, Gespräche und Besorgungen, die Sie in dieser Zeit sonst mit erledigen. Bündeln Sie dabei gleichartige Tätigkeiten, etwa Telefonate oder E-Mails. Zeichnen Sie dann eine Telefonphase, eine E-Mailphase ein.

6. Denken Sie jetzt noch an den Lustlosen: Wo zeichnen Sie Pausen ein, in denen Sie Luft holen, sich bewegen, den Bildschirm und das Telefon verlassen?

Sicher findet der innere Hektiker das nicht so gut. Ihm ist das nicht spontan genug und er führt Beispiele an, warum es auf keinen Fall klappen kann. Damit hat er auch gar nicht so unrecht. Mag sein, dass an fünf von zehn Tagen alles anders kommt, weil Sie zu Terminen müssen, es Ärger gibt oder ein besonders sperriges Projekt ansteht. An den restlichen fünf Tagen kann die Struktur des Mustertages Ihnen trotzdem nützen. Der Hektiker darf sich dann in den Kontaktphasen austoben, der Lustlose kriegt seine Pausen, und zwischendurch haben Sie Ihre Schreib- und Konzentrationszeiten.

**Tipps für die Umsetzung der neuen Routine**

Um es gleich zu sagen: Die neue Tagesroutine zu etablieren wird kein Spaziergang.

- Deshalb formulieren Sie die wichtigsten Änderungen noch einmal als Ziele, und zwar in der so genannten erreichten Gegenwart. Beispiel: „Ich beginne ab nächster Woche meinen Arbeitstag nicht mehr mit den Mails, sondern gleich mit einem Schreibprojekt, das ich mir abends bereitgelegt habe. Ich bleibe dran bis elf Uhr, und erledige dann bis mittags Mails und Telefonate. In meinem Leistungstief nach der Mittagspause nehme ich mir die Meldungsspalte vor."

- Überlegen Sie: Ist das realistisch? Haben Sie Lust dazu? Wenn Sie beide Fragen mit Ja beantworten können, legen Sie los und dulden Sie keine Ausnahmen von Ihrem selbst aufgestellten Ziel. Suchen Sie sich Unterstützer und Kontrolleure im Kollegen- und Freundeskreis.

- Geben Sie sich vier bis sechs Wochen für jede noch so kleine Veränderung. Früher können sich die neuronalen Netze, die neu in ihrem Hirn geknüpft werden müssen, nicht etablieren. Fokussieren Sie in dieser Zeit nur dieses eine Ziel.

- Rechnen Sie mit Widerständen. Denken Sie daran, dass die alten Muster und Netze im Hirn weiter bestehen. Urlaube, Dienstreisen und Krankheitsphasen bergen akute Gefahr, dass Sie danach alles machen wir früher.

- Wenn Sie dennoch einmal Ihr Ziel aus den Augen verlieren sollten, geißeln Sie sich nicht. Fangen Sie, ohne groß über Ursachen und Sinnfragen nachzudenken, rasch wieder an. Einfach wieder in die neue Routine gehen.

- Freuen Sie sich über kleine Erfolge. Feiern Sie ein Sechs-Wochen-Fest. Belohnen Sie sich und die, die mitgeholfen haben.

Aus den vielen Ratschlägen der Zeitmanagement-Industrie habe ich einige für Sie zusammengestellt, die Sie zumindest einmal bedenken und ausprobieren könnten:

*Möglichst kurze Wege gehen*
Versuchen Sie, jeden Vorgang nur einmal in die Hand zu nehmen; denn jedes Mal, wenn Sie sich kurz reindenken und die Unterlage dann wieder weglegen, starten Sie einen Denkprozess, der anschließend Hirnkapazität belegt.

*Grenzen der Zeitplanung akzeptieren*
Planen Sie das nicht Planbare ein, indem Sie nur über 60 bis höchstens 80 Prozent Ihrer Zeit im Voraus verfügen. Lassen Sie den Rest als Pufferzone für Unvorhergesehenes und Reserve für Leistungstiefs frei.

*Störungen bekämpfen*
Zeitfresser, Zeitfallen und Zeitdiebe machen uns das Leben schwer. Ganz werden Sie es nie schaffen, aber einige davon können Sie abräumen. Der Reihe nach: *Zeitfresser* sind im Alltag ständig dabei und zehren Ihr Zeitbudget auf. Sie kennen das, haben es gründlich satt, aber trotzdem machen Sie mit. Klassische Beispiele: ineffiziente Konferenzen und Kollegen, die einem ständig ein Ohr abquatschen. *Zeitfallen* sehen attraktiv aus, aber sie sind gefährlich. Wir ahnen meist, wo eine Zeitfalle für uns aufgestellt ist, tappen aber trotzdem hinein und reden uns dabei ein: „Wird schon irgendwie gehen." Klassiker: Abgabetermine, die wir ohne eine realistische Zeiteinschätzung zusagen. *Zeitdiebe* treten im Gewühl und häufig zu mehreren gleichzeitig auf. Alles sieht zuerst ganz harmlos aus, aber plötzlich ist der Tag rum und wir wissen nicht, wo die Zeit geblieben ist. Typische Beispiele: der nette Kollege, der mal kurz hören wollte, wie's so geht; alle Gespräche, die mit „Ach, haben Sie mal eine Minute?" beginnen; praktisch alle Mails und Telefonate, die nicht in einem unmittelbaren Arbeitszusammenhang stehen; Software-Updates.

## Der Regisseur und die Zeitpartnerschaft für Schreibende

Wenn es Ihnen mit diesen Mitteln nicht gelingt, dem Hektiker abgesteckte Spielräume zu bieten und dem Lustlosen genügend Pausen, dann wäre das immer noch nicht verwunderlich. Bei dem Versuch, echte Zeitpartnerschaft zu erreichen, steht uns häufig unser Selbstbild im Wege: Konzentration setzen Medienprofis gern mit Weltabgewandtheit gleich. Lieber stilisiert man sich als News-Junkie: immer einen Stöpsel im Ohr, immer einen Newsfeed auf dem Handy, E-Mail in der U-Bahn. Ein Ressortleiter von dieser Sorte bot mir mal an, ein wichtiges Gespräch zu führen, während er nebenbei einen Zweispalter schrieb. Das Bild des nahezu unbegrenzt belastbaren Alleskönners, dem kein Thema, keine Textlänge und kein Termin unmöglich erscheint, hat viele Freunde.

Nun ist *Multitasking* zwar cool, aber reine Zeitverschwendung. Mehrere Arbeitsstränge parallel zu bearbeiten, das muss man in den Medien zwar draufhaben, aber echte Profis wissen, dass es sie langsamer macht und zu Fehlern verleitet. Multitasking überfordert den Arbeitsspeicher im Hirn. „Eine zentrale Begrenzung ist unsere Unfähigkeit, sich auf zwei Dinge gleichzeitig zu konzentrieren", sagt der amerikanische Neurobiologe René Marois: „Wir neigen dazu zu glauben, dass unser Hirn mehr schaffen kann, als es meistens kann."

Wer mitten in einer anspruchsvollen Schreibarbeit mal eben eine ankommende E-Mail liest, betrügt sich selbst. Erstens bleibt es meist nicht beim Lesen, sondern man schreibt auch eben noch eine Antwort und muss dazu schnell was nachsehen. Zweitens dauert es deutlich länger, als wir uns klar machen, bis der Arbeitsspeicher wieder mit den Informationen gefüllt ist, die wir eben noch für unsere Hauptarbeit zur Verfügung hatten, bis wir also konzentriert weiterschreiben können. Wer sich ständig unterbrechen lässt (und sich dann in den Unterbrechungen noch mal und noch mal unterbrechen lässt), setzt sich dem *Sägeblatt-Effekt* aus: Kaum ist man gedanklich auf der Spitze, stürzt man durch eine Unterbrechung steil ab und muss sich dann mühsam wieder hocharbeiten. Nicht Gleichzeitigkeit ist der Schlüssel zum effizienten Arbeiten, klare Entscheidungen sind es.

Aber wer trifft die Entscheidungen? Axel Hacke wünschte sich in einer seiner Glossen, die Tür zu seiner Schreibstube ginge auf und sein persönlicher Trainer würde erscheinen, so einer wie Boxer einen haben, der immer gute Tipps für seine Schützlinge hat, ihnen Luft zufächelt, sie abfrottiert. „Wenn ich so einen hätte! Er könnte neben mir sitzen und sagen: Bring jetzt das Verb, ja, nun einen Punkt, mehr Verben, mehr Verben, super, den Absatz hast du. Weiter, weiter, keinen Kaffee, nicht aufstehen, nicht herumgehen, dranbleiben, kein Telefon, lass es klingeln, unwichtig, du hast es jetzt in der Tasche, noch zehn Zeilen, nicht leichtsinnig werden ..." Und wenn der Text dann doch nichts wird? Sie ahnen es: „Dann würde man natürlich den Trainer feuern."

Schön wär's ja, aber nun, für diese Art Betreuung gibt es bestenfalls ein paar Schreibcoachs, aber die kosten Geld, und ganz so lustig geht's mit denen nicht zu. Die Alternative zum Trainer mit dem Frotteetuch ist für Schreibende, dass Sie sich einen inneren Regisseur zulegen. Er sorgt für Klarheit unter den Akteuren auf der Bühne des Schreibtheaters. Er tritt nüchtern auf, aber nicht abgebrüht; er ist erfahren, aber mit ganzem Herzen bei der Sache; er kann sehr stur sein, wenn eine Lösung ihn nicht überzeugt, aber auch mitfühlend und fürsorglich. Er achtet die Vergangenheit und denkt weit voraus. Dieser weise Regisseur sollte, wenn es mal wieder Streit gibt auf der Bühne des Schreibtheaters, das Sagen haben. Sein typischer Satz ist: „So machen wir's."

## Der Regisseur

*Abbildung 12: Regisseur*

*Nüchtern, sachlich, immer das Ergebnis im Blick: So steuert der Regisseur das Geschehen auf der Schreibtheater-Bühne*

Der Regisseur kann dafür sorgen, dass der Hektiker zu seinem Recht kommt, damit Sie rechtzeitig anfangen und, um mit Axel Hacke zu sprechen, „dranbleiben". Danach allerdings wird er den Lustlosen in die Mitte der Bühne rufen und wenigstens für kurze Zeit die Spannung rausnehmen. Im Schreiballtag würde der Regisseur außerdem dies tun:

*Erreichbarkeit einschränken*
Telefon wenn möglich phasenweise umleiten, Handy auf Mailbox schalten. E-Mail-Signalton ausschalten. Außerhalb der Kernzeiten ist das in fast jedem Job möglich. Andernfalls würde der Regisseur mit Ihrem Chef verhandeln, ob Sie kompliziertere Texte nicht auch mal zu Hause schreiben können (was in vielen Redaktionen ja längst üblich ist). Oder dass Sie einen Ausgleich für lange Abende im Büro kriegen. Keine Sorge: Ihr Regisseur würde das rüberbringen, ohne dass der Verdacht aufkommt, Sie wollten nur eine ruhige Kugel schieben. Wollen Sie ja nicht. Im Gegenteil.

*Arbeitsschritte voneinander trennen*
Es geht darum, Anfang und Ende eines Arbeitsabschnitts überschaubar zu machen. Der Regisseur wird nur Schreibaufgaben annehmen, die Sie in der verfügbaren Zeit auch schaffen können. Wenn Sie bis zu einem Abendtermin nur eine Stunde Zeit haben, schreiben Sie vielleicht eine Seite Pressemitteilung, kaum aber einen ausführlichen Hintergrundtext. Müssen Sie damit trotzdem anfangen, so würde der Regisseur vorschlagen, nur einzelne Elemente des Hintergrundtexts auszuformulieren, die anderen stichwortartig anzudeuten. Wäre dieses Ziel erreicht, würde er Sie mit einem Schulterklopfen für heute entlassen.

*Große Projekte kleinschrittig angehen*
Der Regisseur hätte ein feines Gespür dafür, was zu tun ist, wenn Sie so richtig Respekt vor einer Schreibaufgabe haben. Er würde dann den Kritiker und den Lustlosen vorübergehend nach hinten schicken, die stören in solchen Situationen. Je höher der Anspruch, desto größer der Zeitbedarf, das weiß der Regisseur, und auch, dass man intuitiv genau gegenteilig reagiert: Je wichtiger der Text, desto länger lässt man ihn liegen. Diese Aufschieberitis würde der Regisseur überlisten, indem er Ihnen frühzeitig ganz reale, enge Termine setzt und jeden kleinen Erfolg würdigt.

*Anfangsritual schaffen*
Der Regisseur würde mit Ihnen ein Ritual einüben, das Sie immer am Anfang einer schwierigen Schreibarbeit vollführen. Kaffee machen, einen Keks dazulegen, einmal kurz nachsehen, was die Live Cam im Leipziger

Zoo bietet. Oder so ähnlich. Ist das erst mal gelernt, brauchen Sie dabei nicht mehr nachzudenken: Ritual ausführen, anfangen. Das ist alles.

*Konzentrationsphasen ausreizen*
Wenn es dann einmal so richtig läuft, wenn Sie Zeile um Zeile schreiben, dann würde der Regisseur sich ganz so benehmen wie Axel Hackes Trainer. Er würde Ihnen gut zureden: „Drei Absätze noch bis zur Mittagspause, das kriegst du hin." Er würde darüber hinaus den „Mal eben"-Trick anwenden: „Jetzt hast du die drei Absätze geschrieben, nun mach doch noch eben die Überschrift." Denn der Regisseur weiß, dass ein Autorenhirn sehr schnell und effizient Ergebnisse produzieren kann, wenn man ihm suggeriert, das sei jetzt nur ein unwichtiges Randdetail oder eine Skizze, die später eh verworfen werden könne. Besonders günstig wirkt sich der „Mal-eben"-Trick aus, wenn man am Ende einer Konzentrationsphase noch schnell Stichpunkte zu dem Problem aufschreibt, das in der nächsten Arbeitsphase ansteht: „Ach komm, eben noch drei Stichworte für das Interview heute Nachmittag notieren", sagt der Regisseur, denn er weiß, dass das den Neustart nach der Pause deutlich verkürzt.

*Mittendrin Pause machen*
Mit dieser Technik arbeiten manche Schriftsteller. „Ich höre am Abend nicht nur mitten in einer Szene auf, von der ich weiß, wie sie weitergeht (…), sondern mitten in einem Wort", erklärt Johannes Mario Simmel. „Und dann gehe ich in der Früh an meinen Schreibtisch und schreibe das Wort zu Ende und dann den Satz." Peter Härtling macht es so: „Am Abend bereite ich mich immer auf den nächsten Morgen vor. Ich schreibe Tastsätze, Anschlüsse, probiere sie aus. So dass ich am nächsten Morgen schon Futter habe, das ist ganz wichtig."

## Was werden Sie tun?

Überlegen Sie zum Abschluss noch einmal: Welche der Tricks und Techniken, die ich Ihnen in diesem Kapitel vorgeschlagen habe, möchten Sie versuchen, in Ihren Schreiballtag zu übernehmen? Notieren Sie in einer Tabelle wie der auf der folgenden Seite links die Methode, rechts daneben Ihre konkrete Anwendung und daneben, ab wann Sie damit anfangen wollen.

| Technik | Anwenden? | Wenn ja, wie? | Wenn ja, ab wann? |
|---|---|---|---|
| Konsequenzen aus dem Tages-diagramm | | | |
| Konsequenzen aus der Übung Abschiedsrede | | | |
| Multitasking und Sägeblatt-Effekt vermeiden | | | |
| Möglichst kurze Wege gehen | | | |
| Grenzen der Zeitplanung akzeptieren | | | |
| Zeitfresser, -fallen, -diebe bekämpfen | | | |
| Erreichbar-keit ein-schränken | | | |
| Arbeitsschritte voneinander trennen | | | |
| Große Projek-te kleinschrit-tig angehen | | | |
| Konzentrations-phasen ausreizen | | | |
| Anfangs-ritual schaffen | | | |
| Mittendrin Pause machen | | | |

## Letzte Ausfahrt vor der Veränderung: Der Jammerzirkel

Jetzt haben Sie eine Menge Anregungen, was Sie wie und wann tun könn-ten, um Ihren Umgang mit Zeit zu verbessern und eine Zeitpartnerschaft zu erreichen. Achten Sie nun bloß darauf, dass nicht der negative Ratge-ber-Effekt eintritt, und der geht so: „Früher war ich eher schlecht organi-siert und manchmal überarbeitet. Dann habe ich ein Zeitmanagement-Seminar gemacht. Heute bin eher schlecht organisiert, manchmal überar-beitet und ein Versager, weil ich jetzt weiß, was ich alles falsch mache."

Sie müssen die Hinweise aus diesem Kapitel nicht berücksichtigen. Es ist okay, alles beim Alten zu lassen. Für diesen Fall sollten Sie sich aber einen regelmäßigen Jammertermin organisieren. Jammern ist ein wunderbares Ventil. Am besten, Sie treffen sich dazu mit gleichgesinnten Autoren. Beklagen Sie sich über die ungeheure Komplexität Ihrer Themen, beschimpfen Sie Ihren Chef, diesen alten Schinder. In großen Medienunternehmen finden sich solche Jammerzirkel täglich mittags am Kantinentisch zusammen. Aber noch schöner ist es, wenn man beim Jammern nicht so aufs Image achten muss wie im Betrieb.

Dieser Rat ist ernst gemeint. Jeder entscheidet selbst, ob er etwas an seinem Umgang mit Zeit verändern will. Experimentieren Sie mit den Tipps, die Sie in diesem Kapitel finden konnten, mit Geschick und Entschiedenheit können Sie Ihre Situation verbessern. Aber erwarten Sie keine Wunder von sich. Manchmal ist es besser, die Ansprüche runterzufahren. Aus den wenigsten Kreativen werden vorbildliche Zeitmanager.

Medienprofis brauchen ein Gutteil Chaos in ihrem Denken, um ihre Arbeit gut machen zu können. Wie Sie das Chaos sogar noch einladen, um den Ideenfluss in Gang zu setzen, das erfahren Sie im nächsten Kapitel.

# 8 Schöpfen aus der Vielfalt
## Techniken des Sammelns und des Assoziierens

*„Es gibt beim Arbeiten einen merkwürdigen Schneeballeffekt,*
*wenn sich unbeabsichtigte Lösungen einfinden.*
*Plötzlich baut sich vor Ihren Augen das Muster,*
*das ‚pattern‘ von der Sache auf.*
*Plötzlich haben Sie das Gefühl, dass es jetzt stimmt.“*
Hans-Magnus Enzensberger, Schriftsteller

Walt Disney gilt als einer der kreativsten Köpfe des 20. Jahrhunderts. Seine Comicfiguren Micky Mouse und Donald Duck haben Generationen von Kindern und Jugendlichen erfreut, für seine Filme wurde Disney mit Preisen überhäuft. Betrachtet man die Liste seiner Erfolge, fragt man sich, wie er das alles im Laufe seiner 64 Lebensjahre schaffen konnte. Wie kommt ein Mensch auf so viele Ideen?

Disney hatte nicht nur einen findigen Geist und gute Mitarbeiter, sondern setzte seine Schaffenskraft auch so effizient ein wie wenige andere. Entscheidend für seine Arbeitsweise war, dass er sich zu konzentrieren wusste. Dazu wendete er einen Trick an. In seinem Arbeitszimmer standen mehrere Stühle. Wenn er über eines seiner Projekte nachdenken wollte, verließ er seinen Schreibtisch und setzte sich auf einen bestimmten Stuhl, auf dem er sich nur eines gestattete: das völlig freie, ungezwungene Nachdenken. Er nannte ihn den „Träumer-Stuhl“. In dieser Position war jede noch so schräge Idee nicht nur erlaubt, sondern sogar willkommen. Es gab keine Verbote, keine Tabus. Eifrig dokumentierte Disney, welche Bilder, Visionen, Querverbindungen ihm einfielen. Das Verfahren gefiel ihm so gut, dass er sich später sogar einen eigenen Raum nur fürs Träumen einrichtete.

## Quantität statt Qualität! Tempo statt Tiefgang!

Nun mangelt es Ihnen vielleicht am Platz, um sich einen Traumraum einzurichten. Dennoch können Sie von Methoden wie dieser profitieren. Menschen wie Disney nehmen ja nur den Kern des Wortes „Autor“ ernst. Dessen Ursprung, das lateinische Verb „augere“ (zum Wachsen bringen, mehren, fördern) deutet auf eine häufig vernachlässigte Seite des Schreibens hin: Ein Autor ist immer auch einer, der Ideen wachsen lässt. Auf den Äckern seiner Schaffenskraft müssen Einfälle gedeihen – und zwar viele. Denn gute Ideen kann man nicht einzeln züchten, man braucht zunächst einmal eine Menge Ideen, um dann die brillanten auswählen zu können.

Wie aber gelingt es Ihnen als Medienprofi, Ihr kreatives Potenzial voll auszuschöpfen und möglichst viele Ideen zu produzieren? Die Antwort lautet: Quantität statt Qualität! Tempo statt Tiefgang! Ja, Sie haben richtig gelesen. Zunächst sollen Sie all das beiseite lassen, was Sie als Textautor normalerweise im Sinn haben. In den Phasen des Schreibprozesses, in denen Sie Ideen sammeln, sollen Sie gerade nicht nach hoher Qualität und nach gedanklicher Tiefe streben. Wie Sie es schaffen, das genaue Gegenteil zu tun, und was Ihnen das nützt, darum geht es in diesem Kapitel.

Schauen wir uns noch einmal jene Teile des Schreibprozesses an, die überwiegend in der rechten Hirnhälfte ablaufen, in denen also vor allem die Intuition das Sagen hat.

## Die Phasen des intuitiven Denkens

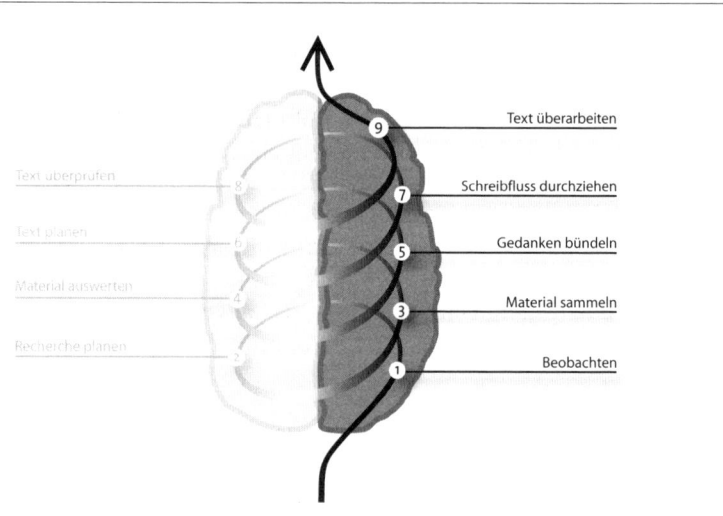

*Abbildung 13: Kreativspirale rechte Hälfte*

*Vorfahrt für den intuitiven Denkstil: die rechtshirnig geprägten Phasen des kreativen Prozesses*

Wie Sie schon wissen, neigen der rechtshirnige und der linkshirnige Denkstil dazu, sich gegenseitig bei der Arbeit zu stören (Kapitel 3 und 4). Beim Ideensammeln geht es darum, die Kontrolle durch das logische Denken (linke Hirnhälfte) möglichst komplett auszuschalten und so der Intuition (rechte Hirnhälfte) Raum zu verschaffen. Das ist ein für viele Autoren ungewohnter, ja beängstigender Gedanke. Zu Recht sind sie stolz auf ihren kritischen Verstand, der Schwächen in ihren Texten aufdeckt und sie vor einer Blamage bewahrt. Um diese unabdingbaren Fähigkeiten geht es im nächsten Kapitel. Aber Walt Disney wusste genau, warum er seine Arbeit mit einer Phase des Träumens begann. Wo keine frischen Ideen entstehen, gibt es auch wenig, das mit dem rationalen Denken weiterzuverarbeiten wäre.

Diese Einsicht nützt nicht nur Autoren. Auch Kreativitätstrainings für Banken, Versicherungen und Industrieunternehmen zielen im Kern immer darauf ab, zunächst einmal die Menge an Ideen zu vergrößern, über die ein Mensch, ein Projekt oder eine Organisation verfügt. Experten wie der Malteser Edward de Bono, der Brite Tony Buzan und die Schweizerin Nadja Schnetzler zeigen in ihren Seminaren und Büchern, dass der Weg zur besonderen Idee meist ein Umweg ist. Auf der geraden Linie kommt man da hin, wo andere schon sind oder bald sein werden. Wer Neues denken will, sollte seinem Hirn die Freiheit geben, es sogar regelrecht dazu anstacheln, sich ins unerforschte Dickicht zu wagen. De Bono nennt dies das laterale Denken, also das Denken zur Seite hin – in Deutschland oft als Querdenken übersetzt.

Nadja Schnetzler hat diesen Gedanken ins Extrem geführt und auf das „Gesetz der großen Zahl" hingewiesen. Ihre These: Wenn es eine klare Fragestellung gibt, dann sollte man in möglichst kurzer Zeit möglichst viele Ideen dazu suchen – und dabei auf keinen Fall versuchen, Fehler und Irrwege zu vermeiden. Im Gegenteil: Her mit den Fehlern, rauf auf die Irrwege! Es geht schneller und bringt bessere Ergebnisse, wenn ein Unternehmen 5.000 völlig undurchdachte Ideen zu einer klaren Frage generiert und später 20 davon auswählt, als wenn sich alle gleich darauf konzentrieren, 20 tragfähige Ideen zu suchen. Massenproduktion und hohes Tempo sorgen dafür, dass möglichst viele Menschen möglichst konsequent vom geraden Weg wegdenken.

# Wie frische Ideen Ihre Schreibarbeit bereichern

Wenden wir diese Erkenntnisse auf den Alltag in der Medienbranche an. Im folgenden Beispiel beobachten wir eine in Kreativmethoden versierte Online-Redakteurin namens Karla dabei, wie sie einen komplexen Arbeitsauftrag erledigt. Karla ist zwar für diesen Zweck erfunden, die Situation jedoch ist eng an den Alltag einer Redaktion angelehnt.

### Praxisbeispiel: Karlas Kreativprojekt, Teil 1

Karla ist Politikredakteurin eines Internetportals mit Sitz in Berlin. Ihr Ressortchef gibt ihr den jüngsten Referentenentwurf aus dem Gesundheitsministerium, den ihm ein Kontaktmann zugespielt hat. Er hat das Papier bereits nachrichtlich ausgewertet, einen Kurzbericht online gestellt und eine Pressemitteilung an die Agenturen geschickt. Es ist 15 Uhr. „Dreh das Ganze mal weiter, ich habe keine Zeit mehr dafür", sagt der Ressortchef.

Ein Thema weiterdrehen, das heißt: es aktiv weiterentwickeln, die Berichterstattung mit neuen Informationen weiterführen. Karla checkt erst mal das Dokument durch. Es geht um die privaten Krankenkassen. Sie liest den Nachrichtentext ihres Chefs. Der Kern ist erfasst, eine ausführlichere Berichtsfassung würde jetzt nichts bringen. Was also tun? Sie könnte die Pressestelle des Verbands der privaten Krankenversicherer anrufen, dann die Verbände der gesetzlichen Krankenkassen und so fort, die üblichen Verdächtigen. Karla hält inne. Sie gibt sich lieber erst mal fünf Minuten, um Ideen zu sammeln.

„Welche Ansatzpunkte gibt es für die Recherche zu den Gesundheitsfonds?", notiert sie oben auf einem leeren Blatt und daneben: „15.37 Uhr", damit sie weiß, wann die fünf Minuten um sind. Dann schreibt sie auf, was ihr einfällt. „Presseerklärung vor drei Wochen", „Fraktionsexperten". Sie stockt. „Fraktionsexperten", sagt sie sie halblaut vor sich hin, „da weiß ich jetzt schon, was die sagen." Karla lässt den Stift sinken, konzentriert sich aber dann wieder auf die Ideensuche. Sie stellt sich für einen Moment vor, dass nebenan weitere Autoren sitzen, die bereits mehr Ideen auf dem Papier haben. „Tempo", sagt sie vor sich hin, „nicht nachdenken jetzt." „Buchautoren" fällt ihr noch ein, „Was sagen die Versicherten?", „Versichertenforen", „Patienteninitiativen" – und weitere 25 Stichpunkte. Die fünf Minuten sind fast um, der Gedankenfluss stockt. Karla liest sich noch mal laut den Punkt „Buchautoren" vor. Richtig, neulich auf einem Medienempfang hat sie doch diese Mitarbeiterin eines Abgeordneten kennen gelernt, die an einem Buch zur Gesundheitspolitik arbeitet. Die wirkte kompetent und war sehr interessiert an dem Kontakt. Jetzt ist Karla zufrieden.

Karla ist eine geübte Kreativarbeiterin. Sie weiß: Wenn sie einfach mit der Recherche anfängt, ist die Gefahr groß, dass sie genau das Gleiche tut wie die Kollegen von anderen Medien. Außerdem hat ihr Portal den Anspruch, mehr Hintergrund und mehr Nutzwert zu liefern als die Konkurrenz. Also hat sie sich fünf Minuten gegeben, um andere Wege zu finden. Unweigerlich schaltete sich bereits nach drei Stichworten ihr kritischer Verstand ein und bewertete einzelne Ideen. Karla kennt das Spiel, sie ließ sich nicht beeindrucken. Mit dem Trick, sich auf die Zahl der Ideen zu konzentrieren und sich Konkurrenten vorzustellen, die mehr und schneller produzieren, weckte sie ihren spielerischen Ehrgeiz. Am Ende war aber noch etwas Zeit übrig. Karla wusste, dass trotzdem noch etwas kommen kann. Sie gab sich einen Moment für das so genannte „Squeezing", das Ausquetschen, denn sie weiß, dass in dieser Phase häufig die interessantesten Ideen kommen. Was ihr dann noch einfiel, war nicht die schlechteste Idee: ein guter Kontakt für Hintergrundinfos.

Karla kann zufrieden sein mit ihrem Ergebnis. Ihre Methode, Stichworte auf einem Blatt zu sammeln, geht schnell, ist allerdings noch nicht sehr ausgefeilt. Bevor wir Karlas Arbeit weiterverfolgen, werfen wir deshalb einen Blick auf weitere Methoden für die kreative Ideenfindung in dieser Anfangsphase des Schreibprozesses.

### Clustering: Der Wolkenhimmel der Gedanken

Legen Sie ein leeres Blatt Papier (am besten DIN A3) quer vor sich. Schreiben Sie den Ausgangsbegriff oder Ihre Ausgangsfrage in die Mitte und zeichnen Sie ein Oval oder eine Wolke drumherum. Jetzt lassen Sie Ihre Gedanken frei fließen und notieren Sie alle Ideen, indem Sie von der entsprechenden Ausgangswolke eine Linie wegziehen und eine neue Begriffswolke anschließen. Wiederkehrende Begriffe erhalten jeweils eine eigene Wolke an passender Stelle.

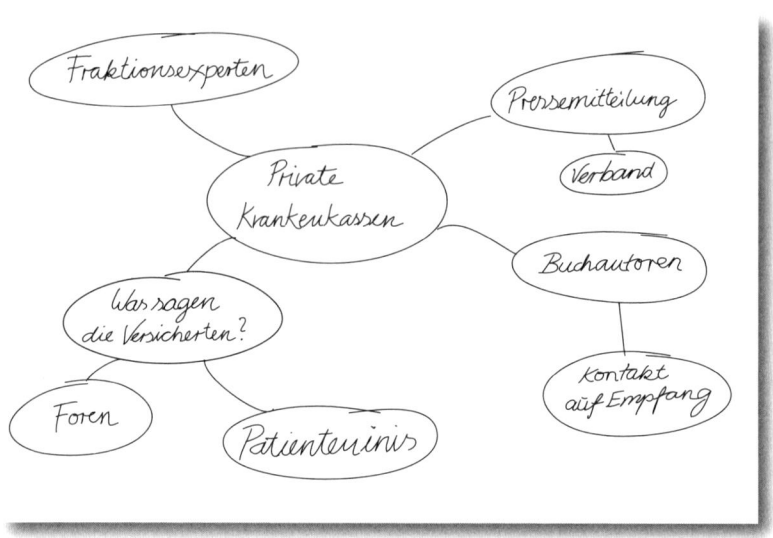

*Abbildung 14: Clustering-Beispiel*

*Der Stift springt mit den Gedanken: Beim Clustering ist die Reihenfolge, in der die Wolken gezeichnet werden, beliebig*

Diese Methode eignet sich auch für das schnelle Ideensammeln, wie Karla es im Sinn hat. Allerdings kann das Clustering (Cluster bedeutet hier: Begriffsgruppen) dabei nur einen Teil seiner Wirkung entfalten. Arbeitet man 15 bis 30 Minuten konzentriert mit dieser Methode, dann stellt sich oft wie von selbst eine neue Sichtweise des Wolkenhimmels ein. Über die ursprünglichen Begriffsgruppen legt sich ein neues Netz von Bedeutungen, das überraschende Zusammenhänge erschließt und eine Lösung des Ausgangsproblems anbietet. Diese neue Ebene können Sie dann hervorheben, indem Sie neue Verbindungslinien ziehen oder vorhandene Begriffe mit einer zusätzlichen Farbe dick umranden.

Die Erfinderin dieser Methode, die Amerikanerin Gabriele L. Rico, nennt diesen Vorgang „das Erscheinen des Versuchsnetzes". Für sie besteht darin der eigentliche Charme des Clustering: Es kann Ideen und Lösungsvorschläge sozusagen aus dem Halb- und Unterbewussten hervorholen und damit die Qualitäten des rechtshirnigen Denkstils voll ausspielen. Heute wird Clustering jedoch oft verkürzt auf eine etwas andere Darstellungsweise von Stichwortlisten.

Karla, die im Beispiel nur fünf Minuten für das Ideensammeln hat, könnte aber auch vom kurzen Clustering profitieren. Gegenüber ihrer Stichwortliste hat ein Cluster-Bild Vorteile: Es kann gleichmäßig in alle Richtungen wachsen, nicht nur nach unten. Das Querformat entspricht unseren bildlichen Sehgewohnheiten und fördert deshalb das Denken mit der rechten Hirnhälfte. Da ein Zeilenraster fehlt, schreibt man Begriffe und malt man Wolken je nach ihrer Bedeutung intuitiv größer oder kleiner. Die bloße Art des Notierens trägt also schon einen Teil der Bedeutung. Eine Stichwortliste behindert bewegliches Denken.

## Mindmapping: Ideen, die wie Pflanzen wachsen

Mindmapping ist die wohl populärste Methode zum Ideensammeln, braucht allerdings etwas Zeit. Im Grundsatz funktioniert sie ähnlich wie Clustering, jedoch ermutigt sie dazu, die Ebene der Worte und Begriffe zu verlassen und stattdessen mit Bildern, Symbolen und Farben zu arbeiten. Die Verbindungslinien zwischen den einzelnen Elementen des Gesamtbildes tragen beim Mindmapping die eigentliche Bedeutung; diese Linien heißen Äste. Eine Mindmap (wörtlich übersetzt etwa: Landkarte des Geistes) ist deshalb am ehesten mit dem Bild einer Baumkrone zu vergleichen, das von oben aufgenommen wurde.

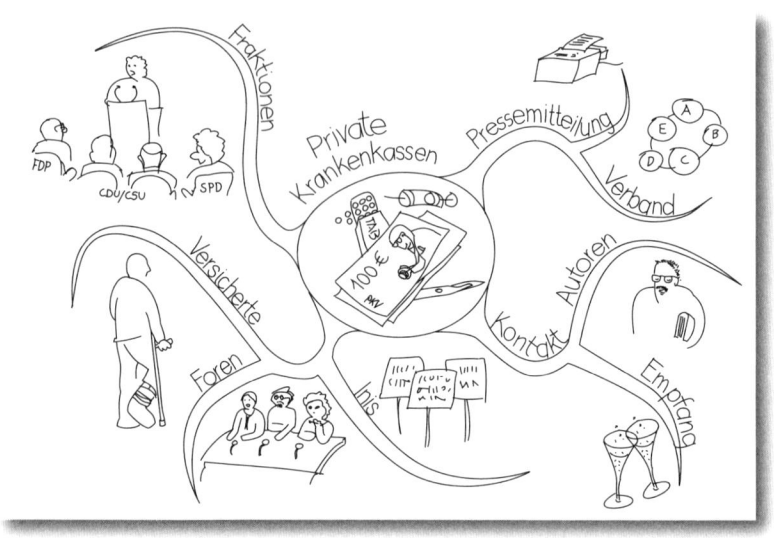

Abbildung 15: Mindmap

*Landkarte des Geistes: In einer Mindmap tragen die Verbindungslinien die Bedeutung*

Das rechtshirnige Denken wird mit dieser Methode, entwickelt von dem Briten Tony Buzan, noch stärker angeregt als beim Clustering. Ziel des Mindmappings ist es, die Hirnkapazität voll auszunutzen. Mindmaps ermöglichen es, Gedanken, Wissenselemente und Ideen zu einem Thema hierarchiefrei aufzuzeichnen. Was als erstes hingeschrieben wurde, kann am Ende ein unbedeutendes Detail sein. Eine Randidee kann zum Dreh- und Angelpunkt des Gesamtbildes werden. Es braucht dazu kein mühsames Umschreiben oder Umkopieren. Farben, räumliche Gestaltung, Bilder und Symbole geben Gefühlen und Stimmungen zu einem Thema oder einem Schreibprojekt Raum.

## Das ABZ-Schema beim Mindmapping

Das Gedankensammeln erfolgt in drei Schritten, die ich als das ABZ-Schema bezeichne. ABZ steht dabei für Assoziation, Betonung und Zugriff.

*Erster Schritt: Assoziation.* Zunächst werden Gedanken und Einfälle aneinandergereiht und zu einem Ganzen verbunden. Mindmaps bieten die Möglichkeit, alle Ideen zunächst nebeneinander zu stellen, ohne ihre Bedeutung zu bewerten.

*Zweiter Schritt: Betonung.* Während der Gestaltung einer Mindmap werden mit der Zeit Schwerpunkte und Strukturen erkennbar. Zum Beispiel können sich Symbole und Farben an verschiedenen Stellen wiederholen. Oder es entsteht aus dem Gesamtbild intuitiv ein neuer Zusammenhang. Diesen betont man zum Beispiel durch Herausheben einzelner Äste oder Begriffe oder durch die Farbgebung. Ein neues Bedeutungsmuster legt sich – ähnlich wie bei längerem Clustering – über das Bild.

*Dritter Schritt: Zugriff.* Das Bild bietet jetzt eine neue Sichtweise, eine Lösung an. Jetzt können Sie wichtige Gedanken zum Beispiel mit Hierarchiezahlen hervorheben, unwichtige ins optische Abseits setzen oder durchstreichen. So entscheiden Sie über die nächsten Schritte, die Sie unternehmen wollen.

Wer nicht unter so hohem Zeitdruck arbeitet wie Karla, sollte versuchen, die Methode Mindmapping voll auszuschöpfen. Hier einige Grundregeln:

**Zehn Grundregeln für die Arbeit mit Mindmapping**

1. Schaffen Sie möglichst angenehme Arbeitsbedingungen (Ruhe, gutes Material, eventuell Musik). Das ist manchmal schwer einzurichten, es hebt aber die Stimmung und erhöht den Ertrag.

2. Arbeiten Sie mit Zeitbegrenzung (nicht unter 15 Minuten, höchstens 75 Minuten).

3. Verwenden Sie ein großes Blatt (DIN A3) und nehmen Sie es quer. Starten Sie in der Mitte, und zwar möglichst nicht mit einem Begriff, sondern mit einem Bild. Am meisten kann Ihr Hirn mit einer kleinen dreidimensionalen Bildskizze anfangen.

4. Benutzen Sie verschiedene Farben.

5. Von der Mitte streben Äste zu allen Seiten. Sie werden von innen nach außen dünner. Jeder Ast und Zweig ist genau so lang wie nötig, um ein Wort, Bild oder Symbol zu tragen.

6. Verwenden Sie Begriffe sparsam. Ersetzen Sie sie möglichst durch Bilder und Symbole.

7. Schreiben Sie deutlich (möglichst Druckschrift). Schreiben Sie nicht senkrecht, nur waagerecht, damit Sie später alles sofort lesen können.

8. Arbeiten Sie da auf Ihrem Bild, wo gerade eine Idee kommt. Die Abfolge der Gestaltung ist beliebig. Der Stift springt mit den Gedanken.

9. Lassen Sie noch etwas Platz zwischen den einzelnen Hauptästen. Vielleicht wollen Sie später etwas ergänzen.

10. Wenn das Bild über den Blattrand hinauswächst, engen Sie es nicht ein, sondern kleben Sie ein neues Blatt an.

Mindmapping wird heute so vielfältig angewendet, dass es für Medienprofis fast schon Pflicht ist, diese Methode zu beherrschen. Ob und in welchem Maße Sie Mindmapping im Alltag nutzen, steht auf einem anderen Blatt. Enthusiasten erstellen sogar Terminkalender, Protokolle und Vortragsmanuskripte als Mindmap. Ich empfehle Mindmapping lediglich zum Ideensammeln und zur Selbstklärung, nicht aber als Kommunikationsmittel. Niemand außer Ihnen kann etwas mit Ihrer Mindmap anfangen. Ihnen selbst allerdings bringt die Methode am meisten, wenn Sie sich dabei aufmerksam selbst beobachten. Nur dann registrieren Sie, welche ungewöhnliche Sichtweise Ihr Hirn anbietet. Die Methode steht und fällt mit diesem inneren Dialog.

Noch ein letzter Tipp: Es gibt gute Computerprogramme für das Mindmapping (etwa: MindManager oder Mindjet). Aber die nehmen Ihnen die Chance, Papier und Buntstifte anzufassen und mit Ihren Händen zu arbeiten. Dieses haptische Erlebnis trägt wesentlich zum spielerischen, manchmal kindlichen Spaß am Mindmapping bei. Es fördert eher ungewöhnliche Ideen zu Tage als weitere 30 Minuten vor dem Bildschirm.

Inzwischen hat Karla sich entschieden, wie sie die Recherche angeht. Es ist jetzt 15.50 Uhr und sie telefoniert einige Pressestellen ab. Bald hat sie ein paar brauchbare Statements auf dem Block, einige Rückrufe stehen noch aus. Unterwegs hat sie Hinweise auf zwei neue Studien zu den privaten Krankenkassen erhalten. Die lädt sie sich jetzt runter und liest die Abstracts quer. Beide wirken seriös, kommen aber zu abweichenden Ergebnissen. Sie ruft drei Fraktionsexperten an. Die sagen das Erwartbare. 17.30 Uhr. Die Zeit läuft weg, bald erreicht Karla niemanden mehr. Sie hält kurz inne, schreibt ihre bisherigen Rechercheergebnisse als Stichworte auf Karteikarten und ordnet diese auf ihrem Schreibtisch an. Dabei fällt ihr auf, dass sie die letzte Aufgabe auf ihrer Liste noch nicht erledigt hat: Sie hat die Mitarbeiterin des Abgeordneten noch nicht kontaktiert. Im Moment kann sie nur eine Nachricht auf der Mobilbox hinterlassen.

Im Moment sieht es nicht gut aus für Karlas Geschichte. Keine wirklich neuen Informationen, keine besondere Idee für die Umsetzung. Karla ergänzt noch schnell den Bericht Ihres Chefs vom Mittag um die paar Statements, die sie gesammelt hat und stellt die neue Fassung online. Es ist 18.00 Uhr. Sie nimmt sich zehn Minuten und geht einmal um den Block. Vorher schreibt sie sich eine Frage auf: „Wie wird der Beitrag ungewöhnlich und unterhaltsam?"

Zurück im Zimmer fällt ihr Blick auf die Frage und plötzlich kommt ihr das Wort „Referentenentwurf" in den Sinn. Für Kenner des Politikbetriebs hat das Wort einen speziellen Beiklang. Spontan gibt sie die kombinierten Suchbegriffe „Referentenentwurf" und „Gesundheitsministerium" in die Archiv-Suchmaske ein. Es erscheinen 117 Fundstellen. Karla grinst und speichert das Ergebnis.

## Vom beweglichen Cluster und dem Nickerchen zwischendurch

Eine ganz normale Recherche ist es nicht, die Karla da durchzieht. Wer nimmt sich, wenn die Recherche am Spätnachmittag in tiefen Sand gerät, schon die Zeit, noch mal in Ruhe Bilanz zu ziehen? Wer schreibt sich vor einer Pause eine Frage auf? Wer macht überhaupt kurz vor Feierabend noch eine Pause? Karla hat hier zwei empfehlenswerte Methoden angewendet, die Karteikarten-Methode und die Methode „Gezielte Pause".

## Die Karteikarten-Methode

DIN-A7-Karteikarten können Autoren in vieler Hinsicht nützlich sein. Sie sind handlich, kosten nicht viel, und es gibt sie in mindestens fünf Farben. Karla benutzt sie, um ihre Gedanken, die mitten in der Recherche recht wirr durcheinanderschießen, rasch auf dem Tisch abzubilden. In Sekundenschnelle schreibt sie für jeden Rechercheschritt eine Karte. Das verschafft ihr einen Überblick darüber, was schon erledigt ist, und lenkt den Blick darauf, was jetzt ansteht. Der Vorteil von Karteikarten gegenüber einem Cluster auf Papier ist, dass das Bild beliebig verändert werden kann. Der Nachteil ist, dass das Kartenbild mehr Platz einnimmt und nicht transportabel ist.

## Gezielte Pause

Pausen stehen in Deutschland leider unter dem Generalverdacht der Drückebergerei. Nur wenige Unternehmen, Agenturen und Selbständige setzen Pausen gezielt ein, um bessere Ergebnisse zu erreichen. Dabei ist vielfach erwiesen, dass kurze Pausen die Konzentrationsfähigkeit und die Gesundheit stärken. Gemeint sind allerdings richtige Pausen, also solche, in denen das Hirn entlastet und das Denken entkrampft wird. Für Medienprofis heißt das vor allem: nicht telefonieren, nicht am Computer sitzen, keine Kurzmitteilungen verschicken, nicht über die Arbeit reden, nicht fernsehen. Sinnvoll ist dagegen: sich bewegen, gehen, den Kreislauf ankurbeln; Bilder und Situationen betrachten, die mindestens zehn Meter entfernt sind; anschließend, wenn möglich, 5 bis 15 Minuten die Augen schließen, am besten kurz einnicken. Nicht länger.

Nach so einer Unterbrechung müssen Sie erst wieder an das vorher Gedachte anknüpfen. Am besten geht das, wenn Sie sich vorher die Frage aufgeschrieben haben, vor der Sie gerade standen. Nicht selten werden Sie feststellen, dass Ihr Hirn weitergearbeitet hat. Es wäre nicht verwunderlich, wenn Ihnen beim Wiederbeginn eine interessante Lösung einfiele, ohne dass Sie darüber nachgegrübelt hätten.

**Brainstorming und Ideenkonferenz: Die verkannten Alleskönner**

Karla hätte auch einen oder mehrere Kollegen um Unterstützung bitten können. Die geeignete Methode wäre das Brainstorming gewesen, jener Hirnsturm, den der amerikanische Werber Alex Osborn sich in den fünfziger Jahren ausdachte und der heute fest ins Vokabular aller Büroarbeiter gehört. Allerdings hat das, was unter diesem Motto stattfindet, oft wenig bis nichts mit Osborns Erfindung zu tun. Diese Technik wird gerade in Redaktionen und Agenturen inkonsequent angewendet; sie wirkt deshalb oft kontraproduktiv und verdirbt die Stimmung.

Ich spreche deshalb lieber von einer *Ideenkonferenz* als von einem Brainstorming. Karla hätte es so anfangen müssen:

1. Ein bis drei Kollegen suchen, sie um exakt fünf Minuten ihrer Zeit bitten.
2. Das Problem mit *einer* Frage benennen und aufs Tempo drücken.
3. Alle Ideen sammeln, ohne eine Bewertung vorzunehmen oder zuzulassen.
4. Wenn der Ideenfluss stockt, nachfragen, notfalls auch schräge Gedanken oder auf den ersten Blick sinnfreie Anregungen einwerfen, Hauptsache, es kommen weitere Antworten.
5. Wenn die Zeit zu Ende ist (nicht vorher), allen danken und das Spiel beenden. Die Ergebnisse anschließend allein sortieren und bewerten.

So hätte Karla die fünf *Kardinalfehler* beim Brainstorming vermieden, die da sind:

1. Keine enge Zeitbegrenzung.
2. Keine klare Fragestellung.
3. Die Teilnehmer denken langsam und in die Tiefe anstatt schnell und in die Breite.
4. Ideenproduktion und -bewertung werden vermischt.
5. Zu viele Leute beteiligen sich an der Ideenauswahl.

Bisoziation: Wie der Zufall unsere Neuronen in Wallung bringt

Sinnfreie Anregungen sollte Karla geben, hieß es eben. Da protestiert der analytische Verstand. Die auch als Reizwort- oder Reizbildtechnik bekannte Methode Bisoziation wirkt für systematisch denkende Menschen unseriös. Sie funktioniert so: Ein Begriff, ein Bild oder ein Gegenstand, die nichts mit der Ausgangsfrage zu tun haben, werden auf die Frage hin untersucht: Welche Lösung bietet er/sie/es für das Problem an? In einer Ideenkonferenz dauert das pro Objekt gerade mal 20, 30 Sekunden.

Karla hätte beispielsweise einen Kaffee-Pappbecher aus ihrer Pause auf den Tisch stellen und fragen können: „Welchen Hinweis auf eine besondere Geschichte zur Gesundheitsreform gibt dieser Becher?" Der eine Kollege mag dann eine Glosse vorschlagen, die ein Pausengespräch zwischen zwei jungen Angestellten über die Reformpolitik karikiert. Der andere denkt vielleicht an die Biegsamkeit der Pappe und an die Ministerin, die vor den Lobbyisten einknickt. Der dritte vergleicht die Reform mit einem Becher, der schon Altpapier ist, bevor der Inhalt ausgetrunken ist. Es ist erstaunlich, was für Ergebnisse ein beliebiges Objekt hervorbringen kann. Gerade der Moment der Irritation („Was soll denn das jetzt?") bietet die Chance für frische Verknüpfungen im Hirn.

Karlas Kreativprojekt, Teil 3

Karla hat inzwischen ihre Idee zum Stichwort Referentenentwurf ausgearbeitet und geprüft, ob das bislang gesammelte Material reicht. Währenddessen hat die Mitarbeiterin des Abgeordneten zurückgerufen. Die kennt den Entwurf und erklärt Karla seine Genese und die politischen Kräfte dahinter. Sie weiß sogar, dass die Ministerialbeamten sich gegen den Auftrag gesträubt haben. Der Entwurf ist also gegen den Widerstand der Experten auf Anweisung der politischen Spitze zustande gekommen; das erklärt auch, warum er der Opposition so offensichtliche Angriffsflächen bietet. Vielleicht handelt es sich sogar nur um einen Testballon: Die Ministerin will wissen, wie heftig die Reaktion ausfällt, um sich erst dann mit einem eigenen Vorschlag festzulegen.

Karla schaut noch einmal auf ihr Karteikarten-Bild. Wenn sie einige Fakten erhärten kann, hat sie genug Material für eine Analyse. Mit der will sie morgen Vormittag auf jeden Fall online gehen. Da kann sie die Entstehung des Referentenentwurfs erklären und die Reaktionen vom Vortag zusammenfassen. Aber ist das schon alles?

Karla kommt im Moment nicht weiter. Bevor Sie in dieser Stimmung nach Hause geht, ruft sie aber noch mal schnell eine Kollegin an, mit der sie sich gut versteht. Die beiden haben vereinbart, sich gegenseitig Sparringspartner beim lauten Denken zu sein. Karla hat Glück und erreicht sie sofort. „Fünf Minuten", sagt sie, und die Kollegin weiß sofort Bescheid: „Okay, kann losgehen." Karla redet, die Kollegin fragt gelegentlich dazwischen und schaut auf die Uhr. Am Ende hat Karla zwei Alternativen identifiziert: Die klassische Analyse und – eine längere Glosse zur Geschichte der Referentenentwürfe in der Gesundheitspolitik.

**Mal eben drüber reden: „In fünf Minuten fährt der Bus"**

Medienprofis sind in der Regel kommunikative Menschen. Für viele ist das Gespräch der Standardzugang zum eigenen Denken. Allerdings erschließt das übliche „Sag mal, was meinst Du eigentlich dazu?"-Gespräch dieses Potenzial nur zum Teil. Ein paar Leitplanken sollten Sie schon aufstellen, damit Sie rasch kriegen, was Sie wollen, und das Gespräch nicht abdriftet in eine Plauderei.

Daniel Perrin hat eine Methode vorgeschlagen, die sich bestens auf Karlas Situation anwenden lässt. Und zwar so: Sie bitten einen Kollegen oder eine Kollegin, persönlich oder am Telefon, Ihnen mal kurz zuzuhören. Damit das Ganze nicht ausufert, gehen Sie einfach davon aus, dass Ihr Partner in genau fünf Minuten abbrechen und das Zimmer verlassen muss, um den Bus zu kriegen. Ihr Partner hat also nur den Job, auf die Uhr zu schauen und Ihnen Fragen zu stellen – er ist eine Art Moderator. Wenn er selbst ein paar Ideen beisteuern will, auch gut, aber darum geht es eigentlich nicht. Sie schildern ihm das Problem auch nur ganz knapp, dazu ist keine Zeit, und er muss es nicht verstehen. Sie reden einfach drauflos, er gibt gelegentlich einen Impuls, enthält sich jeglicher Bewertung, und nach fünf Minuten ist Schluss. Ohne großen Dank und Abschied, einfach in professionellem Einverständnis.

Aus diesem Ablauf wird schon klar, dass Sie Ihren Gesprächspartner vorbereiten, ja geradezu trainieren müssen. Weil es unwahrscheinlich ist, dass er immer gerade dann Zeit hat, wenn Sie ihn brauchen, müssen Sie mehrere potenzielle Sparringspartner in diese Rolle einweisen. Sie brauchen am Anfang also Zeit und Überzeugungskraft. Obendrein müssen Sie den anderen auch selbst als Kreativpartner zur Verfügung stehen. Eine echte Investition, aber sie zahlt sich aus. Mit der Fünf-Minuten-Methode können Sie eine Menge Ideen in kurzer Zeit sammeln und manchen Gedankenstau auflösen. Wenn jemand von Ihnen diese Unterstützung erbittet, werden Sie rasch merken, dass auch das bloße Mitwirken kein Stress ist, sondern Sie sogar bereichern kann: Es macht Spaß, anderen zu Ideen zu verhelfen.

## Karlas Kreativprojekt, Teil 4

In der Frühkonferenz stellt Karla ihren Plan vor: Zusätzlich zur Analyse will sie eine Glosse mit vielen Links schreiben. Sie hat schöne Beispiele dafür gefunden, wie Minister und Parlament die Referenten für ihre Zwecke benutzt haben: Die Fachkompetenz der Beamten war dabei immer nur Spielball der Politik. Der Plan findet Zustimmung. Sie bittet die Runde noch um drei Minuten und stellt eine Frage: „Hat jemand eine Idee, wie ich an pensionierte Spitzenbeamte aus dem Gesundheitsministerium herankomme?" Alle reden munter drauflos. „Über den Personalrat", schlägt jemand vor, „über die Ortsverbände der Parteien" ein anderer, „übers Zeitungsarchiv und dann übers Telefonbuch". Dann fällt Ihrem Chef ein, dass er mal auf einer Konferenz mit einem älteren Ministerialbeamten gesprochen hat. Die Karte ist noch da, ein ungewöhnlicher Name, den findet man im Telefonbuch. Die drei Minuten sind um. Karla bedankt sich, die Konferenz ist zu Ende.

## Brainwriting: Tempo, Tempo für die Vielfalt

Karla hat ihren Kollegen die Standardfrage gestellt: „Hat jemand eine Idee, wie ...?" Immerhin hat sie eine enge Zeitvorgabe verkündet und sich anschließend auf keine Diskussion eingelassen. Das war professionell. Bei einer komplexeren Frage und mit etwas mehr Zeit hätte Karla die Methode Brainwriting anwenden können. Das geht so: Auf ein DIN-A4-Blatt zeichnen Sie ein Rechteck, das den ganzen Raum ausfüllt. Sie unterteilen dieses in drei gleich breite Längsspalten. Nun zeichnen Sie so viele Zeilen ein, wie Teilnehmer dabei sind. Faustregel: mindestens drei, höchstens sechs. Ihre Tabelle ähnelt jetzt einem Blech mit Butterkuchen, der in servierfertige Stücke geschnitten wurde. Sie geben jedem Teilnehmer eine Kopie des Blattes. Nun formulieren Sie Ihre Frage und jeder Teilnehmer schreibt in die obere Zeile auf dem vor ihm liegenden Blatt, welche drei Lösungen ihm spontan dazu einfallen. Dazu hat er zwei Minuten Zeit. Gesprochen wird nicht. Jede noch so abgedrehte Lösung ist erlaubt, ja sogar willkommen.

Das war die erste Runde. Anschließend reicht jeder das Blatt an den Nachbarn zur Linken weiter. Jeder liest, was sein Vorgänger geschrieben hat, und schreibt, die Idee oben jeweils aufnehmend, drei weitere Lösungsideen in die Kästchen darunter, wiederum in zwei Minuten. So wandern die Blätter nach links reihum. Nach spätestens zwölf Minuten sind alle bis zu sechs Blätter gefüllt. Sie verfügen jetzt über 48 bis 108 Rohideen, je nach Zahl der Teilnehmer. Die Methode generiert also rasch viele Vorschläge, ist aber vor allem bei klaren Ausgangsfragen hilfreich. Also nicht fragen: „Wie kommen wir aus der Krise?", sondern besser: „Wie erhöhen wir die Clickraten unseres Online-Mediums, ohne zusätzliche Kosten zu verursachen?" Das bringt erfahrungsgemäß mehr als die x-ste Konzeptdiskussion.

Brainwriting kann man auch allein machen: Das Schema hat dann drei mal drei Felder. Sie schreiben drei Grundideen in die erste Spalte, drei Abwandlungen davon in die zweite und drei Abwandlungen der Abwandlungen in die dritte. Anschließend kreisen Sie jene Ideen ein, mit denen Sie weiterarbeiten möchten.

### Marktplatz-Konferenz: Schwatz am Stand der anderen

In einem Team, das viel Erfahrung mit Kreativ-Methoden hat, hätte Karla auch eine kurze Marktplatz-Konferenz einberufen können. Jeder Teilnehmer schreibt dazu seine Ausgangsidee zur Leitfrage in die Mitte eines DIN-A3-Blatts. Diese Blätter werden dann im ganzen Raum ausgehängt oder auf Tische gelegt. Nun nimmt jeder einen Stift und geht zehn Minuten lang umher. Er schaut sich die Vorschläge der anderen an, notiert Ideen, die diesen Ansatz aufnehmen, gleich an Ort und Stelle auf dem DIN-A3-Blatt, ähnlich wie einem Clustering. Dann kehrt er zu seinem Blatt zurück und denkt die Vorschläge der anderen weiter.

Dabei darf und soll geredet werden – wie auf einem Marktplatz, wo man von Stand zu Stand geht und sich mit Händlern und Kunden über die Waren und Preise unterhält. Für alle ist dabei klar, dass es keine Totschlag-Argumente gibt („Haben wir noch nie so gemacht!" „Wen interessiert das denn?"), sondern nur so genannte Ausbau-Fragen: „Du meinst das also so …? Dann könnte man ja auch …?" Die härteste Form der Ablehnung wäre: „Damit kann ich nichts anfangen." Es geht eben nicht ums Bewerten, sondern immer nur ums Weiterdenken.

Noch einmal: Quantität statt Qualität! Tempo statt Tiefgang!

Karla kann zufrieden sein mit ihrer Ideenausbeute. Als versierte Kreativarbeiterin hat sie allen Versuchungen widerstanden, sich mit abgestandenen Ideen zufrieden zu geben. Sie hat sich Hilfe geholt, wo es sinnvoll war, und die anderen rausgehalten, wo sie keine Lust auf Diskussionen hatte. Jetzt muss sie nur noch die Recherche zu Ende bringen und sich dann darauf konzentrieren, ihre Geschichten möglichst schnell runterzuschreiben.

## Und was macht man mit den vielen Ideen?

Nun ist es sicher nicht jedem gegeben, eigenes und fremdes Kreativpotenzial so souverän zu nutzen. Meine Empfehlung ist: Beginnen Sie doch einmal mit den vorgeschlagenen Methoden und den Grundsätzen „Quantität statt Qualität!" und „Tempo statt Tiefgang!" zu experimentieren. Zumindest dürften Sie damit den Output an Ideen spürbar erhöhen. Dabei muss nur allen Beteiligten klar sein: Viele Ideen in möglichst kurzer Zeit zu produzieren ist nicht das End-, sondern nur ein Etappenziel. Gute Ergebnisse erreichen Medienprofis nur, wenn sie auch die eher von der linken Hirnhälfte dominierten Arbeitsphasen – jene des Sortierens und Auswählens – methodisch versiert steuern.

Schauen wir uns also Karla und ihr Schreibprojekt noch einmal an: Was hat sie getan, um aus der Menge der Ideen die richtigen auszuwählen? So viel vorab: Karla könnte sich auch dafür Walt Disney zum Vorbild nehmen. Im folgenden Kapitel erfahren Sie, wohin der Altmeister des Trickfilms sich setzte, sobald er von seinem Träumer-Stuhl aufstand.

# 9 Abschied tut weh
## Techniken der analytischen Durchdringung

*„Kompetenter Journalismus ist kompetentes Weglassen.*
*Das ist eine Frage der Qualität des journalistischen Handwerks*
*und nicht des Mediums."*
Frank Plasberg, Fernsehmoderator

Walt Disney startete seine Projekte als Visionär, aber gleich daneben standen zwei weitere Stühle. Wenn er ein paar Ideen erträumt hatte, setzte Disney sich zuerst auf den Kritikerstuhl und ließ kein gutes Haar an ihnen. Er zweifelte an Sinn, Wirkung und Machbarkeit. Er wies auf Risiken und Unwägbarkeiten hin. Man kann sich vorstellen, wie kümmerlich manche eben noch genial erscheinende Idee dann aussah.

Aber es gab ja noch den dritten Stuhl, den des Realisten. Disney nahm auch darauf Platz und betrachtete die Ideen noch einmal nüchtern. Wo hatte der Träumer Aussichtsreiches hervorgebracht, ohne den Wert des Gedankens aber schon beweisen zu können? Welche Argumente des Kritikers waren berechtigt, welche überzeichneten die Gefahren? Der Realist bestimmte, wie es weiterging.

Sie haben es längst bemerkt: Die drei Rollen, mit denen Walt Disney arbeitete, kennen Sie bereits. Der Träumer, der Kritiker und der Regisseur sind wichtige Mitglieder im typischen inneren Schreibensemble. Der Kritiker ist bisher nicht allzu gut weggekommen. Es ging im Wesentlichen darum, ihn von destruktiven Zwischenrufen abzuhalten. Der Regisseur hatte bisher nur die Aufgabe, das richtige Maß beim Zeitmanagement zu finden. Die beiden kommen jetzt zur ihrem Recht. Der Kritiker bewahrt Medienprofis davor, jeder hergelaufenen Idee zu folgen. Der Regisseur achtet darauf, dass die Ensemblemitglieder sich nicht gegenseitig blockieren, und er forciert Entscheidungen.

So gelingt es einem Autor, Abschied zu nehmen von einem Teil seiner Einfälle. Weil sie nicht gut genug sind oder – was häufiger der Fall ist – weil sie einfach nicht in den Text passen wollen. In der Kreativspirale findet dieser Sortiervorgang in jenen Phasen statt, die von der linken Hirnhälfte dominiert werden.

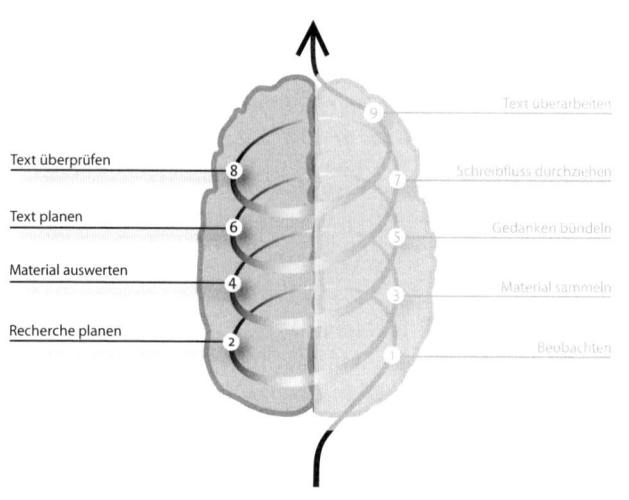

Text überprüfen — 8
Text planen — 6
Material auswerten — 4
Recherche planen — 2

Text überarbeiten — 9
Schreibfluss durchziehen — 7
Gedanken bündeln — 5
Material sammeln — 3
Beobachten — 1

*Abbildung 16: Kreativspirale, linker Teil*

*Unbestechlich: Die linke Hirnhälfte dominiert die Phasen der Auswahl*

Wie Träumer, Kritiker und Regisseur gut zusammenarbeiten, hat die Autorin Amelie Fried einmal so beschrieben: „Ich habe durchaus einen Hang zur Sentimentalität. Ich weine oft beim Schreiben, weil es so unglaublich ergreifend ist, was ich da gerade erzähle." Aber das Gefühl währt nur kurz. „Im nächsten Augenblick denke ich immer: ‚Das geht nicht', und reduziere es, bis es nur noch eine lapidare Geschichte ist, bei der die Gefühle durch Auslassungen entstehen. Das ist dann die Kunst beim Schreiben."

Im Schema der Kreativspirale (siehe Seite 68ff.) hat sich die Autorin zunächst in Phase 7 „Schreibfluss durchziehen" aufgehalten und sich dabei ganz ihrer Intuition überlassen – so sehr, dass ihre Phantasiewelt sie zu Tränen rührt. Dann hat der Kritiker seinen Lieblingssatz gesprochen: „Das geht nicht!", und die Autorin ist routiniert zu Phase 8 übergegangen, sie hat gestrichen. Der Regisseur hat dafür gesorgt, dass die Gefühle sehr wohl noch im Text bleiben, aber so, dass sie sozusagen zwischen den Worten stecken und erst im Kopf des Lesers ihre Wirkung entfalten.

Genau dies passiert nicht nur beim Wechsel vom Schreiben zum Überarbeiten, sondern an vielen Stellen im Schreibprozess. Immer geht es darum, den kalten Blick auf das zu werfen, was in einer rechtshirnig geprägten Phase entstanden ist, ohne dabei all die spontanen Einfälle zu entwerten. Das erfordert ein gutes Selbstmanagement – und eine Kultur des Kreativen, wie sie in deutschen Schreibstuben leider selten anzutreffen ist. Dort ist es nach meiner Erfahrung viel mehr üblich, das Problem des Aussortierens entweder herunterzuspielen („Fang einfach mal an zu schreiben, später schüttelt sich der Text dann zurecht.") oder an die Einsicht des Autoren zu appellieren („Werd dir doch erst mal klar, was du eigentlich willst.") Beide Ratschläge sind sinnlos; sie nützen dem Autor so wenig wie der Tipp „Sei doch mal spontan!" einem Schüchternen. Im Gegenteil, sie stoßen ihn noch tiefer in sein Dilemma. Ein Autor, der den Überblick verloren hat und nicht weiß, wie und wo er weiterarbeiten soll, bräuchte etwas anderes: praktische Sortierhilfe vor allem.

Bevor wir uns ansehen, wie die Online-Redakteurin Karla ihre Sortierprobleme löst, möchte ich Ihnen ein nützliches Werkzeug vorstellen. Die Schreib-Zielscheibe hilft Ihnen dabei, die Kriterien zu definieren, nach denen Sie Ihre Ideen sortieren. Dieses Verfahren braucht ein wenig Zeit, dafür müssen Sie auch nicht vor jedem Schreibprojekt alle Schritte ausführen.

## Die Schreib-Zielscheibe

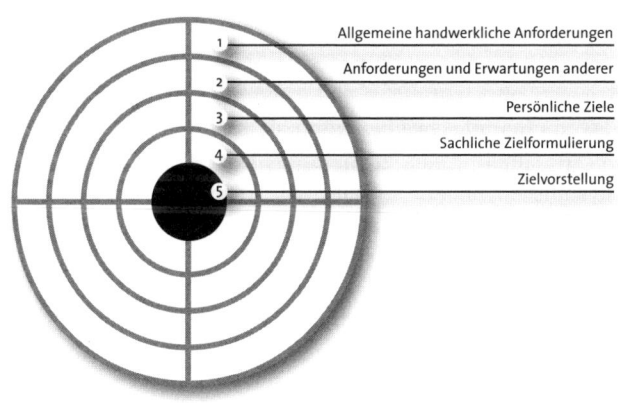

*Abbildung 17: Die Schreib-Zielscheibe*

*Herausfinden, wo man mit dem Text hin will: Die Schreib-Zielscheibe schafft Klarheit im Durcheinander der Motive*

**Worauf kommt es Ihnen an? Die Schreib-Zielscheibe**

Üblicherweise haben Medienprofis nur eine vage Vorstellung von den Anforderungen und Zielen, mit denen Sie arbeiten. Das Schaubild „Zielscheibe" bietet die Gelegenheit, das zu ändern. Nehmen Sie ein DIN-A4-Blatt zur Hand und machen Sie sich Notizen zu den folgenden Fragen:

*Zielring 1: Allgemeine handwerkliche Anforderungen*
Fragen Sie sich zunächst, welche objektiven Anforderungen bestehen. Eine Reportage sollte anschaulich sein, einen roten Faden haben, mehr beschreiben als bewerten. Eine Pressemitteilung sollte punktgenau informieren. Und so weiter. Vergegenwärtigen Sie sich kurz, worauf es ankommt. Notieren Sie dazu Stichworte.

*Zielring 2: Anforderungen und Erwartungen anderer*
Fragen Sie sich jetzt, welche Ziele andere wohl für Ihren Text haben. Welche Interessen stehen dahinter? Besondere Aufmerksamkeit verdienen hier ihre Kollegen und Chefs. Wer liest oder hört Ihren Text? Vergegenwärtigen Sie sich auch ein typisches Mitglied Ihrer Zielgruppe, wie sieht er/sie aus, was interessiert ihn/sie, was erwartet er/sie von Ihrem Text? Je konkreter Ihre Vorstellung, desto besser.

*Zielring 3: Persönliche Ziele*
Zunächst müssen Sie entscheiden, welche der Anforderungen von außen Sie akzeptieren oder zwangsläufig übernehmen müssen. Sicher gibt es aber noch zusätzlich persönliche Ziele: Wollen Sie zeigen, dass Sie einen solchen Text überhaupt schreiben können? Oder geht es Ihnen allein um Zeitgewinn: so schnell wie möglich durch? Kein Ziel muss Ihnen peinlich sein. Es ist völlig normal, an dieser Stelle ehrgeizige oder skurrile Ziele zu notieren, etwa: „Dem Chef zeigen, was er an mir hat" oder „Einmal so schreiben wie XY". Notieren Sie auch dazu Stichworte auf dem Zettel.

*Zielring 4: Sachliche Zielformulierung*
Jetzt kommt die schwierigste Aufgabe: Sie machen aus Ihren Notizen klare, sachliche Zielformulierungen. Versuchen Sie es einmal: „Ich will …" Ich selbst habe mich als Volontär mal ziemlich verlaufen, als ich die erste Seite-3-Geschichte schreiben durfte. Warum? Weil ich nun unbedingt zeigen wollte, was ich konnte, aber das Thema stinklangweilig war.

Es hätte mir geholfen, mit mir selbst zu klären: „Ich will 220 Zeilen brauchbare Reportage hinkriegen, mehr ist für mich nicht drin." Wenn man es so deutlich sagen soll, schrumpft das Repertoire an Zielen meist zusammen. Versuchen Sie, mit ein bis drei klar formulierten Zielen auszukommen.

*Das Schwarze: Kernsatz und Zielbild*
Ziele formulieren ist harte Arbeit, erlöst einen aber später von vielen Um- und Abwegen. Deshalb schlage ich Ihnen vor, Ihr Vorhaben auf ein einziges Ziel einzuengen. Formulieren Sie es im Präsens, so als ob Sie das Ziel schon erreicht hätten – und möglichst greifbar. Also nicht: „Ich will einen besonders schönen Text schreiben" oder „Meine Leser sind beeindruckt", sondern: „Meine Reportage aus dem Obdachlosenasyl bringt aufrüttelnde Szenen, bleibt aber insgesamt nüchtern." Da es bei Texten selten messbare Ziele gibt, müssen Sie sich hinterher einen vertrauenswürdigen Gegenleser suchen und ihm dieses Ziel als Prüfauftrag mitgeben: „Hält der Text die Balance zwischen Aufrütteln und sachlicher Beschreibung?" Wenn er das bestätigt, haben Sie Ihr Kernziel erreicht.

Den Kernsatz notieren Sie sich auf einem kleinen Extrazettel. Erschaffen Sie jetzt noch ein Symbol oder ein kleines Bild dazu, im Beispiel des Obdachlosenasyls könnte dies eine Waage sein. Dann können Sie den Zettel als Leitbild mit in die Schreibarbeit nehmen.

## Von der Expertenbrille zum Reporterblock

Stellen Sie sich als Beispiel vor, Sie schreiben frei für eine Fachzeitschrift in der PC-Branche. Als objektive Anforderungen für Ihre Kolumne können Sie notieren: „neu, informativ, unterhaltsam" (Zielring 1). Mit der letzten Kolumne war die Chefredakteurin allerdings nicht zufrieden. Sie hat Ihnen gemailt: „Schreiben Sie unbedingt noch aktueller" (Zielring 2).

Hm, was heißt das nun? Auf Nachfrage haben Sie's auch nicht konkreter erfahren, aber immerhin verstanden, dass die Chefredakteurin sich Sorgen wegen der Konkurrenz macht. Die haben jetzt so eine Meldungsrubrik „Innovationen". Jetzt überlegen Sie, was Sie für sich selbst übernehmen wollen (Zielring 3): Ja, vielleicht geht es noch etwas aktueller, aber eine Meldungsrubrik wollen Sie aus Ihrer Kolumne nicht machen, eigentlich schreiben Sie die Kolumne vor allem aus Prestigegründen, um Aufmerksamkeit für Ihre Fachkompetenz zu erzielen. Sie formulieren also als persönliches Ziel: „Etwas mehr Aktualität, wo es dem Leser nützt und mich kompetent aussehen lässt."

Daraus wird als sachliches Ziel (Zielring 4): „Noch genauer nach interessantem aktuellen Material forschen, eventuell regelmäßig Kontaktperson Y anrufen." Das Kernziel lautet schließlich: „Ich recherchiere bis zum 10.10. (eine Woche vor Abgabetermin) für die nächste Kolumne in der britischen Fachpresse und rufe den Experten Y an."

Das Zielbild, das sich dafür anbietet, ist ein Reporterblock. Aus den schwammigen allgemeinen Kriterien und der ebenso schwammigen Anmerkung der Chefredakteurin ist ein konkretes Vorhaben geworden. Der Reporterblock setzt als Bild einen neuen Akzent, denn für Ihre bisherigen Kolumnen hätten Sie eher eine Brille (Symbol für Expertenwissen) ausgewählt.

## Gut ausgestattet für den Sortierprozess

Die Schreib-Zielscheibe verändert sich von Thema zu Thema sehr viel weniger, als man meinen möchte. Wenn Sie das Schema zweimal durchgespielt haben, bekommen Sie ein Gefühl dafür, worum es Ihnen eigentlich geht und wie Sie Ihre eigenen mit objektiven und fremden Ansprüchen verbinden können. So ausgestattet, können Sie die Sortierphasen in Ihren Schreibprozessen bestens bewältigen. Es gibt aber zusätzlich eine Menge Techniken, die Ihnen beim Sortieren helfen können.

Karla sortiert Ideen, Teil 1

Beobachten wir noch einmal die Online-Redakteurin Karla, die in Kapitel 8 einige Kreativverfahren demonstriert hat. Sie erinnern sich, dass Karla fünf Minuten lang Ideen für die Recherche gesammelt und diese lose hintereinander aufgelistet hat. Angefangen hat sie mit „Presseerklärung vor drei Wochen", als letztes kam „Mitarbeiterin des Abgeordneten" dazu, alles zusammen rund 30 Stichpunkte. Karla könnte jetzt einfach anfangen, irgendwo auf der Liste. Sie nimmt sich aber noch einmal fünf Minuten, um die Liste zu prüfen.

Karla kennt den Politikbetrieb und würde deshalb die Fraktionsexperten am liebsten streichen, denn die sagen offiziell eh nur, was man schon weiß. Andererseits könnte es sein, dass sie dem einen oder anderen eine Andeutung zu den Hintergründen entlockt. Für die erste Recherchephase kommt sie an dieser Pflichtübung also nicht vorbei. Andere Punkte auf ihrer Liste kann sie tatsächlich streichen. Dazu gehören etwa einige Verbände: Wer zu diesem Thema etwas sagen will, wird es bis morgen früh sicher getan haben. Karla beschließt, diese Statements von den Nachrichtenagenturen zu nehmen. Sie streicht auch noch einige Ihrer Lieblingskontaktpersonen aus. Mit denen telefoniert sie zwar immer gern, aber zu diesem Thema haben sie wahrscheinlich nichts beizutragen.

Was übrig bleibt, sind etwa zehn Aufgabenpunkte, davon kann sie sogar noch zwei an das Redaktionssekretariat delegieren. Die kringelt sie mit einem grünen Filzstift ein. Allerdings bleibt die Frage, wo anfangen? Die fünf Minuten sind fast um, Karla beschließt, sich an die alte Recherchegrundregel „von außen nach innen" zu halten. Sie fängt also mit den wahrscheinlich wenig ergiebigen Punkten auf ihrer Liste an – mit dem Ziel, dort ihren Informationsstand zu heben, so dass sie am Ende, wenn sie wichtige Gesprächspartner an der Strippe hat, die richtigen Fragen stellen kann. Jetzt kann's losgehen. Sie unterstreicht sieben Stichpunkte mit einem roten Filzstift und gibt ihnen Ordnungszahlen. Dann fängt sie bei Nummer eins an.

## Farben und Zahlen schaffen Übersicht

Als geübte Kreativarbeiterin ist Karla nicht einfach losgestürmt, sondern hat erstmal die Liste zusammengestrichen und am Ende Hierarchiezahlen vor ihre Stichpunkte geschrieben. Dabei hat sie Farben verwendet. Beides war nötig, damit die Informationen auf dem Zettel für ihr Hirn rasch verarbeitbar sind. Denn im Laufe der Recherche wird sie immer wieder drauf schauen. Sich in einer einfachen Stichwortliste mit vielen Streichungen zu orientieren, ist jedes Mal neu kompliziert; das Gesamtbild des Zettels ist kleinteilig und unübersichtlich. Ohne Zahlen müsste sich Karla jedes Mal neu erinnern, in welcher Reihenfolge sie vorgehen wollte. Das Suchen und Erinnern bringt sie aus dem eher spontanen, rechtshirnigen Arbeiten (sie befindet sich dann ja gerade in der Phase „Material sammeln" der Kreativspirale) jedes Mal wieder ins analytische Denken. So wird die Arbeit schwergängig.

**Zum zweiten Mal: Lob der Karteikarten-Methode**

Wie wir aus dem vorigen Kapitel schon wissen, wird Karla im Laufe der nächsten Arbeitsphase die Recherchestichpunkte auf Karteikarten schreiben und diese nach Plan auf dem Tisch anordnen. Das hätte sie auch gleich zu Anfang tun können. Denn Karteikarten lassen sich aufreihen und zu Gruppen zusammenlegen, ebenso leicht ist es, sie wieder wegzunehmen oder sie umzudrehen, wenn man diesen Arbeitsschritt streicht. In der Sortierphase ist es noch wichtiger als in der Sammelphase, dass man die Ideen umgruppieren und sie aus dem Gesamtbild entfernen kann, und sei es nur versuchsweise. Dafür eignen sich Karteikarten bestens. Bei der Recherche kann man sich Ansprechpartner und Telefonnummern auf den Karten oder deren Rückseite notieren, ohne das Gesamtbild zu verzerren.

Einen Nachteil hat die Methode jedoch: Mitnehmen kann man das Bild nicht, nur die einzelnen Karten. Wenn Sie häufig den Schreibort wechseln, könnte das ein Problem sein. Sollten Sie Ihrem visuellen Gedächtnis nicht trauen, fotografieren Sie das Bild einfach mit dem Handy oder einer Digitalkamera ab.

Ein Problem entsteht, als Karla sich nicht entscheiden kann: Wo anfangen? Sie hilft sich mit einem Erfahrungsmodell für die Recherche („von außen nach innen"), das auf den Journalistikprofessor Michael Haller zurückgeht. In Entscheidungssituationen wie dieser können Sie auch folgende Methoden anwenden:

**Hilfsmittel für die Entscheidung zwischen Alternativen**

In einer Sortierphase kann es leicht geschehen, dass Sie festhängen: Textaufbau A oder B, was ist nun besser? Sie haben schon Vor- und Nachteile durchdacht, dann ist eine Art Blackout eingetreten, es lässt sich gerade keine Entscheidung begründen. So geht es Karla in unserem Beispiel bei der Frage, wo sie denn nun anfangen soll. Für solche Situationen schlagen die Kommunikationsexperten Manfred Gührs und Claus Nowak dies vor:

Formulieren Sie eine geschlossene Ausgangsfrage nach diesem Muster: „Soll ich Alternative A folgen?" Kreuzen Sie dann die passenden Kästchen in der Tabelle an, ohne lange nachzudenken:

| Hinführende Fragen | Ja | Nein | Weiß nicht |
|---|---|---|---|
| 1. Habe ich Lust dazu? | | | |
| 2. Ist es gut für mich? | | | |
| 3. Kann ich es anderen zumuten? | | | |
| 4. Kann ich es schaffen? | | | |
| 5. Ist es sinnvoll? | | | |

Wenn Sie spontan weniger als dreimal „Ja" angekreuzt haben, lassen Sie's. Wenn Sie viermal „Ja" angekreuzt haben, kommt es drauf an: Über ein „Nein" in Zeile 4 („Kann ich es schaffen?") können Sie nicht hinweggehen. Denn wenn die Zeit knapp ist, weil Sie Ihr Kind abholen oder eine kranke Verwandte pflegen müssen, dann ist eben gerade kein Raum für Experimente – auch wenn Sie Lust dazu haben. Über ein „Nein" in Zeile 1 („Habe ich Lust dazu?") können Sie mal hinweggehen, aber nicht immer wieder. Außer Sie wissen, dass Sie bald nach dem Anfangen dann doch Freude an so einer Arbeit empfinden können.

Dieses kleine Schema eignet sich übrigens für alle Arten von Entscheidungssituationen. Man kann es auch als Leitfaden für ein Gespräch mit einer Vertrauensperson nehmen. Oft läuft es darauf hinaus, aus den „Nein"- und „Weiß nicht"-Antworten Bedingungen für ein „Ja" abzuleiten. Oder ein überzeugtes „Nein" zu begründen.

## Karla sortiert Ideen, Teil 2

Karla hat die Recherche inzwischen weitgehend abgeschlossen. Dabei hat sie von ihrer Liste profitiert und die Schleifen ihrer Recherche Stück für Stück enger gezogen. Gegen Ende, nach einer kurzen Pause, ist sie ihrer Intuition gefolgt und hat eine Idee gehabt, die ihr aussichtsreich erscheint: Sie könnte ja auch ein unterhaltsames Stück über die Geschichte der Referentenentwürfe machen. An dieser Stelle ist es notwendig, dass Karla entscheidet, wie sie weiter vorgeht.

Karla findet das schwierig. Es ist 18.45 Uhr. Als letztes an diesem Tag geht sie in den Konferenzraum, schließt die Tür und stellt zwei Stühle einander gegenüber auf. Sie setzt sich auf den einen und sagt laut: „Sagen Sie mal, was wollen Sie eigentlich?" Dann setzt sie sich auf den anderen und beginnt zu reden – aus der Rolle eines typischen Mitglieds ihrer Zielgruppe heraus. Nach knapp zehn Minuten ist sie wieder an ihrem Schreibtisch und notiert sich ihren Plan für den nächsten Tag.

Eins ist ihr klar geworden. Mit Nachrichten bringt sie kaum noch einen Nutzer ihres Portals dazu, einen Text über ein Detail der Gesundheitsreform zu lesen. Die Leute haben das ewige Hin und Her satt. Aber etwas Unterhaltsames, zugleich Aufschlussreiches, das wäre mal andere Kost. Die Antwort auf ihre Frage heißt also: Auf jeden Fall das unterhaltsame Stück schreiben; das andere, die Standardvariante, so knapp wie möglich. Um 19.00 Uhr geht sie gut gelaunt nach Hause.

### Leserbesuch: „Sagen Sie mal, was interessiert Sie eigentlich?"

Karla hat eine Methode angewendet, die wenig mit gezieltem Nachdenken zu tun hat, aber trotzdem hilft, durchdachte Entscheidungen zu treffen. Beim so genannten Leserbesuch rücken Sie zwei Stühle zurecht und stellen sich vor, ein Leser, Hörer oder Zuschauer käme zu Besuch. Es handelt sich um ein typisches Mitglied Ihrer Zielgruppe. Notieren Sie zunächst ein paar Leitfragen, so als ob Sie ein Interview zur Marktforschung mit ihm oder ihr machen wollten. Falls die Zeit dafür fehlt, stellen Sie nur die eine Frage: „Was interessiert Sie eigentlich?" Dann nehmen Sie auf dem Leserstuhl Platz, stellen sich ausführlich vor und reden laut und frei aus der Rolle des Lesers drauflos. Anschließend wechseln Sie auf den anderen Stuhl und machen sich kurz Notizen zu den Antworten. Am Ende stellen Sie beide Stühle wieder an ihren ursprünglichen Ort. Das ist wichtig, um die Rollenspiel-Situation wirklich zu verlassen und in den Alltag zurückzukehren. Die Notizen nutzen Sie als Ausgangspunkte für Ihre Entscheidungen.

Vielleicht denken Sie jetzt, dass ein Medienprofi das ja schließlich immer tut: sich in seine Zielgruppe hineinversetzen und möglichst passgenau für sie schreiben. Schon, aber es ist ein erstaunlicher Unterschied, ob man darüber *nachdenkt* oder die Rolle des Nutzers *einnimmt* und seine Sichtweise *erlebt*. Der Leserbesuch ist eine Methode, die auf Jakob Levy Moreno und seine Lehre vom Psychodrama zurückgeht. Ungeübten mag sie etwas sperrig erscheinen, und sicher spielt sich eine Rolle besser, wenn es weitere

Teilnehmer gibt und am besten ein Moderator oder Coach mitwirkt. Aber auch allein kann man so erstaunliche geistige Ressourcen anzapfen. Statt über Marktforschungsanalysen und Leser- und Kundenbefragungen zu brüten, einfach mal ein Mitglied des eigenen Publikums spielen, das wirkt manchmal geradezu befreiend. Was wir über unsere Leser wissen, reicht oft aus, um ein klares Votum zu erhalten.

## Karla sortiert Ideen, Teil 3

Karla hat sich entschieden, sie hat die beiden Textkonzepte mit den Kollegen in der Frühkonferenz besprochen. Inzwischen hat sie auch noch den pensionierten Ministerialrat erreicht und damit die letzte Recherchelücke geschlossen. Die Elemente für ihre Geschichte hat sie alle schon im Kopf. Bevor sie nun ans Schreiben geht, will sie aber noch mal kurz prüfen, ob alles stimmig ist. Besonders bei dem unterhaltsamen Stück zum Thema Referentenentwürfe erscheint ihr das gar nicht so leicht. Sie nimmt sich einen DIN-A5-Block und skizziert den Aufbau. Da stehen dann folgende Stichworte untereinander: „Einstieg: Rätsel, Überleitung: Ministerialrat, These, Argumente: 1, 2, 3, Schluss." So sollte es gehen. Nicht zu lang, nicht zu kurz. Jetzt kann's losgehen. Oben drüber notiert sie eine erste Idee für die Überschrift und den so genannten Küchenzuruf, also die Kernaussage des Textes.

Karlas Plan entspricht, wie Sie schon aus Kapitel 3 wissen, genau dem, was die Schreibforschung empfiehlt: klar genug, um den roten Faden deutlich zu machen, aber einfach genug, um ihn notfalls einfach über Bord zu werfen. Für Karlas Zwecke dürfte das völlig ausreichen. Auch die Notizblockgröße ist gut gewählt, es passen gerade mal fünf bis zehn Stichworte untereinander, das fördert die Knappheit.

**Arbeitsüberschrift und Küchenzuruf**

Karla hat vor dem Schreiben eine Überschrift entworfen. Manchem erschiene das eine unzulässige Einengung der Phantasie, viele kommen damit gut zurecht. Eine Überschrift ist immer zugespitzt, sie gibt damit eine Richtung vor und kann beim Schreiben wie ein Wegweiser dienen.

Dazu dient auch der Küchenzuruf. Dieser Begriff geht zurück auf einen Formulierung des früheren „Stern"-Chefredakteurs Henri Nannen. Der ermunterte die Journalisten immer, sich vorzustellen, wie ein Mann seiner Frau, die gerade in der Küche werkelt, aus dem Wohnzimmer zuruft: „Mensch Grete, die in Bonn spinnen komplett! Die wollen schon wieder die Steuern erhöhen!" Der ganze Beitrag ist dann so zu schreiben, dass diese Kernbotschaft plausibel rüberkommt. Probieren Sie aus, welches Verfahren Ihnen am besten hilft.

### Die Lokomotive

Es gibt auch ausführlichere, trotzdem einfache Planungsmethoden. Zum einen könnte Karla mit ihren Karteikarten weiterarbeiten, diese aber noch um einige Strukturkarten in Bezug auf den Textaufbau ergänzen (etwa Einstieg, Überleitung, These). Oder sie versucht es so:

Einer der Altmeister der Journalistenausbildung, Hans-Joachim Schlüter, hat die Reportage einmal als eine Lokomotive mit Waggons dargestellt. Das Bild lässt sich auch auf andere Textformen anwenden. Sie können hier wiederum mit Karteikarten arbeiten: Auf der ersten skizzieren Sie eine Dampflok und dann je nach Bedarf Kohlewagen, Passagierwaggons und Güterwaggons. Die Kohlewagen sind die Thesen und Fragestellungs-Absätze, die Passagierwagen die Szenen/Zitate und die Güterwaggons bringen die nötige Sachinformation. Sie haben dann einen raschen Überblick, ob die verschiedenen Elemente des Textes in einem guten Rhythmus aufeinander folgen. Sie können auch stattdessen oder zusätzlich mit verschiedenfarbigen Karteikarten arbeiten. Legen Sie Ihre Geschichte am Boden aus und betrachten Sie die Lokomotive aus zwei Metern Entfernung. Das klärt einiges.

### Extrablatt

Entfernt verwandt mit der Lokomotivmethode ist ein Verfahren, das Philipp Maußhardt, Reporter der Agentur „Zeitenspiegel", anwendet. Vor dem Schreiben notiert er die Fakten und wichtigen Daten auf einem Extrablatt. Um im Bild des Zuges zu bleiben: Er stellt den Inhalt der Güterwaggons bereit und kann ihn dann bei Bedarf leicht überblicken und zupacken. Das hat zudem den Vorteil, dass er nicht durch Suchen im Schreibfluss gestört wird.

Da liegt sie, die Rohfassung, ausgedruckt. Karla hat einfach mal runterge-schrieben. Der Text ist noch etwa zehn Prozent zu lang und an einigen Übergängen war es schwierig, aber Karla wollte auf jeden Fall durchkom-men. Sie nimmt sie sich den Text auf Papier vor, kürzt mit dicken Strichen und schreibt Fragen an den Rand. Zuletzt überlegt sie noch einmal: Was wollte ich eigentlich mit dem Text erreichen? Leistet er das schon? Ginge es noch besser? Erst jetzt fällt ihr auf, dass der Ton vielleicht noch zu wenig unterhaltend ist. Sie notiert das auf der ersten Seite und setzt sich noch ein-mal an den Bildschirm.

## Lob des Ausdruckens

Es soll Medienprofis geben, die ihre Texte kaum überarbeiten. Das sind entweder absolute Könner – oder Stümper. Wenn selbst Ernest Heming-way feststellte: „The first draft is always shit", dann sollte das zu denken geben. Bei kurzen Texten, die routiniert runtergeschrieben werden, da mag es mit Kleinigkeiten getan sein. Ansonsten ist das Überarbeiten die zen-trale Technik, um einen Text wirklich gut zu machen. Nur extreme Detail-planer (siehe Kapitel 3) können diesen Schritt bei komplexen Geschichten umgehen. Mindestens ein Lesedurchgang, bei dem es nicht nur um Recht-schreibfehler geht, sondern der alles noch einmal im Grundsatz prüft, ist Pflicht. Am besten ändern Sie dafür mal kurz die Schrifttype und die Spal-tenbreite, auch das schafft Abstand.

Disney hätte sich zum Lesen auf den Kritikerstuhl gesetzt – und anschließend auf dem des Realisten entschieden, was umsetzbar ist. Karla druckt das Manuskript immerhin aus, sie schafft so eine leicht ver-änderte Sitzposition und eine haptische Ebene, die vorher fehlte. Zudem hat der Moment, da ein paar Manuskriptseiten sich übereinander sta-peln, für jeden Autoren etwas Erhebendes. Für einen kurzen Moment kann sich der Träumer freuen, was er da alles zusammengesponnen hat, bevor der Kritiker ran darf.

**Text überdenken in drei Schritten**

Wer noch nicht so routiniert im Redigieren von eigenen und fremden Texten ist, kann die drei Hauptarbeitsschritte nacheinander vollziehen:

1. Logik und Nachvollziehbarkeit prüfen, besonders in der Argumentation und bei Überleitungen.

2. Stil prüfen, Überflüssiges rausnehmen, lange Sätze teilen, Nominalstil vermeiden, Fremdwörter erklären, starke Verben finden, Begriffe und Syntax variieren.

3. Rechtschreibung, Zeichensetzung, Grammatik prüfen; gleichzeitig Zitate und Namen nochmals prüfen.

## Zu Hause zwischen Gegensätzen

In diesem und dem vorigen Kapitel habe ich Ihnen vorgeschlagen, die vielfältig ineinander verwobenen Phasen des Schreibprozesses auseinander zu nehmen und Stück für Stück anzuschauen. Jedem Denkstil seine Arbeitsweise, das ist der Leitsatz für alle die Techniken, die Sie in diesen beiden Kapiteln kennen gelernt haben. Kreatives Selbstmanagement beim Schreiben heißt, sich zwischen Gegensätzen häuslich einzurichten. Mit etwas Übung gelingt es Ihnen wie selbstverständlich, Ihrem Spieltrieb beim Ideensammeln oder Ihrem kritischen Verstand beim anschließenden Bewerten freien Lauf zu lassen. Nur gleichzeitig lassen Sie die beiden nicht ans Werk.

Diesen Trennungsgrundsatz können Sie umso leichter beachten, wenn Sie sich die Unterstützung von anderen sichern. Eine professionelle Textrückmeldung trägt wesentlich zum Gelingen bei. Sie entlastet den Autor davon, sein eigener Kritiker sein zu müssen. Wie Sie sich eine solche hilfreiche Rückmeldung organisieren, darum geht es im nächsten Kapitel.

# 10 Die Stunde der Wahrheit
## Wie Sie sich konstruktive Rückmeldung organisieren

*„Meist lese ich die Geschichte als erstes meiner Frau vor.*
*Manchmal abends, wenn sie schon ein bisschen müde ist.*
*Denn die meisten Leser lesen ja auch abends,*
*und ich möchte, dass sie nicht einschlafen."*
Stefan Willeke, „Zeit"-Reporter

Es war mein erster größerer Text als Volontär. An der Büroschreibmaschine hatte ich handbreite Spalten aufs Papier gehämmert und war nun recht zufrieden mit meinem Werk. Ich reichte die Seiten über den Tisch dem Ressortleiter und ging Kaffee holen. Meine Welt war in Ordnung. Ich war ein hoffnungsvoller Nachwuchsjournalist, hatte schon seitenweise in großen Zeitungen veröffentlicht. Jetzt sollte ich bei einer angesehenen Tageszeitung den letzten Schliff erhalten. Das fühlte sich gut an.

Als ich wieder saß, erhob sich mein Ressortleiter und begann, das enge Zimmer zackig zu durchschreiten. Zehn Minuten lang erklärte er allen Anwesenden, was meinen Text so vollständig unbrauchbar mache. Das falsche Tempus, die mangelnde Dynamik, einzelne Formulierungen. Er sah dabei meist aus dem Fenster, der Herbsthimmel über Berlin trübte seine Laune noch weiter ein: „Schülerzeitungsniveau" sei das, endete er schließlich und knallte mir das Manuskript auf den Tisch.

Ein Gutes hatte die Szene: Wir waren im gleichen Raum. Heute erhält mancher Anfänger eine solche Kritik per E-Mail. Das wäre schlimmer. So konnte ich dreimal schlucken, nach Worten suchen und dann erklären, fragen, mich wehren, was auch immer, Hauptsache, ich redete. Eine Kollegin vermittelte. Schließlich hatten wir geklärt, was ich konkret an dem Text ändern musste. Trotzdem haderte ich wochenlang mit meiner Berufswahl.

Jener Ressortleiter war kein Schinder. Mag sein, dass er mir aus pädagogischen Gründen einen Dämpfer verabreichen wollte. Auf jeden Fall hatte er, der Volontärsausbilder seiner Zeitung, eines nie gelernt: wie man produktiv über Texte redet. Er hatte die Schwachstellen an meinem Text klar erkannt, aber wem nützte es, dass er mir seine Kritik im Stil eines Militärrichters um die Ohren haute? Mir jedenfalls nicht. Am meisten gelernt habe ich später durch klare, sachliche und, ja, interessierte Rückmeldung. Jemand wollte, dass ich besser würde. Nicht bloß zeigen, dass er besser war.

Seit damals hat sich eine Menge geändert in der Art, wie sich Profis in Deutschland über Texte verständigen. Die alten Haudegen sind in Rente, heute geht es kontrollierter zu. Ein Auftritt wie der des Ressortleiters würde vielerorts Spott auslösen. Dafür ist der Austausch in den Redaktionen vorsichtiger geworden. Es wird zwar weniger doziert und (hin)gerichtet, aber auch weniger gestritten. So oder so bleibt auf der Strecke, was alle dringend brauchen, die professionell mit Texten arbeiten: Kontakt. Da treffen zwei aufeinander, die einen Text verschieden lesen. Das ist eine Chance für mehr Qualität. Aber nur, wenn sich die subjektiven Sichtweisen begegnen, ergänzen und verbinden, am besten im direkten Gespräch.

## Rückmeldung: Das Elixier, das den Fortschritt bringt

Wenn das gelingt, dann kann Rückmeldung – neudeutsch: Feedback – das Elixier sein, das den Fortschritt bringt. Wer anspruchsvolle Sachtexte schreibt, trifft bewusst oder unbewusst Entscheidungen. Er lässt weg, was ihm nicht wichtig erscheint, er wählt ein Format, einen Sound und einzelne Formulierungen. Die Entscheidungen fallen so schnell und so dicht, dass sie dem Autor gar nicht alle bewusst sein können. Da ist Gegenlesen lassen ein notwendiger Schritt. Der Leser benennt, was dem Autor gerade nicht zugänglich ist: „Diese Formulierung verstehe ich nicht, das hier ist irgendwie nicht zu Ende gedacht." Gemeinsam sind sie stark.

Selbst eine so zentrale Entscheidung wie die über die Hauptpersonen einer Reportage fällt manchmal erst nach dem Gegenlesen. Willeke: „In dieser Kokerei-Geschichte gab es anfangs eine dritte Person, den früheren Werkdirektor. Aber meine Kollegen meinten, der stört. Das habe ich eingesehen." Für diesen Beitrag (Titel: „Herr Mo holt die Fabrik") wurde Willeke mit dem Henri-Nannen-Preis ausgezeichnet. Ein solcher Erfolg ist trotz der herausragenden Leistung des Autors immer auch Teamwork. Für jeden, der professionell schreibt, sollte die Devise deshalb lauten: „Ich hole mir Rückmeldung, damit nicht andere – Redakteure, Lektoren, Vorgesetzte – mich zur Rückmeldung holen und mir vermeidbare Schwächen an meinem Text aufzeigen." Wer Rückmeldung umgeht, weil er um sein Ego fürchtet, kann im Mediengeschäft kaum bestehen.

Sicher, selbst bei einem versierten Kommunikationsprofi steigt im Moment der Rückmeldung der Andrenalinspiegel. Wenn ihm seine Arbeit wichtig war, wenn er wirklich hineingelegt hat, was ihm möglich war, dann ist er am Produkt auch emotional beteiligt. Trotzdem gilt: Sogar schlechte Rückmeldung ist besser als gar keine.

Heißt das im Umkehrschluss: Alles, was man mir über meinen Text sagt, stimmt? Im Gegenteil: Zur Professionalität gehört auch, der Rückmeldung genau den Raum und Ort im Schreibprozess einzuräumen, den sie verdient; sich genau die Art von Rückmeldung zu organisieren, die einem wirklich nützt; und sich aus der Rückmeldung heraus zu suchen, was sinnvoll und nützlich ist.

## Der feine Unterschied: Feedback und Kritik

Eine entwickelte Feedback-Kultur wird heute als zentraler Faktor für unternehmerischen Erfolg angesehen. Die Annahme lautet so: Wo jemand präzise Infos darüber erhält, wie sein Handeln oder Nichthandeln bei anderen ankommt, werden Fehler schneller erkannt und beseitigt.

Aber ist der Feedback-Glaube bloß eine weitere Sau, die durchs globale Managementdorf getrieben wird? Nun ja, diese Sau rennt schon ziemlich lange. Über Methoden und Qualität von Feedback wird viel diskutiert, über Sinn und Wirkung nicht mehr. Deshalb ist die Bedeutung eines qualifizierten Feedbacks inzwischen auch vielen Medienmenschen und -unternehmen bewusst. Allerdings wird im Alltag oft nicht mal der zentrale Unterschied zwischen Feedback und Kritik beachtet.

| Kritik | Feedback |
|---|---|
| Rückwärts gerichtet: Es geht darum, wie der fertige Text ist | Nach vorn gerichtet: Es geht darum, wie der Text werden könnte |
| Im Mittelpunkt steht der Kritiker und seine Reaktion auf die fertige Arbeit | Im Mittelpunkt steht der Autor: seine Konzepte und Ziele, seine Entwicklung |
| Oft vor Publikum | Unter vier Augen |
| Meist unerbeten | Erbeten oder akzeptiert |
| Oft mit rhetorischer Schlagseite (Text ist vor allem gut oder vor allem schlecht) | Nüchterne Stärken/Schwächen-Analyse |
| Der Autor schweigt dazu oder versucht, sich zu rechtfertigen | Immer im Gespräch |
| Darf zugespitzt sein | Soll angemessen sein (die Maßstäbe werden erläutert) |

Die Situation am Kapitelanfang – Ausbilder kujoniert Volontär – hatte mit Feedback nichts zu tun. Der Ranghöhere (stehend, abgewandt) begann einen Vortrag (vor Mithörern), der nur von dem fertigen Text handelte und davon, was dieser bei ihm, dem Leser, bewirkt hatte. Je länger er redete, desto schlechter erschien ihm der Text, und je mehr verstieg er sich zu Vermutungen über die Motive und Defizite des Autors. Schließlich gelangte er zu einem verletzenden Werturteil: „Schülerzeitungsniveau." Der Vorteil: Bei einer derartig scharfen Beurteilung muss der Autor sich auf die Hinterbeine stellen und dagegenhalten – eine Chance zur Verständigung. Trotzdem wirkt eine so selbstverliebt inszenierte Kritik, zumal von einem Vorgesetzten, einschüchternd auf Autor und Zuhörer. Unter Kommunikationsaspekten war das Tölpelei am Text.

Feedback funktioniert anders. Dazu würde der Vorgesetzte mit dem Volontär allein sprechen – und zwar wortwörtlich auf Augenhöhe, entweder beide sitzend oder beide stehend. Er würde den Autor fragen, warum er dies so und das anders gemacht hat. Er würde kurz und klar seine Lesart des Textes schildern sowie die Regeln und Maßstäbe benennen, die für ihn zentral sind. Anstatt draufloszureden, würde der Ausbilder das Gespräch darauf lenken, wie aus dem schlechten Text ein guter werden könnte. Und wie der Volontär sich so weiterentwickelt, dass der nächste Text deutlich besser wird. Wenn so ein Gespräch erfolgreich geführt wird, steigt die Textqualität, lernt mindestens der Autor dazu, entsteht Vertrauen.

Aber Vorsicht, auch hier gibt es ein Risiko: Wenn das Feedback zu vorsichtig ausfällt, wenn die zentrale sachliche Beobachtung nicht durchdringt, dann kapiert der Autor gar nichts und der Gegenleser verschwendet seine Zeit.

| Kritik | Feedback |
|---|---|
| *Chance:* benennt Schwächen scharf und klar; entfaltet meist eine starke Wirkung beim Autor. | *Chance:* stößt konkrete Verbesserungen am Text an; gibt Impulse für eine echte Weiterentwicklung des Autors; verbessert die Arbeitsbeziehung zwischen Autor und Gegenleser. |
| *Risiko:* wird leicht als Ersatzschauplatz für Hierarchiekonflikte und Fraktionskämpfe missbraucht; dient als Bühne für Selbstdarsteller; hinterlässt persönliche Verletzungen und Kommunikationsblockaden, bleibt dann ein folgenloses Ritual. | *Risiko:* fällt oft zu vorsichtig und unklar aus; bleibt deshalb wirkungslos. |

Nun beherrscht nicht jeder Gegenleser die Kunst des Feedbacks. Aber als Autor können Sie etwas tun, um die Situation zu entzerren. Es muss ja nicht immer gleich ein komplexes Gespräch sein. Daniel Perrin hat zwei einfache Verfahren beschrieben, wie Sie sich eine Rückmeldung selbst organisieren können.

### Der Stolper-Test

Suchen Sie sich jemanden, der Ihnen Ihren Text spontan und laut vorliest. Einfach drauf los. Sie hören nicht so sehr Ihrem Text zu. Sie achten vor allem darauf, wo der Vorleser stolpert, stockt, sich verhaspelt. Schon wie die Stimme klingt, verrät, ob der Leser alles versteht, sich wundert, genervt ist. Sie hören auch, wann ein Leser innerlich aussteigt und nur noch leere Sätze abliest. (Zur Not können Sie sich den Text nach einer Pause auch selbst vorlesen, ein paar Problemstellen werden Sie auch so aufspüren.) Markieren Sie alle Stolperstellen in Ihrem Text und überarbeiten Sie diese.

### Der Rückerklär-Test

Bitten Sie einen Gegenleser, Ihnen Ihren Text kurz zu erklären:
• Worum geht es? Was ist das Neue?
• Wie argumentiert und zu welchem Schluss kommt der Text?
• Oder stellen Sie Fragen zum Thema: Wie wirkt das neue Medikament? Worüber streiten sich die Koalitionsparteien?

Perrin empfiehlt: „Versteht die Testperson den Sachverhalt anders, als Sie es erwartet haben, erklären Sie mündlich, was Sie im Text meinen. Es wird sich dann zeigen, welche Textstelle die falsche Spur gelegt hat."

Für beide Verfahren gilt: Sobald die Testperson vorgelesen oder Ihre Fragen beantwortet hat, ist sie entlassen. Dazu müssen beide der Versuchung widerstehen, „noch mal so grundsätzlich" zu sagen, was man zu dem Text alles sagen könnte. Oft läuft es anders: Jemand gibt einen Text als Ausdruck oder Datei an einen Gegenleser weiter; danach ist alles möglich, von einer Bemerkung am Manuskriptrand, die dem Autor wenig nützt, bis zum Gespräch mit wechselnden Teilnehmern. Bei solchen Gipfeltreffen sagt dann jeder mal, was er so denkt und wie man den Text vielleicht auch hätte angehen können. Ein Extremfall ergab sich, als einmal zwei bedeutende Reporter einer bedeutenden Wochenzeitung zwei Stunden lang auf eine weniger bedeutende Kollegin einredeten, deren Text ihnen nicht gefiel. Am Tag darauf legte diese eine neue Version vor. Sie hatte einen Satz geändert.

Machen Sie's besser, organisieren Sie sich eine professionelle Rückmeldung. Finden Sie Leute, die das können. Oder leiten Sie Unerfahrene dazu an, dass sie Ihnen geben, was Sie brauchen – und nur das. Dabei hilft Ihnen die Eskalationsskala für Rückmeldesituationen.

## Die Eskalationsskala

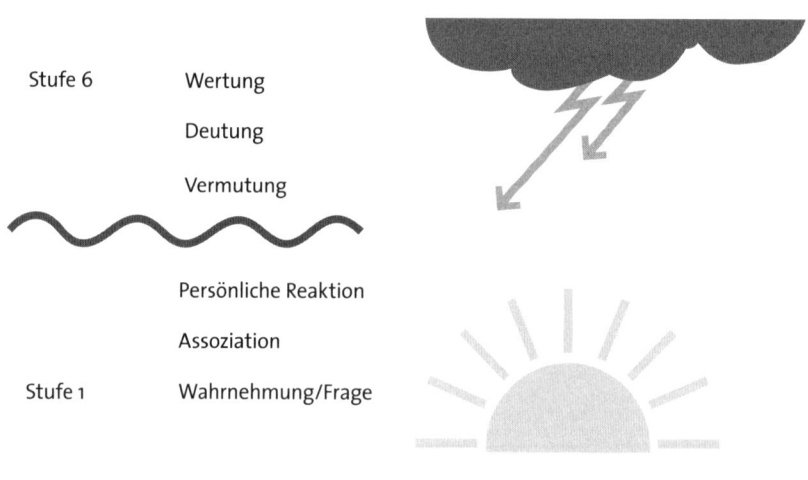

| Stufe 6 | Wertung |
| | Deutung |
| | Vermutung |

Persönliche Reaktion

Assoziation

Stufe 1     Wahrnehmung/Frage

*Abbildung 18: Eskalationsskala*

*Gefahr in der Unwetterzone: Ein konstruktives Feedback kommt ohne Vermutungen, Deutungen und Wertungen aus, zumal wenn die Beteiligten sich noch nicht gut kennen*

Gute Gegenleser können eine Menge bewirken, in dem sie zunächst Fragen stellen und sachliche Beobachtungen mitteilen. Erst mal sehen, wie der Autor reagiert. Vielleicht kommt schon jetzt ein guter Austausch in Gang, der Autor öffnet sich für die Sicht des Gegenlesers, er entdeckt andere Seiten an seinem Text. Wenn nicht, dann muss der Gegenleser deutlicher werden. Die Frage ist nur: Bis zu welchem Grad der Konfrontation? Wer sich freimütig und oft auf den Ebenen 5 (Deutung) und 6 (Wertung) äußert, wird manch herzliche Feindschaft knüpfen, die ein Leben lang hält, aber wenig verändern. In diesem Sinne könnte man auch – analog zur Erdbebenmessung – von der nach oben offenen Eskalationsskala sprechen.

---

**Praxisbeispiel: Rückmeldung auf eine Reportage**

Die junge Reporterin hat das Thema selbst vorgeschlagen und sich begeistert in die Recherche gestürzt. Es geht um ein Projekt zur Unterstützung von Flüchtlingen. Sie legt dem Lokalchef den Text vor. Sein Eindruck: zu wenig Distanz. Gute Menschen tun Gutes für gute Menschen, denen es unverschuldet schlecht geht. Der Kardinalfehler vieler Sozialreportagen: keine Spannung, kein Bezug zum Alltag der Leser. Die Reporterin hat, ohne es zu merken, den Leitsatz des verstorbenen Fernsehjournalisten Hanns-Joachim Friedrichs missachtet: „Ein guter Journalist ist einer, der sich nicht gemein macht mit einer Sache, auch nicht mit einer guten."

Soll der Lokalchef das der Kollegin jetzt um die Ohren hauen? Er entscheidet sich dagegen. Er ist ihr neuer Vorgesetzter, sie kennen sich kaum; sie scheint talentiert, aber auch recht sensibel.

Die Rückmeldeskala sieht für diesen Gegenleser ungefähr so aus:

1. Wahrnehmung/Frage
   „Sie beschreiben das Projekt und seine Mitarbeiter an drei Stellen mit Wörtern wie ‚vorbildlich‘, ‚unermüdlich‘, ‚Tag und Nacht Beistand leisten‘. Kritische Passagen sind mir nicht aufgefallen. War es Ihre Absicht, ein so eindeutig positives Bild von dem Projekt zu zeichnen?"

2. Assoziation
   „Ich dachte zwischendurch: Das muss ja der Himmel auf Erden sein. So etwas macht mich häufig eher misstrauisch."

3. Persönliche Reaktion
   „Nach zwei Dritteln des Textes war ich irritiert und ich musste mich zwingen weiterzulesen. Wenn alles nur gut ist, leidet die Spannung. Und ich habe die Erfahrung gemacht, dass die Leser vor allem sachliche, kritisch recherchierte Information wollen."

4. Vermutung
   „Ich vermute, Sie waren ziemlich begeistert von Ihren Gesprächspart-
   nern und wollen dem Projekt mit dem Text etwas Gutes tun."

5. Deutung
   „Sie bauen da eine Idylle auf und machen sich indirekt zur Pressesprecherin dieses Projekts."

6. Wertung
   „Dieser Text ist unprofessionell und komplett misslungen. Sie machen
   sich als Reporterin lächerlich."

Vielleicht verstehen Sie jetzt die Schlangenlinie, die in der Abbildung oben
zwischen Stufe drei und Stufe vier verläuft. Profis führen solche Textrück-
melde-Gespräche nur auf den unteren drei Stufen. Bis Stufe drei (persönliche Reaktion) geht es um Qualität, im Mittelpunkt stehen der Text und
die (mögliche) Einsicht des Autors. Danach geht es um Macht. Falls Sie
wirklich nur Gegenleser sind und nicht zugleich Mitverantwortlicher oder
Vorgesetzter, sollten Sie nach einer persönlichen Reaktion zügig das
Gespräch beenden. Wenn der Autor dichtmacht, dann will er offensichtlich
nicht auf Ihre Hinweise eingehen, jedenfalls in diesem Moment. Das ist
sein gutes Recht. Wenn Sie jetzt zur Vermutung, Deutung oder Wertung
greifen, dann wollen Sie sich durchsetzen. Anstatt den Autor zu unterstützen, spielen Sie dann Mr. oder Mrs. Wichtig.

Anders liegt der Fall, wenn Sie in der Hierarchie über dem Autor stehen.
Dann tragen Sie (Mit-)Verantwortung für das Produkt. Es sollte Ihnen
aber zu denken geben, warum der Autor Widerstand riskiert. Geübte Vorgesetzte werden deshalb nicht auf Stufe 4, 5 und 6 der Skala agieren. Sie
werden den Verständigungsversuch nach Stufe 3 abbrechen, bestimmte
Textänderungen in nüchternem Ton anordnen und sachlich begründen.
Und anschließend – sofort oder später – klären, warum der Autor blockiert.

Wo festangestellte Redakteure oder Lektoren mit freien Autoren arbeiten,
ist die Lage komplizierter. Mögen sie auch am längeren Hebel sitzen –
gegen denn erklärten Willen des Autors dürfen sie nur begrenzt in den Text
eingreifen. Also ist die Verführung groß, im Konfliktfall richtig dick aufzu-
tragen. Sehr professionell wäre das nicht. Man kann Dritte hinzuziehen.

Man kann Bedenkzeit geben und sich selbst nehmen. Wenn der Autor allerdings überzeugende Gründe für seinen Widerstand schuldig bleibt, dann muss das Konsequenzen haben. Sich der Kommunikation zu verweigern, damit sollten Sachtextautoren nicht durchkommen. Notfalls muss man die Zusammenarbeit so bald wie möglich beenden.

## Wir basteln uns einen guten Gegenleser

Was folgt daraus für Sie als Autor? Suchen Sie sich Gegenleser, die ohne Vermutung, Deutung und Wertung über Ihre Texte reden können. Schauen Sie sich im Kollegen- oder Freundeskreis um, wem Sie das zutrauen. Probieren Sie es mal mit einem Text aus. Wenn Sie zufrieden sind, machen Sie dieser Person ruhig einen förmlichen Antrag. Nur Mut, es ehrt andere, wenn man ihnen Vertrauen schenkt. Sobald Sie eine Person zum Lieblingsgegenleser ernannt haben und diese eine aufrichtige Zusage gegeben hat, können Sie sich verständigen, wie die Rückmeldung sein soll. Hier sind weitere Regeln für das Geben und Nehmen von Rückmeldung.

**Textrückmeldung aus der Sicht des Gegenlesers**

1. Vorklärung (Zeitpunkt, Situation, Gesprächsbereitschaft)

2. Die 3 Fs: fragen, fragen, fragen (nach Infos, nach Sichtweisen und Bewertungen)

3. Die 3 Ks: kurz, konkret, konstruktiv (beschreibend, angemessen, auf Veränderung gerichtet)

4. Die 3 Zs: zuhören, zuhören, zuhören

5. (bei Bedarf) Wünsche und Konsequenzen benennen

**Textrückmeldung aus der Sicht des Autors**

1. Vorklärung (Zeitpunkt, Situation, Gesprächsbereitschaft)

2. Die 3 Zs: zuhören, zuhören, zuhören

3. Die 3 Fs: fragen, fragen, fragen (nach Infos, nach Sichtweisen und Bewertungen)

4. Die 3 As: annehmen, ablehnen, aufklären (aufklären heißt: Motive für das Annehmen und Ablehnen erläutern)

5. (bei Bedarf) Konsequenzen benennen

Der Punkt „Vorklärung" erscheint vielen Medienleuten zu umständlich. Man hat doch gar keine Zeit, sich extra für eine Textrückmeldung zu verabreden! Also sieht man sich zufällig auf dem Flur und redet mal eben drauflos. So eine „Mal eben"-Rückmeldung funktioniert dann, wenn es so gut wie nichts zu dem Text zu sagen gibt. Und wenn es nicht schlimm ist, falls der Autor in der Eile nur Bahnhof versteht und gar nichts oder das Falsche ändert.

In allen komplexeren Fällen ist der Flur der falsche Ort. Auch am Schreibtisch, in Hörweite anderer Kollegen, kann die Rückmeldung nicht ihre volle Wirkung entfalten. Es kostet vielleicht nur Sekunden, sich eine ruhige Ecke zu suchen. Ebenso kostet es nicht mehr als eine Frage, um die Gesprächsbereitschaft beider Seiten festzustellen. Es bringt nichts, einen Autor, der dringend seine Tochter vom Kindergarten abholen muss, mit klugen Anmerkungen zu behelligen. Oder einem Textchef kurz vor einer Konferenz ein paar Worte Rückmeldung abzupressen. Am Anfang jeder Rückmeldung steht die gegenseitige Frage: „Haben Sie jetzt Zeit dafür?"

Noch eine Frage sollte nicht fehlen. Für sie gibt es keine Standardform. „Wollen Sie es wissen?" und „Sind Sie jetzt offen für meine Anmerkungen?" hört sich jeweils etwas umständlich an. Aber ohne das bringt die Rückmeldung wenig. Ein Autor, der sich eigentlich nichts sagen lassen will, jedenfalls nicht von diesem Gegenleser, wird auch nichts hören. Also erst mal die Gründe für das Desinteresse klären. Wenn der Autor nicht glaubhaft versichert, dass er die Situation wenigstens akzeptiert, kann kaum was Gutes daraus werden. Rückmeldung aufzunötigen ist Zeitverschwendung.

Wenn auch dies geklärt ist, kann alles sehr schnell gehen. Hauptaufgabe des Gegenlesers ist es, Fragen zu stellen sowie knapp, nachvollziehbar und nach vorne gerichtet seine Wahrnehmung zu benennen. Hauptaufgabe des Autors ist es, zuzuhören und Fragen zu stellen. Punkt, das war's.

Was dann noch kommen kann, aber nicht muss, ist dies: Der Autor sagt, was er von den Hinweisen nutzen will und was nicht. Er kann noch erklären, warum. Das empfiehlt sich aber nur, wenn es notwendig ist: Wenn also der Gegenleser in der (Mit-)Verantwortung steht und die beiden sich einigen müssen. In diesem Fall macht der Gegenleser am Ende klar, was jetzt passieren muss. Und der Autor sollte offen sagen, ob er da mitgeht. Wenn beide sich rausmogeln oder der Autor heimlich blockiert, wird der Konflikt nur verschoben. Mangelnde Konfliktbereitschaft einerseits und Feigheit vor dem Chef – das sind die beiden Hauptfeinde der Textrückmeldung.

Für Sie als Autor gilt: Wenn Ihre Gegenleser nicht so sind, wie Sie sie brauchen, dann helfen Sie ihnen, ihre Fähigkeiten auszubauen. Dabei könnte Ihnen die folgende vereinfachte Regelversion helfen. Sie eignet sich gut, um sie kopiert weiterzugeben oder sie im Konferenzraum aufzuhängen.

| Eine konstruktive Rückmeldung auf Texte ist ... | |
| --- | --- |
| erwünscht oder akzeptiert | nicht aufgenötigt |
| beschreibend | nicht bewertend |
| konkret | nicht allgemein |
| auf Veränderung ausgerichtet | nicht auf Zerstörung |
| ausgewogen | nicht einäugig |

Eine Frage blieb bislang ausgespart: Was soll man zuerst benennen, das Gute oder das Schlechte an einem Text? Zunächst: immer beides. Wenn Ihnen Schwächen auffallen, dann dürfen Sie die nicht für sich behalten, auch wenn der Beitrag Ihnen insgesamt zusagt. Umgekehrt hat ein Autor ein Recht darauf zu erfahren, was ihm gelungen ist, selbst wenn Sie das Stück insgesamt missraten finden. Was die Reihenfolge angeht, so gibt es Rückmelde-Profis, die darauf schwören, immer mit dem Schlechten anzufangen. Das hat den Vorteil, dass man sich um diesen Teil nicht herumdrücken kann und gleich klare Verhältnisse herrschen. Außerdem wird der Autor durch das Positive im zweiten Teil aufgefangen, im Idealfall macht er sich danach wohlgemut an die Überarbeitung. Was aber, wenn ihn Teil eins schon so mitgenommen hat, dass er Teil zwei kaum noch wahrnimmt?

Nach meiner Erfahrung hängt alles vom Vertrauensverhältnis zwischen Autor und Gegenleser ab. In Seminarsituationen gebe ich die erste Rückmeldung nach dem Schema „Erst die Stärken, dann die Schwächen". Es ist deutlich zu spüren, wie die Hörbereitschaft der Teilnehmer von Mal zu Mal wächst. Am Ende eines längeren Schreibcoachings interessieren sie sich gar nicht mehr für die Stärken ihrer Texte: Das haben sie jetzt oft genug gehört. Also bitte gleich zur Sache, welche Fehler sind da, was geht so nicht. Es ist schön zu sehen, wie der Austausch über Texte in einer solchen entwickelten Feedback-Kultur funktionieren kann: kurz, knackig, zur allseitigen Zufriedenheit. Und am Ende gewinnt der Leser.

Allerdings gibt es aus der Sicht von Autoren auch hoffnungslose Fälle. Sie sind an einen Chef geraten, der zwar nicht präzise ausdrücken kann, was ihm an Ihrem Text nicht gefällt, der aber die Situation nutzt, um seine Macht zu demonstrieren. Da ist Hopfen und Malz verloren. Sie können, sobald Sie merken, was gespielt wird, eigentlich nur noch eins tun: versuchen, ohne Schaden aus der Szene rauszukommen.

### Zuerst der Wächter, dann der Regisseur

In solchen Fällen helfen Ihnen zwei Mitglieder des inneren Schreibensembles. Zunächst schicken Sie den Wächter vor. Der sorgt für die nötige Festigkeit, wenn Sie sich gegen Deutungen und Wertungen verwahren, die Ihnen unangemessen erscheinen. Der Wächter unterstützt Sie dabei, einfache und schöne Sätze zu sagen: „Das ist Ihre Meinung" oder „Das bringt mich gerade nicht weiter." Für Rückmelder, die sich selbst inszenieren, sind das gemeine Sätze, denn sie zeigen, dass Sie sich nicht in dieses Spiel hineinziehen lassen. Der Wächter sorgt für die passende Köperhaltung dazu: aufrecht, Brust raus, direkter Blick auf den anderen. Klingt martialisch, ist aber angemessen, wenn jemand einen Text von Ihnen runtermacht. Es ist keine Schande, dass Ihnen das nahegeht und Sie sich dagegen verwahren. Widerstehen Sie bloß der Versuchung, zum Gegenangriff überzugehen. Seien Sie also auf der Hut – und souverän genug, trotzdem noch zu registrieren, wenn ein konstruktiver Gedanke des Gegenlesers auftaucht.

Dazu muss gleich hinter dem Wächter der Regisseur stehen. Er sortiert das, was vom Gegenleser kommt. Stellen Sie sich vor, alle Anmerkungen landeten zunächst in einem Korb, der zwischen Ihnen und dem Gegenleser steht. Der Regisseur wählt nüchtern aus, was nützlich ist. Das holt er heraus. Er lässt aber alles liegen, was Sie nicht brauchen können. Er lässt sich beim Sortieren nicht einmal von der Verpackung täuschen und erkennt sogar, wenn ein hässliches Äußeres einen hilfreichen Inhalt verbirgt.

**Verirrtes Feedback und der Trick mit dem Stuhl**

Sollte es einmal ganz hart kommen und jemand greift Sie bei einer Textrückmeldung grundsätzlich und persönlich an, dann wäre das wahrscheinlich ein verirrtes Feedback. Dann geht es entweder um etwas ganz anderes, um einen seit langem schwelenden Konflikt, und Sie sollten den Text beiseite legen und fragen: „Was ist denn mit Ihnen los? Worum geht es hier eigentlich?" Oder Ihr Gegenleser ist aus irgendeinem Grund ganz woanders: Vielleicht erinnert ihn etwas in Ihrem Text oder in Ihrer Person an frühere Erlebnisse oder es rührt an seine ehernen Grundsätze – dann attackiert er sie, ohne es zu merken, eher stellvertretend. So was kommt vor.

Bei verirrtem Feedback verlassen Sie die Situation am besten, wenn Sie können. Oder Sie stellen sich vor, Sie leiten die Kritik um. Die Angriffe biegen vor Ihnen nach links oder rechts ab und landen auf dem Nebenstuhl. Der Regisseur hört also auf zu sortieren und überlässt dem Wächter die Bühne.

## Abschied vom Genie

Professionelle Nüchternheit im Umgang mit eigenen und fremden Texten – das ist das Ziel. Jeder Schritt darauf zu bedeutet einen Gewinn an Souveränität, aber auch ein Stück Abschied: Abschied vom eigenen Genie. Jeder Gegenleser kann bei jedem Ihrer Texte Aspekte benennen, auf die Sie nie gekommen wären. Es geht nicht darum, wer Recht hat, sondern was daraus folgt. Gute Sachtexte entstehen auch im Dialog und profitieren von einem gewissen Maß an Teamarbeit. Sie als Autor sind zwar wichtig, aber nicht der Nabel der Welt. Diese Kränkung müssen Sie sich schon zumuten. Aber auch der Gegenleser muss ja etwas schlucken, nämlich dass es eigentlich nicht um ihn geht, um seine Lesart, seine Ideen, sondern um das Endergebnis. Unter das wird der Autor zeichnen.

Für den Autor gibt es einen zusätzlichen Trost: Je besser er sich in der Rückmeldephase organisiert, je vertrauensvoller der Umgang mit seinen Lieblingsgegenlesern ist, desto freier kann er vorher zu Werke gehen. So ist ein verlässliches Rückmeldeverfahren ein wirksames Mittel gegen Selbstzweifel. Davon mehr im nächsten Kapitel.

# 11 Gut gelaunt in der Geisterbahn
## So halten Sie Ihre Selbstzweifel im Zaum

*„Es gibt ja nichts Grauenhafteres*
*als eine weiße Seite Papier am Morgen."*
Johannes Mario Simmel, Schriftsteller

Es muss eine glückliche Zeit für Autoren gewesen sein: Bis Mitte des 20. Jahrhunderts gab es keine Schreibblockaden. Jedenfalls nicht in Enzyklopädien und psychologischen Wörterbüchern. Was man dort seit 1853 finden konnte, war lediglich der Schreibkrampf. Der entstand durch eine Überbeanspruchung der Hand- und Fingermuskeln und setzte Vielschreiber außer Gefecht.

Erst im 20. Jahrhundert machte eine neue Denkweise Karriere. Die Psychologisierung des Alltags begann, und so wurden in den 50er und 60er Jahren Schreibprobleme unter Schriftstellern und Medienleuten regelrecht populär. Bald fand sich auch der passende Begriff dafür: *writers' block*. Bis dahin hätte man bei diesem Wort an einen Stapel verleimter Blätter gedacht. Doch dann veröffentlichte der Psychiater Edmund Bergler 1950 sein Werk *The Writer and Psychoanalysis* und bezeichnete eine akute Schreibstörung als *writers' block*.

Der Erfinder der Schreibblockade war selbst ein hoch produktiver Schreiber. Bergler stammte aus Wien und war Ende der dreißiger Jahre nach New York emigriert. In etwa 35 Jahren veröffentlichte er 25 Bücher und rund 300 Zeitschriftenartikel. Als er starb, hinterließ er noch einmal fast zwei Dutzend fertige und über hundert unfertige Manuskripte. Er griff seine Themen mitten aus dem Leben: Glücksspiel, Frigidität, Lachen, Mode, Scheidung und Homosexualität. Auch vom Schreibstil her war Bergler kein Kind von Traurigkeit. Er teilte munter in alle Richtungen aus, neigte zu Größenwahn und Rechthaberei und scherte sich wenig um wissenschaftliche Trends. Seine Werke waren geistreich, blieben aber – bis auf den einen Begriff – ohne jeden Einfluss in der Fachwelt.

Unbewusst (wie es sich für einen Psychoanalytiker gehört) hat Bergler damit ein interessantes Vermächtnis hinterlassen: Es gelingt nur Ausnahmeschreibern, drei zentrale Faktoren der Produktivität miteinander in Einklang zu bringen, nämlich ein hohes Schreibtempo, eine hohe inhaltliche und stilistische Qualität sowie eine starke Wirkung ihrer Texte.

## Das Produktivitätsdreieck

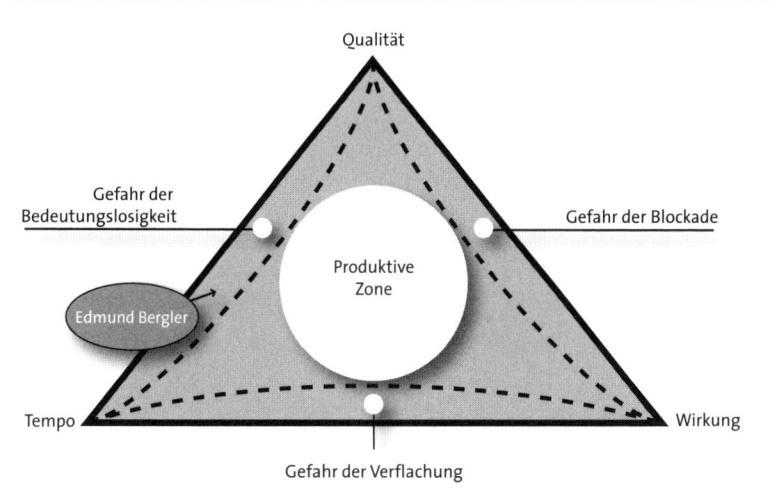

*Abbildung 19: Produktivitätsdreieck*

*In der Mitte liegt die Kraft: Produktive Autoren finden einen sinnvollen Ausgleich zwischen dem Wunsch nach Wirkung, dem Streben nach Qualität und dem Zeitaufwand beim Schreiben*

Edmund Bergler darf man links in der Grafik ansiedeln. Er schrieb viel, von gar nicht übler Qualität, aber er kümmerte sich wenig darum, ob seine Texte auch die Bedürfnisse des Publikums befriedigten. Er setzte sich damit der *Gefahr der Bedeutungslosigkeit* aus. Autoren, die mit Schreibschwierigkeiten oder gar Blockaden zu kämpfen haben, bewegen sich am gegenüberliegenden Rand des Dreiecks. Sie sind – bewusst oder unbewusst – ganz auf die Qualität und die Wirkung ihrer Texte konzentriert. Darunter leidet das Tempo, die *Gefahr der Blockade* steigt, manchmal kommt der Schreibfluss ganz zum Erliegen. Unten im Bild, wo es nur noch um Tempo und Wirkung geht, lauert die *Gefahr der Verflachung*. Beispiel: Autoren, die einen klischeehaften, also schlechten Boulevardzeitungsstil pflegen.

In diesem und dem nächsten Kapitel wird es darum gehen, was es eigentlich ist, das Autoren aus der produktiven Zone im Kreisinnern in die Blockadezone zieht – und wie sie rasch wieder in den Mittelkreis zurückfinden. Dabei stehen zunächst noch nicht Schreibblockaden im Mittelpunkt, sondern gelegentliche Schreibstörungen, wie sie jedem Medienprofi begegnen können.

## Schreibstörungen: Der ganz normale Wahnsinn

Zu Berglers Ehrenrettung muss man sagen: Ihm (und anderen Autoren seiner Zeit) kommt das Verdienst zu, Schreiben als wissenschaftliches Thema salonfähig gemacht zu haben. Heute ist es allgemein akzeptiert, dass Schreibstörungen Teil des Schreibprozesses sind und dass alle Autoren, die Besonderes schaffen wollen, ihnen früher oder später begegnen. Insofern haben Bergler und Co. zu einer Normalisierung beigetragen. Man kann heute über Schreibstörungen sprechen wie über eine Zahnwurzelbehandlung. Oder, wie Fritz Gesing es ausdrückt: „Mit Selbstzweifeln, depressiven Phasen, Schreibhemmungen und Ängsten muss jeder Autor und jede Autorin leben. Sie gehören zum kreativen Prozess und sollten akzeptiert werden."

**Der Schreibstörungs-Test**

Es ist schon erstaunlich, was Autoren alles veranstalten, anstatt rasch und zielgerichtet ihre Texte fertigzustellen. Gleich präsentiere ich Ihnen eine Auswahl der einschlägigen Verhaltensweisen. Kreuzen Sie alle an, die für Sie zumindest gelegentlich zutreffen. Vergegenwärtigen Sie sich dabei, wie Sie an einem wichtigen Text arbeiten.

**Vermeidungsstrategien vor dem Anfangen**

☐ Ich schiebe den Moment, wo ich mich hinsetze und anfange, möglichst lange hinaus.

☐ Ich kann meine Abgabetermine nur einhalten, indem ich Spät-, Nacht- oder Wochenendschichten einlege.

☐ Ich verpasse häufig Abgabetermine.

☐ Wenn ich mit einem Text anfangen muss, erledige ich stattdessen Haushalts- oder Bürotätigkeiten wie Aufräumen, Einkaufen oder Staubsaugen.

☐ Statt anzufangen, erledige ich Arbeiten, die ich seit langem vor mir her geschoben habe, zum Beispiel unangenehme Telefonate.

☐ Ich zeige körperliche Reaktionen wie Rücken- und Nackenschmerzen, Schlafstörungen, Appetitlosigkeit.

## Startschwierigkeiten

☐ Ich sitze vor dem leeren Bildschirm und kann mich nicht konzentrieren.

☐ Ich bastele am ersten Satz oder Absatz herum, aber komme nicht weiter.

☐ Ich habe Schwierigkeiten mit dem ersten Satz oder Absatz. Wenn ich über diese Hürde weg bin, läuft es besser.

## Schwierigkeiten unterwegs

☐ Ich kann gut anfangen, allerdings hänge ich dann oft nach dem ersten Absatz oder mitten im Text fest.

☐ Ich komme nicht voran, weil ich ständig unterbrochen werde (Telefon, Kollegen, Mails) und dann nicht wieder reinfinde.

☐ Ich verwerfe ständig Formulierungen und Strukturideen, kurz nachdem ich sie hingeschrieben oder ausprobiert habe.

☐ Ich denke intensiv darüber nach, ob der Text gut genug wird, ob meine stilistischen Fähigkeiten ausreichen und ob ich dem Thema gewachsen bin.

☐ Es kommt vor, dass ich stundenlang an einer Passage herumbastele.

**Gegen Ende des Schreibprozesses**

☐ Ich zögere die Abgabe bis zum letzten Moment hinaus.

☐ Ich verzichte darauf, den Text von anderen gegenzulesen zu lassen, auch wenn dies zeitlich und personell möglich wäre.

☐ Ich bin angespannt und nervös, wenn andere meinen Text lesen.


**Nach dem Schreiben**

☐ Ich lese meine Texte nach Abgabe/Veröffentlichung möglichst nicht mehr durch.

☐ Ich wehre Anerkennung ab und weise stattdessen auf die Schwächen meiner Texte hin.


Na, wie viele Kreuzchen haben Sie gemacht? Einen Profi, der lange und komplexe Texte schreibt und weniger als drei Kreuzchen auf dem Zettel hat, habe ich noch nicht getroffen. Und diejenigen, die weniger als fünf Kreuzchen machen, verfügen entweder über ein kugelsicheres Selbstbewusstsein, schreiben nur Routineformate oder flüchten sich in problematische Verhaltensweisen. Hier sind die vier beliebtesten:


**Problematisches Verhalten im Schreibprozess**

1. Wichtige Schritte im Schreibprozess wie Anfangen, Kürzen oder Aufhören nur widerwillig unter extremem Zeitdruck vollziehen.
2. Alkohol und Drogen gezielt einsetzen, um bestimmte Hürden zu überwinden.
3. Sich gegenüber Kollegen und Angehörigen ruppig benehmen und dauernd rumgranteln.
4. Sich vor Freunden und Familie zurückziehen, selten übers Schreiben reden, aber auch nicht richtig zuhören können.

Das Riskante an diesen Verhaltensweisen ist: Man nähert sich damit jenem Punkt an, von dem aus kleinere Schreibschwierigkeiten in Blockade und Burn-out umkippen können.

In diesem Kapitel schlage ich Ihnen vor, den unvermeidlichen Turbulenzen beim Schreiben auf andere Weise zu begegnen, nämlich mit Selbstironie. Komplexe Texte zu schreiben hat eben immer etwas von einer Geisterbahnfahrt. In der Gondel kann man sich gruseln oder sich amüsieren. Versuchen Sie einmal, Schreibschwierigkeiten zunächst mit Humor anzugehen.

## Geister und Gegenmittel

Sie kennen das Geisterbahn-Prinzip: Man sitzt in seiner Gondel und dann kommen sie, von rechts und links, oben und unten. Man wird mit Bildern und Szenen, die Angst machen sollen, konfrontiert. Figuren, manchmal sogar reale Darsteller, schnellen auf den Besucher zu. Hier einige typische Situationen in der Autoren-Geisterbahn.

### Das klappernde Skelett: Sie wissen zu wenig

Sie sollten Ihren Stoff beherrschen. Dazu müssen Sie nicht Fachmann oder -frau werden. Es genügt, wenn Sie innerhalb der Grenzen Ihres Themas die zentralen Fragen geklärt haben. Trotzdem kann es sein, dass sich Lücken erst beim Schreiben auftun, zum Beispiel an wichtigen Übergangsstellen. Das ist normal. Am besten, Sie lassen an dieser Stelle eine Lücke, schreiben erst mal weiter und recherchieren später.

Und was ist, wenn sich einfach nicht alle zentralen Fragen klären lassen? Dann passt das Thema nicht mehr. Sie haben zu diesem Thema nicht genug gutes Material bekommen. Trösten Sie sich, auch das ist normal. Wenn Sie den Text noch absagen können, tun Sie es sofort. Wenn nicht: Augen zu und durch. An *einem* dünnen Text ist noch keine Karriere gescheitert.

### Der Geist, der seinen Kopf unterm Arm trägt: Sie wissen nicht, wo lang

Sie haben einfach mal so angefangen, aber jetzt geht es nicht mehr weiter. Sie wissen viel, aber nicht, wie sich das jetzt in den Textablauf einordnen soll. In diesem Fall machen Sie erst mal kurz Pause, dann holen Sie ein

Minimum an Planung nach. Wenigstens den Küchenzuruf (siehe Seite 161f.) Ihres Textes sollten Sie sich überlegen. Und ein paar Stichpunkte zum Aufbau. Ansonsten bleibt Ihnen nur, mehrere Versionen zu schreiben. Deshalb ist es ökonomischer, den roten Faden jetzt gleich auszulegen.

Wenn das noch nicht reicht, gehen Sie einen kleinen, aber amüsanten Umweg: Tun Sie so, als sei Ihr Thema eine Person, nämlich Herr oder Frau Thema. Entwerfen Sie dann ein kurzes fiktives Interview mit ihr oder ihm, rasch runtergeschrieben, ohne nachzudenken. Stellen Sie Fragen zur Persönlichkeit von Herrn oder Frau Thema, zur gesellschaftlichen Bedeutung, zu den Zukunftsplänen und Problemen. Lassen Sie sich von den Antworten überraschen.

## Die Gift-Phiole mit Totenkopf: Das Thema interessiert Sie nicht (mehr)

Ja, Sie sind Profi, Sie können, wenn es sein muss, jederzeit über alles schreiben. Aber mal ehrlich: So richtig gut sind Sie nur, wenn das Thema Sie interessiert. Wenigstens ein bisschen. Wenn es Ihnen völlig egal ist, Sie es vielleicht sogar abseitig und falsch finden, dann dürfen Sie damit rechnen, dass Ihre Ablehnung sich im Text niederschlägt.

Das nennt man auch die Korrespondentenkrankheit: Ein Korrespondent in Berlin, Paris oder Washington kriegt ja nicht mit, was in seiner Heimatredaktion besprochen wird. Er findet die Themenvorschläge zunehmend gaga und dringt mit seinen eigenen nicht mehr durch. Höchste Zeit für einen Wechsel, sonst schreibt er ständig gegen Widerstand an.

Ähnlich geht es übrigens freien Autoren, die eine geschickte Mehrfachverwertung betreiben, Themen also immer wieder neu aufbereiten, oder die seit langem PR-Texte für den gleichen Kunden schreiben. Irgendwann können sie alle das Thema, ihr Thema, nicht mehr sehen. Therapie: So bald wie möglich wechseln. Kunden und Auftraggeber sollten das als professionelle Reaktion zu schätzen wissen. Lieber ein Ende mit Schrecken.

## Sirenenklänge: Das Thema interessiert Sie zu sehr

Eine häufige Ursache für Schreibschwierigkeiten ist es, dass sich Autoren in ihr Thema verlieben. Bei Porträts besteht für wenig geübte Autoren immer die Gefahr, dass sie der porträtierten Person zu nahe kommen, sie zu gut verstehen – und sich dann nicht mehr richtig distanzieren können.

Ein Porträt braucht aber beides: Nähe und Distanz. In abgeschwächter Form gilt das auch für andere Themen. Sie müssen als Autor den Überblick behalten. Bringen Sie die dazu nötige Distanz nicht auf, werden Sie sich beim Schreiben verlieren und verlaufen. Das gilt für Sympathien, aber ebenso für Hassgefühle gegen eine Person, eine Organisation oder ein Milieu. Ihre Abneigung mag Sie bei der Recherche antreiben, aber Sie müssen in der Lage sein, diese Gefühle im Text zu dosieren. Außer Sie sind ein genialer Polemiker mit eigener Fangemeinde. Dann kultivieren Sie Ihren Hass! Aber Vorsicht, aus dieser Rolle kommen Sie vielleicht nie wieder raus.

## Liebes- und Hassbriefe

Als ein kleines Befreiungsritual könnte Ihnen diese Übung dienen: Schreiben Sie einen kurzen Liebes- oder Hassbrief an Ihr Thema, den Sie anschließend verbrennen. Es besteht Hoffnung, dass dieser Brief nach einigen Zeilen anfängt, Ihnen Spaß zu machen. Danach geht das Schreiben aus der Distanz wieder leichter.

## Die Gespenster der Unklarheit

### *Unklare Qualitätsanforderungen von Chefs und Auftraggebern*
Wer einen Text bestellt, kauft immer die Katze im Sack. Könnte der Autor dem Redakteur oder seinen Kollegen genau erklären, was er liefern wird, dann wäre der Text schon fertig. Deshalb bleibt es bei ein paar Stichwörtern oder einem kurzen Briefing – und dann stellt sich jeder etwas anderes vor.

Auftraggeber gehen immer davon aus, dass der Text so wird, wie sie ihn selber schreiben würden. Solange Autor und Redaktion sich nicht gut kennen, steht der Autor also unter einen äußerst diffusen Druck. Deshalb lohnt es sich, Ziele und Anforderungen so genau wie möglich zu klären, auch wenn es beide Seiten nervt. Überhöhte Anforderungen kann man im Gespräch zurecht rücken. Wenn Ihnen das erst mitten im Schreibprozess klar wird, rufen Sie an, fragen Sie nach.

Wenn die Verständigung vorab schwierig ist, vereinbaren Sie einen Abgabetermin, der reichlich Raum für Korrekturen und Überarbeitung lässt. Dringen Sie gegenüber dem Auftraggeber darauf, dass er den Text nicht erst im letzten Moment gegenliest. Vertreten Sie offensiv die Grundhaltung: „Am Anfang einer Zusammenarbeit ist es ganz normal, wenn ein Text überarbeitet werden muss."

*Unklare oder unrealistische eigene Qualitätsanforderungen*
Der Wunsch, etwas Besonderes zu schaffen, kann Autoren motivieren und zu Höchstleistungen antreiben. Wird er zum Perfektionismus, kehrt sich die Wirkung jedoch um. Das passiert auch Autoren, die üblicherweise gelassen zu Werke gehen – und zwar manchmal ohne, dass sie es merken. Dann spielen heimliche Ziele eine Rolle, die mit starken Gefühlen besetzt sind. Vor allem Ehrgeiz.

Da hat jemand die erste Chance, ein großes Stück zu schreiben. Oder er will einen Beitrag unbedingt zu einem Preis einreichen. Unmerklich bewegt er sich in die rechte untere Ecke des Produktivitätsdreiecks, geradewegs auf den Punkt „Wirkung" zu. Der Radio-Autor Udo Zindel beschreibt das so: „Es soll ja auch was Besonderes werden. Ich will das Stück doch, im Vertrauen, zu einem Wettbewerb einreichen, es soll gewinnen. Und schon beginnt es zu wehen und ich spüre ein elendes Kribbeln in der Magengegend." Es folgt eine Phase der Autoren-Seekrankheit, wie Zindel sich ausdrückt. Er kennt das schon.

Wenn es bei Ihnen kribbelt, dann machen Sie sich Ihre Ansprüche klar. Vielleicht kann ein Gespräch mit einem guten Freund Ihnen helfen, diese auf ein realistisches Maß runterzuschrauben. Die Übung „Schreib-Zielscheibe" (siehe Seite 153ff.) könnte Sie dabei ebenfalls unterstützen.

---

**Fallbeispiel: Das erste Praktikum**

Als ich mit 21 Jahren ein Praktikum in einer Lokalredaktion machte, gelangen mir gleich am Anfang einige Text gut. Das brachte mir Lob von zwei Redakteuren ein und stachelte meinen Ehrgeiz an. Nun machte ich eigene Themenvorschläge und wollte wie die Redakteure jeden Tag zwei, drei Beiträge im Blatt haben. Ich schlug vor, etwas über die damals relativ neuen Altpapiercontainer zu schreiben. Der Text wurde eingeplant, ich telefonierte munter herum und schrieb am Nachmittag die ersten drei Sätze. Dann war Schluss. Ich hatte keine Neuigkeit, kein Konzept und nicht die nötige Routine, den Platz doch noch irgendwie zu füllen. Wie gut, dass es noch Texte im Stehsatz gab. Der Redakteur grinste, und mein Selbstbild schrumpfte zischend auf Normalmaß.

---

*Das Gespenst „unklare Zielgruppe"*

Es kann Sie sehr verunsichern, wenn Sie nicht genug über Ihre Leser oder Hörer wissen. Es fällt dann schwer, den richtigen Ton und eine passende Argumentation zu finden. Wenn Sie ein Mitglied Ihrer Zielgruppe direkt ansprechen können, stellen Sie ihm Fragen. Ein PR-Texter könnte beispielsweise einen Journalisten, den er gut kennt, fragen, was ihn interessiert. Wenn Sie für ein Medium schreiben, das Sie nicht gut kennen, bitten Sie den Redakteur, das Thema aus der Sicht eines Mitglieds seiner Zielgruppe zu beleuchten.

## Nachts allein auf dem Friedhof: Stress am Arbeitsplatz

Wenn Sie an Ihrem Arbeitsplatz unter hohem Druck stehen, wirkt sich das auf Ihre Schreibarbeit aus. Gängige Stressfaktoren sind etwa: Überlastung, Konflikte, konzeptionelle Differenzen. Darunter leidet die Konzentrationsfähigkeit. Was tun?

Genereller Tipp: Bringen Sie die dringendste Schreibarbeit zu Ende und machen Sie sich dann daran, die Situation zu verändern. Der Chef, der Ihnen zu viel Arbeit aufbrummt, sollte sich dem Problem stellen (vgl. Kapitel 5). Der Kollegin, die Ihnen immer die unangenehmen Routinearbeiten liegen lässt, sollten Sie ein Stoppschild zeigen. Sie werden bei solchen Konfliktgesprächen zwar nicht immer alles erreichen, was Sie sich wünschen, und schon gar nicht sofort. Aber Sie verschaffen sich Luft und leiten einen Prozess der Veränderung ein.

Wenn Sie die Chance dazu haben, dann spielen Sie Konfliktgespräche mit einem Vertrauten vorher durch. Experimentieren Sie dabei mit Ihrer Körperhaltung. Beobachten Sie, wie sich durch eine bestimmte Haltung Ihre innere Gesprächshaltung verändert. Wenn Sie eine Haltung gefunden haben, die Ihnen angemessen erscheint, versuchen Sie, diese zu speichern. Merken Sie sich dazu eine bestimmte Handbewegung, die diese Haltung einleitet und unterstützt. Wenn Sie im Gespräch merken, dass Sie in die alte Haltung zurückfallen (was höchst wahrscheinlich ist), dann machen Sie diese Bewegung und versuchen Sie, Ihre Wunschhaltung zurückzugewinnen.

**Fallbeispiel: „Warum bringen die den Text nicht?"**

Ein freier Autor klagte darüber, dass er nicht konzentriert arbeiten könne. Es nervte ihn, dass eine große Tageszeitung einen aktuellen Text von ihm seit Wochen nicht brachte. Die Geschichte war längst für gut befunden und abgenommen. Er hatte sich schon zweimal gemeldet und jeweils eine Zusage erhalten, dass der Text kommen sollte – vergeblich.

Im Coaching spielten wir seinen nächsten Anruf bei der Redaktion durch. Zunächst saß er dabei leicht gebeugt am Telefon, während er sich über das Schicksal seines Textes beklagte, wurde dann aber wütend und schlug mit der Hand auf den Tisch. Das Gespräch driftete in einen Schlagabtausch ab. Im zweiten Versuch setzte er sich aufrecht hin und begann spontan, mit der linken Hand ausholende Bewegungen zu machen, als sitze er dem Redakteur gegenüber und deute immer wieder ruhig, aber bestimmt auf den Text. Dabei sprach er deutlicher und überzeugender. Immer, wenn der Ärger mit ihm durchgehen wollte, machte er wieder diese Handbewegung, und kehrte so zu seinem engagierten, aber sachlichen Ton zurück.

Diese Handbewegung übte er schließlich für das Telefongespräch ein. Sie sollte ihm helfen, die Verbindung zwischen seinem Text und dem Redakteur herzustellen und den Handlungsspielraum seines Gesprächspartners auszuloten. Das Telefonat verlief konfrontativ, aber der Autor erreichte sein Ziel. Der Text erschien eine Woche später.

## Die zwei Vampire

*Angst vor Misserfolg*
Angst ist immer ein schlechter Ratgeber, heißt es, und das gilt auch in diesem Fall. Nein, es ist wirklich nicht schön, wenn ein Text wegen seines Inhalts oder seines Stils heftig kritisiert wird. Aber es kann passieren. Je mehr Sie sich darum sorgen, etwas falsch zu machen und dadurch Ihrem Image zu schaden, desto größer die Wahrscheinlichkeit, dass es wirklich passiert. Absolut peinlich sind eigentlich nur zwei Fehler: Falsche Fakten und falsche Namen. Alles Stilistische ist im weitesten Sinne Geschmackssache.

Wenn Ihnen diese Überlegung noch nichts hilft, schreiben Sie einen kurzen Text darüber, wie Sie mit Ihrem Beitrag lustvoll scheitern, so richtig baden gehen, mit einem großen Platsch. Ziehen Sie Ihre Angst ins Groteske, bis es Ihnen wieder Spaß macht zu schreiben. Wenn Sie wieder über sich selbst lächeln können, ist es Zeit, an den eigentlichen Text zurückzukehren.

*Angst vor Erfolg*
Dies ist die vielleicht tückischste Installation auf der Autoren-Geisterbahn. Die Fratze, die uns hier entgegenspringt, ist unsere eigene – aber mit dem Stolz des Erfolgs in den Zügen. Oh, wie schrecklich! So merkwürdig es klingt, manche Autoren leiden unter einem kaum bewussten Verbot, sich mit Ihren Texten hervorzutun. Die Bescheidenheit ist bei Ihnen Programm. Sie dürfen kein Lob einheimsen oder annehmen, sie dürfen keine echte Wirkung mit ihren Texten erzielen, sie dürfen eigentlich nur eins: Bestätigt bekommen, dass sie gar nicht so schlecht sind. Das ist ein hartes Schicksal, denn es vermiest einem jede Freude am eigenen Schaffen.

Auch das kann eine humorvolle Schreibübung lindern: Malen Sie sich aus, wie schrecklich es sein wird, wenn Ihnen wildfremde Leute auf der Straße die Hand schütteln und Nachbarn Sie anpumpen, weil Sie ja jetzt mir Ihrem Schreiben das große Geld verdienen. Inszenieren Sie Ihren Erfolg als Tragikomödie. Viel Spaß.

## Erste Hilfe: Wie Sie sich humorvoll überlisten

Einige Reaktionsmöglichkeiten auf die Monster der Geisterbahn haben Sie nun schon kennengelernt. Hier weitere Tipps, die Ihnen helfen, den Schrecknissen geschickt auszuweichen und wieder in den Schreibfluss zu kommen.

*Liste der unangenehmsten Tätigkeiten*
Wenn Sie Schwierigkeiten haben, anzufangen, machen Sie eine Liste all der Dinge, zu denen Sie jetzt noch weniger Lust hätten. Plötzlich sieht das Schreiben nicht mehr so unattraktiv aus, auch wenn's gerade mühsam ist und die Gedanken nicht fließen wollen.

*Schlechte Sätze schreiben*
Wenn Ihnen das, was Sie schon hingeschrieben haben, nicht gefällt, schreiben Sie auf ein Extrablatt einige besonders schlechte Sätze. Solche, die zwar grammatikalisch korrekt, aber extrem unschön sind. Probieren Sie's mal aus, gar nicht so einfach.

*Der ersten Satz weglassen*
Wenn der Bildschirm nun wirklich leer bleiben, der erste Satz partout nicht gelingen will, dann lassen Sie ihn weg. Schreiben Sie zuerst den zweiten, den dritten, vielleicht auch den letzten. Hauptsache, Sie hören auf, trübe Gedanken zu blasen, und tun etwas.

## Aufhören mit dem Redigieren beim Schreiben: Die drei Verbote

*Scroll-Verbot*
Wenn Sie ständig im schon Geschriebenen herumredigieren, anstatt weiterzuschreiben, laden Sie die Schreibschwierigkeiten geradezu ein. Erteilen Sie sich zunächst ein Scroll-Verbot. Das heißt: Nicht mehr nach oben scrollen, um noch mal von vorn anzufangen oder vier Absätze früher einzusetzen. Daniel Perrin empfiehlt, nicht mehr als eine Bildschirm-Höhe nach oben zu lesen. Die verschärfte Variante geht so: Falls Sie mit Word oder einem ähnlichen Programm arbeiten, verkleinern Sie das Fenster so, dass es nur noch drei Textzeilen zeigt. Bei anderen Programmen kleben Sie mit Tesafilm ein Blatt vor den Bildschirm, das nur ein schmales Fenster offen lässt. Jetzt bringt sie das Zurücklesen derart durcheinander, dass Ihnen gar nichts mehr bleibt, als nach vorn weiterzuschreiben.

*Redigierverbot*
Wenn das noch nichts hilft, ist es Zeit für ein konsequentes Redigierverbot. Sie dürfen ab sofort nichts mehr am Text verändern, bis Sie Ihr Etappenziel erreicht haben.

*Bildschirm aus*
Die härteste Verbotsvariante geht so: Schalten Sie den Bildschirm aus. Wenn Sie an einem Laptop arbeiten, legen Sie eine Pappe über den Bildschirm. Hauptsache, Sie hören endlich auf, Rechtschreibfehler, Kleinigkeiten und sonst was zu verbessern und richten Ihre Aufmerksamkeit ganz auf das, was vor Ihnen liegt. Scheiben Sie blind weiter. Den nächsten Halbsatz, soweit reicht Ihre Konzentration. Diese Methode hilft dabei, im Fluss zu blieben, weil sie den Arbeitsspeicher im Hirn zwingen, alle seine Kapazität in eine Richtung zu lenken: nach vorn. Natürlich brauchen Sie eine gute Stichpunktgliederung, um einen Text zu schreiben, ohne ihn vor sich zu sehen. Tippen Sie sorgfältig und speichern Sie zwischendurch häufiger ab.

Wenn das alles nichts hilft, um Ihren Humor zurückzugewinnen und wieder in den Schreibfluss zu kommen, dann sollten Sie, wenn möglich, Pause machen. Haben Sie die Zeit nicht, dann dürfte der Zeitdruck in Kürze so groß werden, dass Sie vor lauter Panik wieder schreiben können. Andernfalls gehen Sie raus, reden Sie mit Menschen, anstatt mit sich selbst, tun Sie irgendwas, was Ihnen gut tut. Stellen Sie sich vor, Ihr Hirn wäre ein Muskel und hätte einen Muskelkrampf – ganz so wie jener Schreibkrampf, der einstmals überlastete Autorenfinger erstarren ließ. Da hilft nur strecken, dehnen und ausruhen.

## So packen Sie Ihren Erste-Hilfe-Koffer

Mit diesen Tricks können Sie – hoffentlich – eine Geisterbahnfahrt gut gelaunt überstehen. Verpassen Sie aber keinesfalls die Chance, hinterher, mit ein paar Tagen Abstand, Bilanz zu ziehen.

Überlegen Sie dazu noch einmal, in welcher Phase welche Schwierigkeiten aufgetreten sind. Nutzen Sie auch den Störungstest zu Beginn dieses Kapitels (siehe Seite 180ff.). Dann sind Sie gut gerüstet, sich einen Erste-Hilfe-Koffer für die Zukunft zu packen:

| Ursache/Anlass der Schreibschwierigkeiten (soweit erkennbar) | Was hat Ihnen geholfen? | Welche Alarmsignale müssen Sie künftig beachten? | Was müssen Sie dann konkret tun (Inhalt des Erste-Hilfe-Koffers)? |
|---|---|---|---|
| | | | |
| | | | |
| | | | |
| | | | |

In der rechten Spalte müssten Sie nun eine Liste von Schritten haben, die Sie dem Mittelkreis im Produktivitätsdreieck wieder näher bringen. Es ist eine ständige Suchbewegung, von der Sorge um Qualität und Wirkung so weit wegzukommen, dass das Schreibtempo nicht auf null sinkt. Das Beste, was Sie tun können, ist, dies als eine Aufgabe der professionellen Selbststeuerung auf- und ernst zu nehmen, ohne dabei den Spaß am Schreiben zu verlieren. Schreiben heißt auch in diesem Sinne, immer in Bewegung zu bleiben.

„Wenn die Welt aufräumbar wäre, würde sie sich in ein Museum verwandeln, in dem nach bestimmten Ordnungsprinzipien alles an seinen Platz gestellt wird", sagt der Philosoph Peter Sloterdijk: „Man hätte eine endgültige Beruhigung aller Dinge herbeigeführt und somit das erreicht, was Hegel die Zufriedenheit nannte – eine Art positives Philistertum." So gesehen sind die ganz normalen Turbulenzen beim Schreiben anspruchsvoller Texte nicht nur ein notwendiges Übel, sondern ein Segen. Indem wir uns um besondere Qualität und eine starke Wirkung auf den Leser bemühen, also versuchen, den Text als ein Museum einzurichten, erfahren wir, dass uns genau das nie gelingen wird. Wir schwimmen beim Schreiben im Strom des Lebens.

Trotzdem gibt es Situationen und Phasen, da wird das Bedürfnis, ein Museum einzurichten, allzu groß. Aus den Schreibschwierigkeiten wird eine Blockade. Doch auch dieser sind Autoren nicht hilflos ausgeliefert. Mehr über die Gegenmittel im folgenden Kapitel.

# 12 Alles geht vorbei
## Wie Sie Blockaden aufweichen und lösen

*„Ich setze mich jeden Morgen mit religiösem Eifer hin,*
*ich setze mich jeden Tag für acht Stunden hin –*
*und das Hinsetzen ist alles.*
*Im Laufe dieses Arbeitstags von acht Stunden*
*schreibe ich drei Sätze, die ich wieder ausradiere,*
*bevor ich den Schreibtisch in völliger Verzweiflung verlasse ...*
*Es braucht alle meine Entschlossenheit und Kraft zur Selbstkontrolle,*
*mich davon abzuhalten,*
*dass ich meinen Kopf gegen die Wand schlage."*
Joseph Conrad, Schriftsteller

Der Sommer 1876 war für Samuel Longhorne Clemens alias Mark Twain
eine hoch produktive Zeit. Der damals 30-Jährige riss die ersten 16 Kapitel von „Die Abenteuer des Huckleberry Finn" in einem runter und
schrieb einem Freund, „in sechs Arbeitswochen" werde das Buch fertig
sein. Dann passierte gar nichts mehr. Die Arbeit blieb gut drei Jahre liegen.
Twain schreibt zwei weitere Kapitel. Etwas später noch mal drei. Wieder
gingen drei Jahre ins Land. 1884 nahm er den Roman erneut auf und brachte ihn in kurzer Zeit zu Ende.

Twain hatte seine beiden Helden Huckleberry Finn und Jim auf einem
Floß den Mississippi hinabfahren lassen. Beim Zufluss des Ohio sollten sie
ein Kanu nehmen und den Ohio Richtung Nordwesten hochpaddeln, denn
der Norden bedeutete Freiheit für Jim, den entlaufenen Sklaven. Das war
der Plan des Autors und der Plan der beiden Helden. Ein guter, ein logi-
scher Plan.

Doch merkwürdig, just als die Stadt Cairo am Zufluss des Ohio in Sicht
kommen soll, der Vorposten der Freiheit, lässt Twain Nebel aufziehen.
Huck und Jim verfehlen Cairo, werden vom Pech verfolgt, schaffen es einfach nicht, umzudrehen und den Ohio hinauf zu paddeln. Und ebenso
wenig schafft Twain es weiterzuschreiben. Es gelingt ihm einfach nicht,
seine Figuren zurück in seinen Plan zu manövrieren. Der große Strom zieht
Jim und Huck nach Süden.

Kennen Sie so etwas? Sie haben eine schöne Textidee. Sie haben gründlich recherchiert und vielleicht sogar einen Textplan gemacht. Sie schreiben routiniert los. Aber dann hängen Sie fest. Eben noch ergab sich ein Satz aus dem anderen. Jetzt schreibt sich nichts mehr, was Sie stehenlassen könnten. Sie überlegen fieberhaft, was los ist und wie es weitergehen könnte. Aber da ist plötzlich nur noch Dämmwolle in Ihrem Kopf. Sie versuchen allerlei, das Ihnen in der Vergangenheit geholfen hat, um wieder ins Schreiben hineinzukommen. Sie probieren kluge Techniken aus, wie Sie auch in diesem Buch vorgestellt werden. Sie schlafen erst mal drüber. Nichts hilft. Sie sitzen irgendwann da und merken, wie Ihr Floß immer weiter nach Süden treibt, weg von Ihrem Ziel, der Freiheit.

Solche Situationen gehören zu den minder attraktiven im Leben von Autoren. Aber je komplexer die Aufgaben, die sie sich stellen, desto größer die Wahrscheinlichkeit, dass es sie irgendwann erwischt. Die Schreibblockade signalisiert: „Vorsicht, Autor, du bewegst dich im derzeitigen Grenzbereich deiner Möglichkeiten." Was die Schreibblockade leider nicht dazu sagt: „Kein Grund zur Verzweiflung. Alles geht vorbei. Nutze die Chance, die in der Krise steckt."

## Durchstolpern, so gut es geht

Eine echte Schreibblockade ist keine Lappalie, sie ist aber auch keine Rutschbahn in die Depression. Schreibprofis wissen, dass gelegentliche Blockadesituationen zum Geschäft gehören. Sie sorgen zuerst mal dafür, dass die Blockade nicht auf andere Schreibprojekte übergreift. Sie erstarren nicht in Angst, versuchen aber auch nicht, die Blockade mit Gewalt zu brechen. Stattdessen stolpern Sie durch, so gut es geht; und dabei versuchen Sie, die Blockade sogar noch für Ihre kreativen Zwecke zu nutzen. Darum geht es in diesem Kapitel.

Eins muss dazu vorab gesagt sein: Schreibblockaden sind eine höchst individuelle Sache. Trotzdem stelle ich hier ein Standardmodell zur Lösung von Schreibblockaden vor. Dieses Modell ist erwachsen aus der Praxis, aber doch nur ein Modell. Es bietet die Chance, sich selbst kennen zu lernen, die eigenen Strategien zu überprüfen und in Eigenarbeit zu tun, was machbar ist. Und wenn das nicht reicht, dann ist es immerhin eine gute Vorbereitung für die Arbeit mit Helfern von außen.

## Bleierne Zeit im Schreibtheater

Eine gute Methode, mit ernsthaften Blockaden umzugehen, ist es, sich das Geschehen im inneren Schreibtheater näher anzusehen. Sie haben die Szenerie in Kapitel 2 und 5 kennen gelernt – und inzwischen sechs Figuren des typischen Ensembles: den Träumer, den Kritiker, den Wächter, den Hektiker, den Lustlosen und den Regisseur.

Nun geht es darum, dass Sie herausbekommen, wer in Ihrem persönlichen Ensemble spielt. Das können völlig andere Figuren sein als im typischen Schreibensemble. Die folgenden Übungsschritte nützen Ihnen sowohl in Blockadesituationen wie auch zur Vorbeugung.

Nehmen Sie sich eine halbe Stunde Zeit und ein großes Blatt Papier (mindestens DIN A3). Lassen Sie einen breiten Rand frei. Malen Sie in die Mitte einen großzügig angelegten, schematischen Umriss Ihrer Schreibtheater-Bühne. Vorne ist die Rampe, rechts und links eine Art Vorhang, in der Mitte dehnt sich der Bühnenraum nach hinten aus.

Wenn Sie Ihre Bühne skizziert haben, vergegenwärtigen Sie sich ein Schreibprojekt, das Ihnen Probleme macht oder gemacht hat. Horchen Sie in sich hinein, welche Stimmen sich dazu melden. Das hört sich für Ungeübte merkwürdig an, hat aber nichts mit Geisterbeschwörung zu tun. Sie kennen es aus tausend Alltagssituationen, dass Sie innere Dialoge führen. Etwa so: „Mist, wo ist denn jetzt der Schlüssel?" – „Liegt bestimmt wieder auf dem Küchentisch!" Solche Stimmen begleiten auch Ihre Schreibarbeit. Schauen Sie mal, wer sich da meldet – und was er oder sie für Kommentare abgibt.

Nun suchen Sie eine passende Bezeichnung zu der Stimme, die sich zuerst meldet. Sie dürfen gern ein wenig überzeichnen. Je profilierter die Rolle, die Sie vergeben, desto leichter können Sie später das Spiel auf der Bühne analysieren. (Mir sind auf Schreibtheater-Bildern schon skurrile Figuren begegnet wie eine „Buchstaben-Ballerina", ein „ Punker" und eine „Heulsuse".) Jetzt müssen Sie noch die Kernaussage auf den Punkt bringen, möglichst knapp und prägnant, so dass sie später in eine kleine Sprechblase passt.

Wenn Sie die Rollenbezeichnung und eine Kernaussage haben, können Sie sich daran machen, diese Figur zu skizzieren. Dazu ein paar Tipps:

- Überlegen Sie sich zuerst, wo auf der Bühne diese Figur stehen soll und in welcher Größe. Bedenken Sie dabei, dass Sie Raum für drei bis acht Figuren brauchen.
- Zeichnen Sie jetzt zuerst das Namensschild an diesen Ort. Es ist sozusagen der Sockel, auf dem diese Figur erscheint.
- Skizzieren Sie dann die Figur.
- Geben Sie der Figur ein Symbol. Die Ballerina könnte ein Chiffon-Tüchlein in der Hand haben. Es sagt einiges über diese Figur aus, ohne dass man es umständlich beschreiben müsste.
- Schließlich geben Sie der Figur eine Sprechblase mit der Kernaussage.

Wenn Sie Ihr Team zusammengestellt haben, bleibt noch eins zu tun: Skizzieren Sie, sofern vorhanden, Ihre heimlichen Mitautoren (siehe Kapitel 5). Sie können Sie unten vor die Bühne setzen oder einfach rechts und links an den Rand. Jedenfalls gehören sie zum Gesamtbild. Zur Erinnerung: Typische heimliche Mitautoren sind Chef und Auftraggeber, Kollegen und Fachkollegen, Familienmitglieder, Beziehungspartner und besondere Verwandte.

Nun legen Sie das Blatt einige Zeit zur Seite – mindestens zehn Minuten, möglichst 24 Stunden oder länger. Betrachten Sie es dann aus einigen Metern Entfernung: Was sehen Sie? Welche Gedanken kommen Ihnen spontan zum Geschehen auf der Bühne? Wer nimmt wie viel Platz ein? Wo ist Bewegung, wo ist Stillstand? Wo wird gearbeitet, wo nicht? Wo genau steckt das Problem? Machen Sie sich dazu Notizen.

## Zuwachs für das typische Schreibensemble: Der Verzweifler

Bevor Sie daran gehen, nach Lösungen für Probleme in Ihrem Schreibensemble zu suchen, möchte ich das typische innere Schreibensemble komplettieren. Es fehlt bisher eine Figur auf der Bühne, die in Phasen von Schreibblockaden nur zu präsent ist: der Verzweifler.

Der Verzweifler ist immer dabei, aber er hält sich, solange es mit dem Schreiben gut läuft, im Hintergrund. In einer produktiven Phase geht es ja recht lebhaft auf der Bühne zu, das widersagt dem Verzweifler. Hauptakteure sind dann der Träumer und der Kritiker. Sie haben reichlich damit zu tun, sich über das zu einigen, was als nächstes geschehen soll. Wenn es richtig Zoff zwischen den beiden gibt, dann mischt sich gern der Lustlose ein, setzt sich vorn auf die Bühne und schimpft darüber, dass das alles keinen Spaß macht. Das wiederum macht den Hektiker unruhig, er beginnt auf und ab zu laufen.

## Eine Blockade kündigt sich an

*Abbildung 20: Schreibensemble im Zustand der sich anbahnenden Blockade*

*Auf der Schreibtheater-Bühne bahnt sich eine Blockade an: Der Regisseur verliert den Überblick, der Verzweifler setzt sich in Szene*

Der Regisseur klärt, vermittelt und entscheidet. Einfach ist das nicht, denn die Dynamik in Stress-Situationen lässt ihm kaum Zeit zum Nachdenken. Das Ganze wird nicht dadurch besser, dass die heimlichen Mitautoren ihre Kommentare Richtung Bühne rufen. Manchmal entgleitet dem Regisseur das Geschehen. Und in genau dieser Situation kommt der Verzweifler nach vorn, geht zu jedem hin und raunt: „Es hat keinen Sinn."

Gelingt es dem Regisseur nicht, auf überzeugende Weise einzugreifen und so das Blatt zu wenden, dann ergibt sich im fortgeschrittenen Zustand einer Blockade dieses Bild: Der Regisseur hat sich zum Nachdenken nach hinten zurückgezogen und abgewandt. Ebenso hat der Träumer aufgegeben und die Bühne verlassen. Der Kritiker hat die Regie übernommen, er schreitet an der Bühnenkante auf und ab und doziert: „Das geht nicht." Der Lustlose sitzt schimpfend am Bühnenrand, der Hektiker läuft panisch umher. Der Wächter bleibt im Hintergrund, solange der Regisseur sich passiv verhält. So kann auch der Chor der Stimmen von außen noch lauter werden. Der Verzweifler hat nun allen Grund, ins Publikum zu rufen: „Da seht Ihr's, es hat wirklich keinen Sinn!"

Die Blockade ist da

*Abbildung 21: Schreibensemble im Zustand der vollständigen Blockade*

*Wenn gar nichts mehr geht: Der Regisseur und der Träumer haben sich zurückgezogen, der Kritiker hat die Regie übernommen, der Verzweifler dreht auf*

Die Blockade als Chance

So sah es also im Inneren von Mark Twain im Jahr 1876 aus? Das wäre eine kühne Behauptung. Eines allerdings darf man sagen: Der Träumer, Twains einzigartiges Schreibtalent, hatte sich vom Roman „Huck Finn" zurückgezogen. Der Kritiker beharrte auf dem ursprünglichen Plan, aber der Träumer machte nicht mit, er wollte Huck und Jim nun nicht mehr den Ohio hinauf, sondern den Mississippi hinunter schicken. Kritiker und Träumer lähmten sich gegenseitig. Also ging erst mal gar nichts mehr. Twain war blockiert.

Im Nachhinein kann man nachvollziehen warum: Mit dem Bild der beiden Outlaws auf dem Floß inmitten des Riesenstroms hatte dieser Roman sein zentrales Motiv gefunden. Es wurde weltberühmt und gehört zu den Archetypen amerikanischer Literatur. Es wäre ein katastrophaler Fehler gewesen, die beiden im Kanu den Ohio hinaufzuschicken. Die stärksten Stellen des Romans wären nie geschrieben worden.

Für Romanautoren von heute ist es Routine, bei Blockaden ihre Figuren zu interviewen: „Warum geht es jetzt nicht weiter, was ist los mit dir?" Twain dürfte diese Technik nicht gekannt haben. Er kam einfach nicht weiter und entschied sich schließlich, an anderen Projekten zu arbeiten. Bis zur Fertigstellung des „Huckleberry Finn" schrieb er sieben andere Bücher.

Erst acht Jahre später ist Twain in der Lage, der Fließrichtung des Mississippi und damit dem natürlichen Strom der Handlung nachzugeben. Seine Helden reisen weiter stromabwärts. „Ich blühe auf dieser Tage", schreibt er in dieser Phase an einen Freund, „es ist nicht mühsamer für mich zu schreiben als zu lügen." Eine Welle der Schaffenskraft trägt ihn durch die nächsten Kapitel. Der Roman hat sein wahres Thema gefunden. Es ist die Freiheit des Stroms, die seine Helden verändert und ihnen eine geläuterte Rückkehr an den Ausgangspunkt ihrer Flucht ermöglicht. Aus der Idee zu einem Abenteuerroman ist große Literatur geworden. Die Schreibblockade war das Beste, was Twain und seinen Lesern passieren konnte.

## Gibt es die Weisheit des Verzweiflers?

Der Stillstand ist ein Phänomen, das nicht nur Schriftsteller kennen, sondern auch Medienprofis. Cordt Schnibben, Ressortleiter beim „Spiegel" und so etwas wie der Doyen der deutschen Reporterszene, berichtete einmal, wie er sich mit einem ehrgeizigen Projekt in eine Krise hinein-schrieb. Sein Plan war zu schildern, wie Dioxin-Opfer in Deutschland, Vietnam und den USA ihre Vergiftung erlitten und durchleiden – das Ganze erzählt über vier Jahrzehnte hinweg. Bei diesem Projekt, erinnert sich Schnibben, „ersoff ich in Geschichten und Schicksalen, die mich nicht mehr schlafen ließen. Ich hatte mich als Reporter und Mensch der-maßen überfordert, dass ich einen radikalen Schnitt machen musste und wieder mit kleinen Porträts anfing. Das hilft aber nur für gewisse Zeit. Dann kommt die Sehnsucht zurück, große und wichtige Themen zu recherchieren und solche Text-Monster wieder zu bezwingen."

Schnibben fand einen Weg, aus der Spirale seiner Ansprüche auszubre-chen. Er ist der Kopf und Regisseur hinter drei brillanten Repor-tagebänden, für die ein Schwarm von „Spiegel"-Reportern Szenen und Fakten sammelte. So gelang es, den 11. September 2001 in Manhattan, den Irakkrieg 2003 und die Tsunami-Katastrophe von 2004 zu re-konstruierten. „Mein Ausweg war, auf Kollektivreportagen umzustei-gen, sonst wäre ich irgendwann wahnsinnig geworden", erinnert sich Schnibben.

Das Reporterteam rettete ihn vor den Turbulenzen des inneren Schreib-ensembles. Im äußeren Team sitzt er auf dem Regiestuhl und kann seine Fähigkeiten souverän ausspielen. Im inneren Team fängt bei den hyper-komplexen Themen, die er schreiben will, irgendwann der Kritiker an, die Szene zu dominieren.

**Wie man das Schreibensemble neu belebt**

Was geschieht, wenn es in einem Team Konflikte gibt und dies die Arbeit dauerhaft behindert? In vielen Medienunternehmen gilt noch die traditionelle (und reichlich phantasielose) Regel: „Der Rangnied-rigere muss gehen." Das Problem mit dem inneren Schreibensemble ist: Niemand kann gehen. Alle gehören dazu. Es muss eine Lösung geben, mit der alle klarkommen. Und das nicht erst nach acht Jahren Wartezeit. Medienprofis können kurz ein anderes Schreibprojekt vor-ziehen, für ein paar Tage vielleicht, doch dann muss es weitergehen. Sie haben auch kaum die Chance, das innere Ensemble durch ein äußeres zu ersetzen.

Suchen Sie deshalb mit Hilfe Ihres Bildes vom Schreibensemble nach praxisnahen Lösungen:

- Klären Sie zunächst einmal: Gibt es dort einen Regisseur, jemanden, der, wenn die Zusammenarbeit blockiert ist, nüchtern die Lage analysieren, vermitteln, entscheiden kann?
- Wenn nicht, welches Ensemblemitglied könnte diese Rolle übernehmen?
- Müsste dieses Ensemblemitglied dazu seinen Namen, das Symbol und/oder seine Kernbotschaft ändern? Und wer übernimmt dann die bisherigen Eigenschaften und Aufgaben dieses Ensemblemitglieds?
- Falls es niemanden gibt, der diese Funktion übernehmen könnte: Erschaffen Sie ein Teammitglied, das das kann.
- Zeichnen Sie diese Figur auf einer leeren Bühne vorn in die Mitte.
- Klären Sie jetzt, was das Problem der anderen Ensemblemitglieder jeweils ist. Dabei hilft Ihnen die folgende Tabelle:

| Teammitglied: | Ich wünsche/ fordere ..." | „ ...und treffe dabei auf Widerstand von ..." | „ ...mit der Begründung, dass ..." |
|---|---|---|---|
| | | | |
| | | | |
| | | | |
| | | | |

Nun hat der Regisseur erst einmal einen Überblick. Sein Job ist es, für Kooperation zu sorgen. Er muss also die Forderungen der Teammitglieder ernst nehmen und soweit wie möglich integrieren. Aber er muss auch entscheiden und die Entscheidung gegenüber dem Ensemble vertreten.

Seine Abwägung könnte so aussehen:

| Antwort an das Teammitglied: | „Ich schätze die Lage so ein ..." | „ ...deshalb entscheide ich ... " | „ ...und zwar aus diesen Gründen ..." |
|---|---|---|---|
| | | | |
| | | | |
| | | | |
| | | | |

Sie sehen schon, es geht hier nicht um Harmonie, sondern um eine passable Zusammenarbeit mit möglichst guten Ergebnissen. Der Regisseur braucht Gelassenheit, Humor, Sachlichkeit und persönliche Stärke, um das hinzukriegen.

Nehmen Sie sich jetzt noch einmal etwas Zeit und zeichnen Sie Ihr inneres Schreibensemble nach der Entscheidung des Regisseurs auf. Sie können dazu die Position jedes Ensemblemitglieds verändern, seine Größe, Haltung, sein Symbol und seine Botschaft. Wie verändert sich die Szene?

Was immer für eine Lösung Sie gefunden haben – ich zeige Ihnen zum Abschluss dieser Erkundungen das typische innere Schreibensemble, und zwar diesmal im Zustand der produktiven Kooperation.

## Wenn alles wie von selbst geht

Abbildung 22: Schreibensemble im Zustand der Produktivität

*Bewegung und gegenseitige Beachtung: Nach diesem Rezept kann sich das Geschehen auf der Schreibbühne dynamisch fortentwickeln*

Die beiden Hauptakteure, der Träumer und der Kritiker, befinden sich in steter Bewegung zwischen der Rampe und der Bühnenmitte. Sie wechseln sich dabei ab, vorn zu stehen und das Wort zu führen. Die beiden organisieren sich so aus freien Stücken, aus Einsicht in den Wert des Beitrags, den der jeweils andere zum Ganzen leistet. Der Regisseur hält sich abseits des Zentrums auf, er dirigiert gelassen, aber aufmerksam, was auf der Bühne geschieht. Er sorgt dafür, dass der Lustlose, wenn er im Hintergrund zu unruhig wird, nach vorne darf, um für Erholungsphasen zu sorgen. Ebenso darf der Hektiker gelegentlich nach vorn, dann nämlich, wenn die Leistung dauerhaft nachlässt.

Der Wächter wartet würdevoll im Hintergrund der Bühne. Wenn die heimlichen Mitautoren zu weit nach vorn drängen und sich zu laut ins Geschehen einmischen, gibt der Regisseur ihm ein Zeichen, und er sorgt für Ruhe im Probenraum. Ebenso hält sich der Verzweifler im Hintergrund auf. Er hat im Moment nichts beizutragen, aber der Regisseur schaut gelegentlich zu ihm herüber. Wenn er anfängt, dazwischen zu raunen, dass alles sinnlos sei, geht der Regisseur zu ihm hin und fragt ihn, was ihm gerade solche Sorgen bereitet. Manchmal verändert der Regisseur danach etwas auf der Bühne.

Es herrscht insgesamt Bewegung auf der Bühne, die aktiven Figuren dürfen ihre Anliegen immer wieder vortragen, aber der Regisseur sorgt dafür, dass der Produktionsbetrieb trotzdem weitergeht. An ihm kommt keiner vorbei.

## Was kann man tun, um den Regisseur zu unterstützen?

Das hört sich leicht an. Es ist, besonders wenn man schon in der Krise steckt, höllisch schwer, diesen produktiven Zustand zu erreichen. Der Regisseur muss sich ständig neu behaupten. Tritt er unsicher auf, kratzt das seine Autorität an. Und er besitzt keine formalen Machtmittel. Er muss also verhandeln und überzeugen, sonst hat er ein Führungsproblem.

Im Folgenden stelle ich Ihnen Techniken vor, die dazu dienen, den Regisseur zu stärken. Sie können damit Bewegung in das erstarrte Geschehen im Schreibtheater bringen.

## Einen Deal mit dem Kritiker aushandeln

Geben Sie sich feierlich und am besten schriftlich die Erlaubnis, einen unfertigen ersten Entwurf zu verfassen. Versprechen Sie, in der Überarbeitung alles viel besser zu machen. Das ist ein Versuch, den inneren Kritiker zu beruhigen und ihn aus der angemaßten Regisseursrolle herauszubekommen. Der Deal lautet: „Wenn du jetzt die Bühne freigibst, kommst du hinterher zum Zuge."

## Erst sprechen, dann denken

Reden bringt nicht nur die Sprachproduktion im Hirn wieder auf Touren. In Blockadesituationen kann es auch den Figuren auf der Schreibbühne als Denkhilfe dienen. Stellen Sie sich das wie ein „Beiseite sprechen" im klassischen Drama vor: Der Schauspieler wendet den Kopf ab und denkt laut. Der Regisseur auf der Schreibbühne kann so ein Ventil bestens gebrauchen. Es ist schließlich verdammt anstrengend, ein Ensemble von Extremindividualisten zu führen. Das Gleiche gilt aber auch für die anderen Figuren: Alle brauchen Gesprächspartner.

Reden Sie also über Ihre Schreibschwierigkeiten, zum Beispiel mit einem Vertrauten, Ihrem Redakteur oder Vorgesetzten. Das ist nichts Ehrenrühriges, sondern ein Zeichen von Professionalität. Wenn der Verzweifler und der Kritiker gerade allein vorn auf der Bühne stehen, könnte es schwierig sein, überhaupt den Mund aufzukriegen. Reden Sie trotzdem einfach drauflos, gerade dann, wenn Sie das Problem nicht mal beschreiben können. Die Devise lautet: Erst sprechen, dann denken.

Gestikulieren Sie ruhig beim Reden, regen Sie sich auf, laufen Sie auf und ab – alles ist besser als Schweigen. Sie werden spüren, dass nach einigen Minuten die Szene sich zu verändern beginnt. Die Macht des Kritikers schwindet, der Verzweifler steht nicht mehr ganz vorn, und der Träumer wagt erste Schritte Richtung Bühnenmitte. Das ist das Ziel, denn ohne den Träumer geht nichts beim Schreiben.

Kennzeichen einer dramatischen Schreibblockade ist geradezu, dass das Reden nicht mehr gewagt wird. Thomas Bernhard hat das in seinem Roman „Das Kalkwerk" wunderbar parodiert: Ein Mann namens Konrad behauptet, seit Jahren an einer Studie über das Gehör zu arbeiten. Allerdings hat er noch kein Wort geschrieben. Ein Besucher fragt, worum es denn da genau gehe. Es sei leider unmöglich, darüber Auskunft zu geben, erwidert Konrad, denn „fange er zu erklären an, sehe er sofort, das sei barer Unsinn. Jede Erklärung führe zu einem vollkommen falschen Ergebnis, daran kranke alles, dass alles erklärt werde und in jedem Fall immer falsch erklärt werde und die Ergebnisse aller Erklärungen immer verkehrte Ergebnisse seien." Kein Wunder, dass Konrad sich zunehmend in der Parallelwelt seiner Studie verstrickt und am Ende seine kranke Frau und sich selbst umbringt.

Suchen Sie sich einen Vertrauten, der – je nachdem – Ihr Gestammel oder Ihren Redeschwall erträgt. Sie brauchen keine Ratschläge von dieser Person, sondern Aufmerksamkeit und etwas Geduld. Hier noch ein kleiner Trick: Bitten Sie den Vertrauten, das zu wiederholen, was Sie sagen, aber es immer noch zu übertreiben. Wenn Sie also darüber klagen, wie schrecklich kompliziert Ihre Aufgabe ist, müsste der Vertraute betonen, dass es eine absolut unlösbare Aufgabe ist. Es könnte sein, dass das Widerspruch in Ihnen weckt. Eine gesunde Reaktion.

So ein Vertrauter kann sogar für kurze Zeit die Rolle des Regisseurs übernehmen. Wenn Sie ihm Kompetenz in Schreibfragen zutrauen, kann er zum Beispiel dem Verzweifler Paroli bieten und sagen: „Es ist nicht sinnlos. Die Aufgabe ist lösbar, und du wirst es schaffen." Er kann auch dem Lustlosen Paroli bieten und mit Ihnen einen Plan ausarbeiten, in dem steht, wann Sie arbeiten und wann Pause ist. Wenn der Tiefpunkt der Krise dann überschritten ist, kommt Ihr innerer Regisseur hervor und übernimmt.

Hier noch einige weitere Übungen:

## Bewegung bewegt das Denken

Spazieren gehen, joggen, boxen, Ballspielen, tanzen – das ist im Fall einer Schreibblockade keine Faulheit und kein Ausweichen, sondern kluger Einsatz Ihrer Ressourcen. Alles, was andere Hirnregionen beansprucht als das sture Nachdenken über den Text und sich selbst, ist gut. Alles, was die linke und die rechte Körperhälfte gemeinsam aktiviert, verschaltet die beiden Hirnhälften wieder besser miteinander.

## Die äußere Bühne verändern

Manche Autoren wählen auch die große Bewegung, sie verändern die äußere Bühne, um Blockaden zu lösen oder diesen vorzubeugen. Der Autor Udo Zindel zieht sich auf einen Tiroler Bergbauernhof zurück. Harald Martenstein mietete sich, als er anfing, seine „Zeit"-Kolumne zu schreiben, eine Wohnung in Budapest und verließ sie nicht, bis die ersten drei Texte fertig waren. Ein Drehbuchautor mietet sich zum Schreiben im Kempinski ein, um sich abzukapseln und sich angesichts des Zimmerpreises ordentlich Druck zu machen. Vorteil: Sie verändern Ihre Wahrnehmung, schaffen sich Störungen vom Hals, werten sich als Autor durch eine angenehme Umgebung selbst auf. Nachteil: kostet Geld, keine Gesprächspartner, keine Routinen; kann im Falle fortgeschrittener Blockaden auch nach hinten losgehen.

## Zeichnen, malen, formen

Suchen Sie andere Wege des kreativen Ausdrucks. Der einfachste ist, Skizzen Ihres Textes zu zeichnen. Möglichst mit mehreren Farben und frei drauflos, auf unlinertem Papier. Gezielt mit beiden Denkstilen zu arbeiten setzt die Szene in Bewegung.

## Automatisch schreiben

„Jemand diktiert mir unaufhörlich, ohne Rücksicht auf meine Gesundheit", schrieb Henry Miller einmal. Tatsächlich weiß jeder, der viel schreibt, dass auf der Textbaustelle nicht gleich das Licht ausgeht, wenn der Computer abgeschaltet ist. Den fortlaufenden inneren Sprachstrom können Sie anzapfen, um eine Schreibblockade aufzulösen.

Sie nehmen dazu ein, zwei DIN-A4-Blätter und einen Stift, legen eine Uhr in Sichtweite und beginnen zu schreiben, sobald der Sekundenzeiger die Minutengrenze überschreitet. Von diesem Moment an schreiben Sie alles, absolut alles auf, was Ihnen in den Sinn kommt. Es gibt nichts Richtiges und nichts Falsches, Sie schreiben genau fünf Minuten alles auf; der einzige Fehler wäre, nicht weiterzuschreiben. Versuchen Sie einfach, ein Wort hinter das andere zu setzen. Wenn ein Satz abbricht, fängt eben ein neuer an. Wenn Sie nicht weiter wissen, schreiben Sie auf: „Ich weiß nicht weiter", und wenn Sie dann immer noch nicht weiter wissen, das gleiche noch mal. Vielleicht wird ein Gedicht draus.

Sie werden sehen, es kommt Banales und Geniales zustande. Und manchmal macht es sogar richtig Spaß. Fünf Minuten reichen, um neue Verschaltungsmuster in Ihrem Hirn zu aktivieren. Die Surrealisten erhoben diese „Écriture Automatique" übrigens in den 20er Jahren zur Kunstform. André Breton schrieb in „Die Manifeste des Surrealismus": „Versetzen Sie sich in den passivsten und rezeptivsten Zustand, dessen Sie fähig sind. Schreiben Sie schnell ohne vorgefasstes Thema, um nichts zurückzuhalten oder um nicht versucht zu sein zu überlegen. Der erste Satz wird ganz von alleine kommen, denn es stimmt wirklich, dass in jedem Augenblick unseres Unbewusstseins ein unbekannter Satz existiert, der nur darauf wartet, ausgesprochen zu werden."

„Nicht denken, schreiben!", könnte man zusammenfassen. Was natürlich unlogisch ist. Aber genau so etwas macht dem Träumer Mut.

### Stilübungen

Schreiben Sie, aber schreiben Sie nicht das, was Sie schreiben müssten. Dieses auf den ersten Blick ziellose Tun kann ebenfalls den Träumer wecken. Raimond Queneau veröffentlichte 1947 die gleiche Episode in hundert verschiedenen Formen. Versuchen Sie es mal mit ein paar Alternativ-Versionen zu Ihrem Text. Schreiben Sie Ihren bislang letzten Absatz doch mal im Stil einer Büttenrede oder eines „Bild"-Aufmachers („Riesenwirbel um ABC! Gierige Politiker wollen uns XYZ wegnehmen!"). Hauptsache, die Imitation macht Spaß und Ihr Improvisationstalent wieder flott. Eine schöne Variante dieser Übung ist es, den ersten Satz Ihres Textes in fünf verschiedenen Tonarten zu texten, von zu Tode betrübt bis himmelhochjauchzend. Probieren Sie es aus. Es macht Spaß und lenkt ab vom Elend der Blockade.

### Crash-Technik

Wenn nichts anderes hilft, dann, so schlägt Daniel Perrin vor, stellen Sie sich vor, Ihr Computer wäre abgestürzt. Fangen Sie einfach neu an. Von vorn. Schauen Sie nicht in die alte Datei. Für Ihr inneres Schreibensemble bedeutet das: Die Szenerie muss sich neu sortieren.

**Pseudonym**

Dem Kritiker versetzt es einen harten Schlag, wenn Sie Ihren Namen aus dem Spiel nehmen. Erscheint der Text unter Pseudonym, dann kann niemand länger behaupten, Sie würden Ihren guten Ruf mit diesem Stück für immer vernichten. Oder Ihre gesamte Karriere hinge von diesem Text ab.

## Die Umfeld-Sondierung

Hilft das alles nichts, dann hat es Sie wirklich dick erwischt. Dann spricht viel dafür, dass Sie das Schreibprojekt auf Eis legen. Tritt die Blockade bei weiteren Projekten auf, sollten Sie zunächst mal Ihre Gesamtsituation prüfen, insbesondere darauf, ob Sie möglicherweise in einer tiefen Erschöpfung stecken, neudeutsch Burn-out. Dabei hilft Ihnen die Umfeld-Sondierung mit der Fünf-Säulen-Übung, die auf den Psychologen Hilarion Petzold zurückgeht.

**Die Fünf-Säulen-Übung**

Nehmen Sie abermals ein großes Blatt Papier und ein paar Stifte zur Hand. Zeichnen Sie jetzt, ähnlich wie bei einer antiken Tempelruine, nebeneinander je eine Säule für die fünf Lebensbereiche, die unten erklärt werden. Jede Säule sollte spontan gezeichnet werden. Wie ist diese Säule in Ihrer derzeitigen Lebenssituation beschaffen? Säulen können bekanntlich stark und gerade in den Himmel ragen und Lasten tragen, ebenso können sie bröckeln und verfallen.

*1. Soziale Beziehungen*
Wie geht es Ihnen in Ihrer Familie, in Freundschaften und Partnerschaften, im Bekanntenkreis, der Nachbarschaft? Sind Sie Teil eines sozialen Netzes? Entsprechen die sozialen Beziehungen Ihren Bedürfnissen?

*2. Arbeit und Leistung*
Wie geht es Ihnen mit Ihrer Arbeit, mit Chefs, Partnern, Kollegen? Sind Sie mit Ihren Aufgaben und Ihrer Leistung zufrieden? Wird Ihre Leistung anerkannt? Gibt es Konflikte?

*3. Materielle Sicherheit*
Haben Sie genügend Geld und Vermögenswerte zur Verfügung? Reicht Ihnen das? Haben Sie Finanzsorgen?

*4. Leiblichkeit*
Sind Sie gesund? Fühlen Sie sich fit und wohl in Ihrer Haut?

*5. Werte, Normen, Spiritualität*
Leben Sie in Übereinstimmung mit Ihrer Weltsicht? Können Sie das, was Ihnen wichtig ist, verwirklichen? Fühlen Sie sich zu Hause in der Welt, in der Sie leben?

Für die Auswertung suchen Sie sich am besten einen Vertrauten. Gehen Sie die Säulen der Reihe nach durch und erläutern Sie, was Ihnen zu der spontan gezeichneten Form einfällt. Wie stabil ist eine Säule, wie beschädigt? Wann sind Sie zuletzt drumherum gegangen? Wollen Sie eine kaputte Säule reparieren?

Bei den meisten Menschen steht mindestens eine Säule gerade weniger stabil oder sogar angeknackst da. Wenn zwei Säulen beschädigt sind, sollten Sie überlegen, was Sie ändern können. Bei drei stark beschädigten Säulen deutet das darauf hin, dass Sie sich in einer ernsthaften Krise befinden. Dann ist es höchste Zeit, sich Hilfe zu organisieren. Ein Klärungsgespräch mit Ihrem Lebenspartner oder dem Chef könnte die Folge sein, ebenso ein Gang zur Schuldnerberatung oder die Suche nach einem fähigen Therapeuten.

Was auch immer sich als Problem herauskristallisiert: Beziehungsstress, Ehekrach, rebellische Kinder, Krankheiten, Geldsorgen – all das legt den Schluss nahe, dass Sie derzeit im Beruf keine allzu komplexen Schreibaufgaben übernehmen sollten. Wo soll die Energie dafür herkommen? Schreiben Sie Routinetexte, die geben Ihnen vielleicht sogar Halt; schreiben Sie nichts, das Sie herausfordert. Sonst landen Sie, wenn Sie nicht bereits drin sind, mitten im Burn-out, in der seelisch-körperlichen Totalerschöpfung.

„It's better to burn out than fade away", hat Neil Young einmal gesagt, als er noch jung war. Er hat sich erfreulicherweise nicht an dieses Motto gehalten, und Sie sollten es auch nicht tun. Symptome wie Niedergeschlagenheit, Überdruss, Gereiztheit und Angst können, wenn Sie anhalten, Zeichen dafür sein, dass Sie in einer Erschöpfungskrise sind. Wenn das zutrifft, dann reichen ein paar Tage oder Wochen Urlaub nicht, um Sie wieder zu beleben. Sie werden etwas verändern müssen. Und Sie können sich bei Ihrem Burn-out bedanken, dass er Sie darauf hinweist, in welch riskante Lage Sie sich begeben haben.

Wenn Sie einen guten Hausarzt haben, reden Sie mit ihm und stellen Sie eine Art Aktionsplan auf: Was werden Sie verändern? Es sind in den meisten Fällen nicht die schnellen, großen Schritte, die helfen, sondern die kleinen, wohl überlegten Veränderungen. Eine etwas andere Aufgabenverteilung bei der Arbeit oder in der Familie, ein Hobby weniger oder mehr, längere Erholungspause, mehr Kontakt zu Freunden. All das bahnt Medienprofis einen verlässlicheren Weg aus dem (meist durch Alkohol verschärften) Burn-out als die handelsüblichen Radikallösungen: Kündigen, Trennen, Auswandern.

## Oder liegt es doch am Thema?

Und was ist, wenn alle Säulen mehr oder minder stabil dastehen, wenn Sie sich vital und gesund fühlen, aber gleichzeitig alle Tricks, eine dauerhafte Schreibblockade zu überwinden, ins Leere laufen? Dann sollten Sie prüfen, ob es bei Ihren Schreibprojekten eine Bedeutungsdimension gibt, die Ihnen bisher verborgen geblieben ist. Aus der Erfahrung in Schreibcoachings scheint es mir naheliegend, sich die heimlichen Mitautoren noch einmal näher anzusehen.

Texte können eine starke biographische Bedeutung haben. Der Verdacht liegt besonders nah, wenn das Thema bei Ihnen mit starken Gefühlen verbunden ist. Sicher entstehen daraus viele starke Texte. Für manchen Autoren hat es sogar eine therapeutische Wirkung, die Gefühle aus sich heraus zu bringen, sich das Geschehen von der Seele zu schreiben, etwa schreibend um einen Verstorbenen zu trauern. Die starken Gefühle können aber auch zur Lähmung führen. Die Blockade ist dann eine durchaus sinnvolle Regung der Seele, etwas fernzuhalten, das zu diesem Zeitpunkt zu bedrohlich erscheint.

Fast immer geht es an dieser Stelle um existenzielle Erfahrungen und Familienthemen. Die Möglichkeiten der Selbsttherapie sind begrenzt. Hier ist es sinnvoll, sich eine professionelle Begleitung zu suchen. Ein Vertrauter oder ein guter Coach kann noch dabei helfen, die Dimension und die Ursachen der Blockade auszuloten und erste kleine Schritte zu tun. Doch wenn schwere Traumata berührt sind (etwa dauernde, vernichtende Kritik des Vaters an Leistungen seines Kindes) sollten Sie einen geeigneten Therapeuten suchen.

### Wenn es vorbei ist: Ergebnisse sichern

Jede Blockade geht vorbei. Irgendwann werden Sie wieder die Lust spüren zu schreiben – überhaupt irgendetwas oder einen konkreten, einen schwierigen Text, den Sie vielleicht lange gemieden haben. Herzlichen Glückwunsch, Sie haben einen Entwicklungsschritt gemeistert. Nutzen Sie die wiedergewonnene Souveränität jetzt zur Vorbeugung:

Schreiben Sie sich selbst einen Brief im Stil eines guten Ratgebers. Diesen Brief stecken Sie dann in einen Umschlag und legen Ihn bereit für den Fall, dass Sie einmal wieder erste Anzeichen einer Schreibblockade zeigen. Der Inhalt steht unter dem Motto: „Wie ich mich so richtig in eine Krise hineinschreibe." Notieren Sie für später alles, was Sie tun müssen, damit aus einer kurzen Irritation eine tiefe Verwerfung wird. Lassen Sie nichts aus. Leiten Sie sich selbst gut an, damit Sie dem Bauplan genau folgen können. Oder auch nicht, aber das entscheiden Sie dann bei der nächsten Krise.

## Leben mit dem Risiko

Wenden Sie sich also dem Schreiben und damit dem Leben zu. Schreiben heißt auch, phasenweise die Kontrolle über das Geschehen aufgeben. Die Prozesse im Hirn sind zu komplex, als dass Sie jederzeit wissen könnten, ob es ein gutes Ende mit Ihrem Text nimmt. Sie können einiges tun, um das Risiko zu minimieren. Ganz meiden können Sie es nicht. Schreiben heißt, das Risiko des Scheiterns eingehen und die Angst davor als Begleitung akzeptieren.

„Wenn ich glücklich bin, schreibe ich bestimmt keine einzige Zeile. Ich schreibe nur, wenn ich unglücklich bin", sagt der hoch produktive Journalist und Bestseller-Autor Johannes Mario Simmel. Wer komplexe Texte angeht, kann sich von diesem Realismus etwas abgucken. Schreiben macht nicht glücklich. Jedenfalls nicht währenddessen. Die Niedergeschlagenheit kreativer Menschen sei nur eine besondere Form der Konzentration, hat Mario Puzo, der Schöpfer des „Paten", einmal gesagt. Sehen Sie Schreibschwierigkeiten also nicht als Defizit, sondern als Signal, dass Sie an einem Schreibprojekt sitzen, das Sie weiterbringen kann, sowohl als Schreibender wie persönlich. Dass Sie dabei sind, ihre Stimme (neu) zu finden.

Gleichzeitig mahnen Schreibblockaden immer dazu, sich bei allem Qualitätsstreben nicht ins Dickicht des Absoluten zu verirren. Perfektionismus macht krank, in letzter Konsequenz wahnsinnig. Da sollten Autoren es lieber mit dem Theologen Fulbert Steffensky halten, der vor dem „Ganzheitszwang" warnt und rät: „Sei dankbar für die geglückte Halbheit." Genau das sind gute Texte: geglückte Halbheiten.

# Schlusswort

Ihr neuer Auftritt als Autor – effizient, zufrieden, souverän

Zu Beginn dieses Buches haben Sie die Reporterin Karin kennen gelernt, die ihren frustrierten Freund als Gegenleser engagierte und danach den Beruf wechseln wollte. Sie hat übrigens jene Titelgeschichte mit ein paar Änderungen gut zu Ende gebracht und die Krise für ihre Entwicklung genutzt. Nach dem Drama wurde ihr klar, dass der neuralgische Punkt in ihrem Schreibprozess die Rückmeldung ist. Geriet sie dabei an jemanden, der ihr Fehler um die Ohren schlug, ohne die vollbrachte Leistung zu würdigen, dann klappte sie innerlich zusammen.

Inzwischen arbeitet Karin frei für renommierte Magazine. Sie recherchiert noch immer Berge von Material, aber beim Schreiben wirft sie neun Zehntel davon routiniert über Bord. Wichtiger noch: Sie hat sich ein Netzwerk von Kollegen organisiert, mit denen sie Texte austauscht. Ihr Selbstbewusstsein ist so gewachsen, das ein einzelner Verriss sie kaum noch trifft.

Zweck dieses Buches war es, Ihnen Impulse für Ihre Weiterentwicklung als schreibender Kreativarbeiter zu geben. Sie konnten erfahren, was für Höchstleistungen Ihr Hirn beim Schreiben vollbringt und wie der Schreibprozess in Ihre Gefühle eingreift. Sie hatten Gelegenheit, Ihre Schreibstrategien zu erkunden und zu verbessern. Sie haben die widerstrebenden Anforderungen komplexer Schreibarbeiten – symbolisiert in den Figuren des Schreibensembles – kennengelernt und erfahren, wie andere unmerklich an Ihren Texten mitschreiben. Sie haben Anregungen bekommen, sich an Ihrem Schreibtisch effizient zu organisieren – und so Raum für frische Ideen zu schaffen. Sie wissen, worum es bei einer Textrückmeldung geht (Karin lässt grüßen) und wie man Schreibschwierigkeiten und Blockaden überwindet.

Das alles sollte Ihren Blick öffnen – für sich selbst. Bei allen Gemeinsamkeiten zwischen Medienprofis ist Schreiben doch ein hoch individueller Vorgang. Deshalb wurden Sie in diesem Buch ständig dazu angeregt, Ihren persönlichen Weg zwischen Gegensätzen zu suchen. Zum Beispiel zwischen dem Anspruch, mit rationaler Umsicht erstklassige Texte zu verfassen, und der Notwendigkeit, manchmal einfach drauflos zu schreiben.

Aber genau das ist professionelles Schreiben, das gekonnte Navigieren zwischen Extremen. Wer dieses Handwerk erlernt, der kann zufrieden, kraftsparend und im oberen Drittel seiner Leistungsspanne arbeiten. Das ist weniger, als sich mancher Autor erträumt, aber mehr, als die meisten im Alltag haben. Es ist die souveräne Art zu schreiben.

Ich wünsche Ihnen beseelte Schreibstunden und freue mich über Ihre Rückmeldung zu diesem Text, der – wie jeder andere dieser Art – für seinen Autor ein Abenteuer war. Als Journalist habe ich gelernt, Fragen zu stellen. Als Berater und Coach habe ich gelernt, Fragen zu stellen, die etwas in Bewegung setzen. Als Ratgeber-Autor musste ich lernen, Antworten zu geben – selbst wenn ich den Adressaten nicht persönlich kenne. Mein Schreibabenteuer hieß also, mich zurechtzufinden zwischen den Nutzwert-Erfordernissen der Gattung Ratgeber einerseits und meinem Respekt vor jedem einzelnen Autor und seiner Situation andererseits.

Schreiben Sie mir, ob dieser Balanceakt aus Ihrer Sicht gelungen ist. Besuchen Sie dazu die Website zu diesem Buch: www.souveraen-schreiben.de oder senden Sie mir eine E-Mail an:

autor@souveraen-schreiben.de

# Quellen

## 1 Wenn Texte zur Belastung werden

Kurt Tucholsky (alias Peter Panther), Die Weltbühne, 17.9.1929 – Der Bettina-Text ist vereinfacht zitiert nach Wrobel (2003), S. 91f. – Mathias: nach Perrin (2001), S. 30f. – Das gebräuchlichste Schreibprozessmodell von Hayes und Flowers (1980a) ist bald 30 Jahre alt und sehr von den Paradigmen seiner Zeit geprägt. Das hier vorgestellte dient Weiterbildungszwecken und erhebt keinen Anspruch auf wissenschaftliche Exaktheit. Es bildet den Schreibprozess von kompetenten, professionellen Schreibern ab: Diese können geschriebene Sprache flüssig produzieren; sie setzen eigene Ideen um; sie denken reflexiv, das heißt, sie können das einmal Gedachte ständig überprüfen; sie beherrschen die Rechtschreibung und zusätzlich Stilregeln und Gattungskonventionen; sie haben die Fähigkeit, eigene Texte zu bewerten; und sie sind in der Lage, sich mental auf ihre(n) Leser einzustellen. Diese Schreiber wissen, dass es mindestens einen Überarbeitungsschritt geben muss, und sie haben eine hohe sprachliche Verarbeitungskapazität. Die Darstellung greift u. a. zurück auf Kruse (2004), Molitor-Lübbert (2003), Th. Herrmann (1994), Wrobel (1995) und (2003), Kellog (2003) – Zitat Keseling (2004), S. 306 – Ulrich Hägele. Gegen die Uhr und den Chef im Rücken, in F. Herrmann (2006), S. 39–44, S. 43.

## 2 Im Labyrinth der Schreibgefühle

Guido Mingels im Gespräch mit Sibylle Küchler, Best of Egon Erwin Kisch-Preis 2003, Medium-Magazin, Freilassing: Oberauer – Csikszentmihalyi, Mihaly (1990) und (2003) – Meyer, Jens-Uwe (2003), S. 15 – Thüringer Institut für Lehrerfortbildung (2006) – Linke (1999), S. 56f. – Oeser (2002), S. 249 – Modell Inneres Team: Schulz von Thun (2005). Auf Möglichkeiten, diese Methode im Schreibcoaching zu verwenden, weist auch Fröchling (2002) hin, S. 106–109.

Kidder (2007), S. 12 – Marc Brost im Gespräch mit Eva Keller, Medium-Magazin, Best of Theodor-Wolff-Preis 2006, Freilassing: Oberauer – Stefan Geiger im Gespräch mit Kathy Walther, ebd. – Ortner, in Perrin u.a. (2003), S. 64 – Die Schreibprofil-Tabelle ist aus meiner Arbeit mit Autoren und der Auseinandersetzung mit den Arbeiten von Keseling (2004), Wrobel (1995), Perrin (2003) und F. Herrmann (2006) hervorgegangen. – Rico (2002), 91ff. – Pfeil, Ulrike, Zum Glück gibt's Termine, in Herrmann (2006), S. 17–20, S. 18f. – Perrin (2002) und (2005) – Fabianek, Birgit-Sara: Sortieren, gliedern und verwirren, in: F. Herrmann (2006), 45-48, S.47 – Flowers/ Hayes (1980), S. 43 – Stefan Willeke im Gespräch mit Eva-Maria Schnurr, Medium-Magazin, Best of Henri-Nannen-Preis 2005, Freilassing: Oberauer – Huxley und DeLillo zitiert nach Rekulak (2001), ohne Seitenangabe – Scherer, Marie-Luise, „Es muss mit einer Tatze gerissen sein", Gespräch mit Friederike Herrmann, in Herrmann (2006), S. 29–38, S. 32.

## 4 Musenkuss oder Textproduktion?

Das Zitat von Peter Rühmkorf stammt aus Koelbl (1998), S. 181 – Dyson zitiert nach Csikszentmihalyi (2001), S. 122f. – Das Beispiel von Klaus Podak bringen Wächter/Lampert (2001) – Schnetzler (2006) spricht nur noch von Ideenarbeit statt von Kreativität – Das Stufenmodell zu den kreativen Phasen geht in seinen Ursprüngen zurück auf Graham Wallas (1926); diese Fassung stützt sich auf Ausarbeitungen von Csikszentmihalyi (2001), S. 119ff, Kruse (1997), S. 19f., und Kasper/Ernlein (2003), S. 23 – Den Analytiker Hans Müller-Braunschweig zitiert Friederike Herrmann (2006), S.155 – Rauch, Judith, Die Stimmen der anderen, in Herrmann (2006), S. 81–86, S. 85 – Alex Rühle, SZ vom 23.1.2007, S. 13 – Das „Digitale Logbuch" von Maximilian Schönherr wurde am 7.4.2007 gesendet und ist über www.dradio.de abrufbar – Die Zitate von Heller und Lamott stammen aus Rekulak (2001), ohne Seitenangabe – Enzensberger: Koelbl (1998), S. 234 – Pasteur zitiert nach SZ 12.11.02, S. V2/13 – Eigenschaften kreativer Menschen: abgewandelt nach Kruse (1998),19f., und Kaspar/Emlein (2003), S. 22 – F. Herrmann, Die Tausendfüßler-Dialektik. in: F. Herrmann (2006), S. 156.

## 5 Das unsichtbare Team

Bernhard (1973), S. 67f. – Ulrich Hägele, Gegen die Uhr und den Chef im Rücken, in F. Herrmann (2006), S. 39–44, S. 42 – Das Problem eines bewundernden Auftraggebers schildert anschaulich Rauch, Judith: Die Stimmen der anderen, in Herrmann (2006), S. 81–86 – Keseling (2004), S. 297f. – Kruse (2004), S. 65 – Zum Konfrontationsschema vgl. Gührs/Nowak (1998), S. 245ff.

## 6 Tatort Schreibtisch

Bichsel nach Koelbl (1998), S. 42 – Rowling nach Guderian (2003), S. 149 – Denkzelle, Porträt Jean Remy von Matt , FAS, 20.8.06, S. 42 – Martenstein, s. Porträt von Carla Woter in Medium-Magazin 8/9, 2004, S. 62ff. – Susanne Sinn, Inseln im Wörtermeer, in: Herrmann (2006), 121–127, S. 125 – Heller nach Rekulak (2001), ohne Seitenangabe – Verschiedene Schreiborte: Gorus/Zoll (2006), S. 248, unter Bezug auf Schnetzler (2006)

## 7 Mein Freund, die Uhr

Hacke im Gespräch mit Sylvie-Sophie Schindler, Galore Jan/Feb 2007, S. 82 – Knoblauch u.a. (2005): „Zeitmanagement ohne Beziehungsmanagement ist wie Stabhochsprung ohne Stab." s.a. Tabelle S. 33 – vgl. Klein (2006) – Willeke im Gespräch mit Eva Keller, Medium-Magazin, Best of Egon Erwin Kisch-Preis 2003 – Axel Hacke, Der Trainer, notiert nach Audio-CD: Das Beste aus meinem Leben, Indigo-Musik 2003 – Steve Lohr, Managing the Machines, in New York Times/Süddeutsche Zeitung, 2. 4. 2007 – Das Sägeblatt-Problem: Website www.simplify.de (Werner Tiki Küstenmacher und Lothar J. Seiwert) – Anfangsritual: Guderian (2003), S. 66 – Simmel in Koelbl (1998), S. 220 – Härtling in Koelbl (1998), S. 145 – Der Ratgeber-Effekt: vgl. Hargens (2000).

## 8 Schöpfen aus der Vielfalt

Enzensberger in Koelbl (1998), S. 235 – Disney: vgl. Nöllke (2004), S. 85ff. – vgl. de Bono (1996), Buzan (2002), Schnetzler (2006) – Rico (2002), S. 91ff. – Kreativtechniken: vgl. Pink (1999), Meyer (2003), Nöllke (2004).

## 9 Abschied tut weh

Plasberg nach Thomas Ramge, Immer dümmer, brand eins 11/06, S. 104 –
vgl. Haller (2004) – Gührs/Nowak (1998), Entscheidungsschema, S. 294 –
vgl. Reiter/Sommer (2006), 18f., mit Bezug auf Fasel (2004) – zum Verfahren von Maußhardt vgl. Schick in Herrmann (2006), S. 169 – Hemingway
nach Rekulak (2001), ohne Seitenangabe – Perrin (2000), S. 111


## 10 Die Stunde der Wahrheit

Willeke im Gespräch mit Eva-Maria Schnurr in: Medium Magazin Werkstatt: Best of Henri Nannen-Preis 2005 – Perrin (2000), S. 65f. und 99f. – zu
den Feedback-Techniken vgl. Gührs/Nowak (1998), Schmidt/Berg (2002)
und Fengler (1998)


## 11 Gut gelaunt in der Geisterbahn

Simmel: vgl. Koelbl (1998), S. 220 – zu Bergler vgl. Leader (1991), 2ff. –
Gesing (2005), S. 54 – Methoden in diesem Kapitel u. a. nach Frey (2003),
196ff., Kruse (2004), S. 21 ff u. 60, Perrin (1998), S. 73, Werder u. a. (2001b)
und Kasper/Ernlein (2003) – Sloterdijk im Gespräch mit Robert Misik, taz,
13. Juni 2006


## 12 Alles geht vorbei

Conrad zitiert nach Leader (1991), S. 15 – Die Darstellung von Twains Blockade beruht auf Leader (1991), S. 12. Twains „Adventures of Huckleberry Finn" ist nicht zu verwechseln mit einer in Westdeutschland verbreiteten
Ausgabe, die Teile des Werkes mit Teilen von „The Adventures of Tom
Sawyer" zu einem Jugendbuch vermischt – Schnibben im Gespräch mit
Christian Meier und Annette Milz, Medium Magazin 7/2005, S. 16ff. – Zindel, Udo: Grün im Gesicht, in Herrmann (2006). S. 53-64, S. 62 – Martenstein, vgl. Carla Woter in Medium Magazin 8/9 2004, S. 63 – Miller und Bréton zitiert nach Werder (2001a), S. 78 – Frey, S. 198 – Zum Burn-out bei
Journalisten vgl. Carola Kleinschmidt (mit Eva Pertzborn), Medium-Magazin 01/02/2007, 78f. – Simmel, in Koelbl (1998), S. 221 – Puzo: Gesing
(2005), S. 56 – Stimme finden: vgl. Werder (2001b), S. 62 – Steffensky nach
Sonntagsblatt (München), 16.1.05

# Literatur

Bernhard, Thomas (1973): Das Kalkwerk, Frankfurt/Main: Suhrkamp

Bono, Edward de (1996): Serious Creativity. Die Entwicklung neuer Ideen durch die Kraft lateralen Denkens, Stuttgart: Schäffer-Poeschl

Buzan, Tony/Buzan, Barry (2002): Das Mind-Map-Buch. Die beste Methode zur Steigerung Ihres geistigen Potenzials, Landsberg/München MVD

Csikszentmihalyi, Mihaly (2002): Flow. Das Geheimnis des Glücks, Stuttgart: Klett-Cotta

Csikszentmihalyi, Mihaly (2001): Kreativität: Wie Sie das Unmögliche schaffen und Ihre Grenzen überwinden, Stuttgart: Klett-Cotta

Fasel, Christoph (2004): Nutzwertjournalismus, Konstanz: UVK

Fengler, Jörg (1998), Feedback geben: Strategien und Übungen, Weinheim: Beltz

Frey, James N. (2003): Wie man einen verdammt guten Roman schreibt, Köln: Emons

Fröchling, Anke (2002): Schreibcoaching. Ein innovatives Beratungskonzept, Aachen: Shaker

Gesing, Fritz (2005): Kreativ schreiben. Handwerk und Technik des Erzählens, Köln: Dumont

Gorus, Oliver/Zoll, Jörg Achim (2006): Erfolgreich als Sachbuchautor. Gekonnt publizieren – von der Buchidee bis zur Vermarktung, Offenbach: Gabal management

Guderian, Claudia (2003): Arbeitsblockaden erfolgreich überwinden, München: Kösel

Haller, Michael (2004): Recherchieren, Konstanz: UVK

Hargens, Jürgen (2000): Bitte nicht helfen! Es ist auch so schon schwer genug. (K)ein Selbsthilfebuch, Heidelberg: Carl-Auer-Systeme Verlag

Hayes, John R./Flowers, Linda S. (1980a): Identifying the Organization of Writing Processes, in: Cognitive Processes in Writing, Edited by Lee W. Gregg u.a., Hillsdale: Lawrence Erlbaum, S. 3-30

Hayes, John R./Flowers, Linda S. (1980b): The Dynamics of Composing: Making Plans and Juggling Constraints, in: Cognitive Processes in Writing, Edited by Lee W. Gregg u.a., Hillsdale: Lawrence Erlbaum, S. 31–50

Wächter, Monika/Lampert, Marie (2001): Medium-Magazin Journalisten-Werkstatt: Kreatives Schreiben, Freilassing: Oberauer

Herrmann, Friederike (Hrsg.) (2006): Unter Druck. Die journalistische Textwerkstatt. Erfahrungen, Analysen, Übungen, Wiesbaden: VS

Herrmann, Theo/Grabowski, Joachim (1994): Sprechen: Psychologie der Sprachproduktion, Heidelberg: Spektrum

Hertlein, Margit (2003): Mind Mapping – die kreative Arbeitstechnik. Spielerisch lernen und organisieren, Reinbeck: rororo Sachbuch

Kasper, Wolfgang A./Emlein, Günther (2003): Querdenken. Tools und Techniken für kreative Kicks, Freiburg, VAK

Kellog, Ronald T. (2003): Schriftliche Sprachproduktion, in: Herrmann, Theo / Grabowski, Joachim: Sprachproduktion, Göttingen: Hogrefe, 531–559

Keseling, Gisbert (2004): Die Einsamkeit des Schreibers. Wie Schreibblockaden entstehen und erfolgreich bearbeitet werden können, Wiesbaden: VS

Kidder, Tracy: Die Ordnung der Dinge, in Werkstatt: Die Macht des Erzählens, message 1/2007

King, Stephen (2002): Das Leben und das Schreiben, München: Heyne

Klein, Stefan (2006): Zeit. Der Stoff, aus dem das Leben ist. Eine Gebrauchsanleitung, Frankfurt/Main: S. Fischer

Knoblauch, Jörg/Hüger, Johannes/Mockler, Marcus (2005): Ein Meer an Zeit. Die neue Dimension des Zeitmanagements, Frankfurt/Main: Campus

Koelbl, Herlinde (1998), Im Schreiben zu Haus. Wie Schriftsteller zu Werke gehen, München: Knesebeck

Kruse, Otto (2004): Keine Angst vor dem leeren Blatt. Ohne Schreibblockaden durchs Studium, Frankfurt/Main: campus concret

Kruse, Otto (Hrsg.) (1997): Kreativität als Ressource für Veränderung und Wachstum. Kreative Methoden in den psychosozialen Arbeitsfeldern: Theorie, Vorgehensweisen, Beispiele, Tübingen: dgvt

Leader, Zachary (1991): Writers' Block, Baltimore: Johns Hopkins Univ. Press

Linke, Detlef (1999): Das Gehirn, München: Beck

Meyer, Jens-Uwe (2003): Journalistische Kreativität, Konstanz: UVK

Molitor-Lübbert, Sylvie: Schreiben und Denken. Kognitive Grundlagen des Schreibens, in Perrin u.a. (2003), S. 33–46

Nöllke, Matthias (2004): Kreativitätstechniken, Planegg: Haufe

Gührs, Manfred/ Nowak, Claus (1998): Das konstruktive Gespräch, Meezen: Christa Limmer Verlag

Oeser, Erhard (2002): Geschichte der Hirnforschung. Von der Antike bis zur Gegenwart, Darmstadt: WiBG

Ortner, Hanspeter, Schreiben und Wissen: Einfälle fördern und Aufmerksamkeit staffeln, in Perrin u.a. (2003), S. 63–81.

Perrin, Daniel (2001): Wie Journalisten schreiben. Ergebnisse angewandter Schreibprozessforschung, Konstanz: UVK

Perrin, Daniel (2002): Schreiben ohne Reibungsverlust: Schreibcoaching für Profis, Zürich: Werd

Perrin, Daniel/ Böttcher, Ingrid/ Kruse, Otto/ Wrobel, Arne (Hrsg.) (2003): Schreiben. Von intuitiven zu professonellen Schreibstrategien. Wiesbaden: Westdeutscher Verlag

Perrin, Daniel (2005): Schreiben im Beruf. Wirksame Texte durch effiziente Arbeitstechnik, Berlin: Cornelsen

Pink, Ruth (1999): Kreativität im Journalismus. Abschied von der Routine, Bonn: ZV

Queneau, Raymond (1990, Originalausg. 1947): Stilübungen, Frankfurt/Main: Suhrkamp

Reiter, Markus/ Sommer, Steffen (2006): Perfekt schreiben, München: Hanser

Rekulak, Jason (2001): The Writer's Block. 786 Ideas to Jump-start Your Imagination, Philadelphia: Running Press

Rico, Gabriele L. (2002): Garantiert schreiben lernen, Reinbek: Rowohlt

Sauer, Christian (2006): Medium-Magazin Werkstatt Chefsachen. Dos und Dont's für Redaktionsleiter, Freilassing: Oberauer

Schmidt, Eva Renate/Berg, Hans Georg (2002): Beraten mit Kontakt, Frankfurt/Main: Gabal

Schnetzler, Nadja (2006): Die Ideenmaschine. Methode statt Geistesblitz – Wie Ideen industriell produziert werden, Weinheim: Wiley

Schulz von Thun, Friedemann (2005): Miteinander reden 3. Das „Innere Team" und situationsgerechte Kommunikation, Reinbek: Rowohlt

Stein, Sol (2005): Über das Schreiben, Frankfurt/Main: Zweitausendeins

Thüringer Institut für Lehrerfortbildung, Lehrplanentwicklung und Medien (Hrsg.) (2006): Gehirngerechtes Klassenzimmer, Bad Berka: THILLM

Wallas, Graham (1926), The Art of Thought, London: Cape

Werder, Lutz von (2001a): Lehrbuch des Kreativen Schreibens, Milow: Schibri

Werder, Lutz von/Schulte-Steinicke, Brigitte (2001b): Weg mit Schreibstörung und Lesestress. Zur Praxis und Psychologie des Schreib- und Lesecoaching, Baltmannsweiler: Schneider-Verlag Hohengehren

Wrobel, Arne (1995): Schreiben als Handlung, Überlegungen und Untersuchungen zur Theorie der Textproduktion, Tübingen: Niemeyer

Wrobel, Arne (2003): Schreiben und formulieren. Prätext als Problemindikator und Lösung, in: Perrin u.a., S. 84–96